高等院校国家技能型紧缺人才培养工程精品教材

物流管理专业

物流法律法规与实务

WuLiu FaLüFaGui Yu ShiWu

（第3版）

王　芸　主　编

何　娜　苏思诺　副主编

電子工業出版社

Publishing House of Electronics Industry

北京 · BEIJING

图书在版编目（CIP）数据

物流法律法规与实务 / 王芸主编. —3版. —北京：电子工业出版社，2017.1
高等院校国家技能型紧缺人才培养工程规划教材. 物流管理专业
ISBN 978-7-121-30420-0

Ⅰ. ①物… Ⅱ. ①王… Ⅲ. ①物流管理－法规－中国－高等学校－教材 Ⅳ. ①D922.294.1

中国版本图书馆 CIP 数据核字(2016)第 280678 号

策划编辑：刘露明
责任编辑：刘淑敏
印　　刷：北京盛通数码印刷有限公司
装　　订：北京盛通数码印刷有限公司
出版发行：电子工业出版社
　　　　　北京市海淀区万寿路 173 信箱　　邮编 100036
开　　本：787×1092　1/16　印张：14　字数：326 千字
版　　次：2007 年 3 月第 1 版
　　　　　2017 年 1 月第 3 版
印　　次：2025 年 9 月第 17 次印刷
定　　价：39.00 元

凡所购买电子工业出版社图书有缺损问题，请向购买书店调换。若书店售缺，请与本社发行部联系，联系及邮购电话：（010）88254888，88258888。
质量投诉请发邮件至 zlts@phei.com.cn，盗版侵权举报请发邮件至 dbqq@phei.com.cn。
本书咨询联系方式：（010）88254199，sjb@phei.com.cn。

高等院校国家技能型紧缺人才培养工程精品教材·物流管理专业

编委会名单

出版说明

21世纪既是一个竞争日益激烈的世纪，也是一个充满机遇的世纪。随着我国经济的发展，物流管理与技术飞速发展的时代已经到来。物流人才被列为全国12种紧缺人才之一。为了满足经济建设与人才培养的需要，2005年9月教育部推出了"高等职业教育物流管理专业紧缺人才培养指导方案"（以下简称"指导方案"），它的颁布对全国高等院校起到了规范与引导的作用。

为了密切配合教育部此次推出的"指导方案"，满足培养物流技能型人才的需要，我们于2005年启动了"高等院校国家技能型紧缺人才培养工程精品教材·物流管理专业"的策划、组织与编写工作。

本套教材约由20本组成，由来自高等院校物流专业教学第一线的"双师型"教师参与编写，基本满足高等院校物流管理专业物流运输管理方向、仓储与配送方向、企业物流方向与国际物流方向的培养需求，并将突出以下几个特色：

- 以教育部新推出的"高等职业教育物流管理专业紧缺人才培养指导方案"为依据，构建丛书框架结构与每本书的基本内容，从而符合物流管理专业教学指导委员会对本专业建设的规划与精神。
- 针对高等院校学生的特点、培养目标及学时压缩的趋势，控制内容深浅度、覆盖面及写作风格。
- 突出基础理论知识够用、应用和实践技能加强的特色；保持相对统一的活泼的编写体例与丰富的栏目。适量增加实训的内容。
- 在内容构建上，将学位教育与职业资格证书考试相结合，满足学生获得双证的需求。
- 写作上强调文、图、表有机结合，使内容与知识形象化，学生好学易记。
- 配套可免费下载的用于教学的PPT及习题参考答案（下载网址：www.hxedu.com.cn），使老师好用，学生好学。

本套教材主要作为高等院校物流管理专业的教材，也可作为全国高等教育自学考试物流管理专业、初中级物流专业人才培训或物流行业从业人员的充电书籍参考使用。希望本套教材对我国物流管理人才培养及物流行业的发展有所贡献。

前　言

随着经济全球化和信息技术的突飞猛进，我国的现代物流产业正以跨越式的速度迅速发展，目前现代物流业已成为最具有发展潜力的产业之一。为了加强物流人才的培养，促进物流行业的良性发展，亟须完善的法律制度予以支持。

我国目前还没有系统的、专门的物流方面的法律规定，与物流环节相关的法规主要散见于其他法律法规中，缺乏针对性和可操作性，难以对物流主体行为进行引导和制约，同时立法层次较低，难以适应市场经济环境以及物流国际化发展的需要。尤其是随着国际电商业务的发展，亟须建立和完善适应互联网+、跨境电商方面的国际物流法律制度。鉴于此，编者在研究物流实务的基础上探讨与物流相关的法律问题。

本教材第 2 版出版后，获得广泛好评，成为多所高校首选教材。在本次修订中，我们注重以学生为主体、以能力为本位、以物流实务为背景，解决实践中经常出现的法律问题。从应用性、先进性、创造性入手，以物流活动的基本概念为基础，介绍了物流法的概念、特征、表现形式和法律关系；结合国际物流的新形势，研究探讨我国物流法的现状与发展趋势；从法律角度阐述我国物流企业的市场准入、设立、变更、终止及破产、清算等问题；特别介绍了国际货物运输代理企业的主要内容；重点阐述了物流活动中货物的运输、仓储、包装、搬运与装卸、流通加工、配送等环节的法律规范及相关的货物运输合同、仓储和保管合同、加工承揽合同、买卖合同、配送合同、保险合同的主要内容；介绍了货物运输保险的操作规范和《对外贸易法》、《联合国国际货物买卖合同公约》及国际贸易术语，解决国际物流活动中的法律障碍。

从内容和结构编排上，本书注重理论与实际相结合，穿插各种生动栏目，有一定的前瞻性和实用性。教材中每章节后面还配有典型案例分析和练习题，使学生能够开拓思维，开阔眼界，培养和提高他们的创新实践能力。本书可作为普通高等院校物流管理专业的专业基础教材，同时也可作为高职高专及应用型本科物流专业的基础教材。

王　芸

目　录

第1章 物流法概论

学 习 目 标

- 物流的含义和分类
- 物流法的概念和特点
- 物流法的表现形式和作用
- 物流法律关系
- 物流服务合同
- 物流法的现状与发展

1.1 物流概述

1.1.1 物流的含义

物流这一概念最早是美国的阿切肖（Arch Shaw）在20世纪初提出的，他在《市场流通中的若干问题》一书中提出“物流是与创造需要不同的一个问题”，并提到“物资经过时间或空间的转移，会产生附加价值”。这里时间和空间的转移指的是销售过程的物流。

经过半个多世纪的演变，现在大多数西方国家把物流称作 Logistics，而物流的确切定义目前各国表述不尽相同。美国物流管理协会对物流下的定义是：“物流是为了符合顾客的需求，所发生的从生产地到销售地的物质、服务及相关信息的有效流通与储存的计划、实施与控制的过程。”日本通产省物流调查会对物流的定义为：“物流是制品从生产地到最终消费者的物理性转移活动，具体由包装、装卸、运输、保管及信息处理等活动组成。”

定义 根据我国国家标准《物流术语（GB/T 18354—2001）》的诠释，物流是指物品从供应地向接收地的实体流动过程。它可以根据实际需要将运输、储存、装卸、搬运、包装、流通加工、配送、信息处理等基本功能进行有机结合。

物流活动（Logistics Activity）是指在一定时间和空间里，对物流各种功能的实施与管理过程。主要包括以下几个方面。

（1）运输

运输是指将商品进行场所或空间移动的物流活动。运输包括供应及销售物流中的车、船、飞机等方式的运输，生产流通中的管道、传送带等方式的运输。对运输活动的管理，要求选择技术经济效果最好的运输方式和联运方式。要合理确定运输路线，以实现安全、迅速、准时、廉价的要求。

（2）仓储

仓储是商品流通中的储存、保管阶段。它包括堆放、保管、保养、维护等活动。仓储的主要设施是仓库，在商品出入库基础上进行在库管理，要求正确确定库存数量，明确仓库以流通为主还是以储备为主，合理确定仓储制度和流程，对库存物品采取有区别的管理方式，力求提高仓储效率，降低损耗，加速物资和资金的周转。

（3）包装

包装是指在商品输送或保管过程中，为保证商品的价值和形态而进行的物流活动。主要是对产品进行出厂包装，生产过程中在制品、半成品的包装以及在物流过程中换装、分装、再包装等活动。从功能上看，包装分为运输包装和销售包装。

（4）装卸、搬运

装卸、搬运是对运输、保管、包装、流通、加工等物流活动进行衔接，以及在仓储等活动中为进行检验、维护、保养所进行的装卸搬运活动，伴随装卸活动的小搬运一般也包括在这一活动中。在所有物流活动中，装卸搬运活动是频繁发生的。对装卸搬运的管理，主要是确定最恰当的装卸方式，力求减少装卸次数，合理配置及使用装卸工具。

（5）流通加工

流通加工是指物品在从生产地到使用地的过程中，根据需要施加包装、分割、计量、分拣、组装、价格贴附、标签贴附、商品检验等简单作业的总称。这种加工活动不仅存在于社会流通过程，也存在于企业内部的流通过程中。目前为了提高商品附加价值，促进商品差别化，流通加工的重要性越来越大。

（6）配送

配送是指根据客户要求，对物品进行拣选、加工、包装、分割、组配等作业，并按时送达指定地点的物流活动。它是物流进入最终阶段，以配货、送货形式最终完成社会物流，并最终实现资源配置的活动。

（7）信息处理

信息处理是指对上述各项活动有关的计划、预测、动态（运量、收、发、存数）的信息及有关的费用信息、生产信息、市场信息活动、财务信息活动的管理。内容包括建立信息系统和信息渠道，正确选定信息科目和信息的收集、汇总、统计、使用方式，以保证其可靠性和及时性。

1.1.2 物流的分类

根据不同的划分标准，可以对物流做以下划分。

1．根据物流范围的划分

（1）社会物流

社会物流是指超越一家一户的、以一个社会为范畴并面向社会的物流。它的范畴是社会经济的大领域，包括再生产过程中随之发生的物流活动、国民经济中的物流活动、社会环境中运行的物流、物流体系结构和运行等。社会物流具有宏观性和广泛性。

（2）企业物流

企业物流是指发生在企业范围内，以企业经营为核心的物流活动。它是具体的、微观的物流活动的典型领域。

介绍与了解

组成企业物流的具体物流活动

1）生产物流。它是指生产过程中原材料、零部件、燃料等辅助材料在企业内部的实体流动。

2）供应物流。它是指企业为保证本身生产节奏，不断组织原材料、零部件、燃料、辅助材料供应的物流活动。

3）销售物流。它是指企业为保证本身经营效益，伴随销售活动，将成品由供方向需方进行实体流动的物流活动。

4）回收物流。它是指不合格物品的返修、退货，以及周转使用的包装物、容器从需方返回到供方所形成的物品实体流动。

5）废弃物物流。它是指在经济活动中，推动原有使用价值的物品，根据实际需要进行收集、分类、加工、包装、搬运、储存等，并分送到专门处理场所时所形成的物品实体流动。

2．根据物流活动空间的划分

（1）区域物流

区域物流是指在一国内按照行政区域或者经济区域划分所进行的物流活动。区域物流有其独特的区域特点，一个国家范围内、一个城市内、一个经济区域内的物流通常都处于同一法律规范制度之下，受相同文化和社会因素的影响，拥有基本相同的科技水平和装备水平。

（2）国际物流

国际物流是指不同国家或地区之间开展的跨国（或地区）的物流活动，包括两国之间或多国之间开展的物流活动。国际物流可以实现货物在国际间的流动与交换，促进区域经济的发展和世界资源优化配置。

3．根据物流活动专业性的划分

（1）一般物流

一般物流是在物流系统的建立和物流活动的开展过程中，具有物流活动的共同点和一般性，普遍适用于全社会、各企业的物流。

（2）特殊物流

特殊物流是在专门范围、专门领域、特殊行业内遵循一般物流规律的基础上，带有特殊制约因素、应用领域、管理方式、劳动对象和机械装备特点的物流。它又可进行如下分类：① 按物流对象不同分为水泥物流、煤炭物流、原油物流、化学品物流、危险品物流等；② 按数量、形态不同分为多品种少批量物流、少批量多品种物流、长件物流、重件物流等；③ 按物流装备及技术不同分为集装箱物流和托盘物流等。

4．根据物流活动的组织者的划分

（1）自主物流

自主物流是指生产企业或者货主企业为满足自身的需要，自己提供人工、机械设备和场所，安排全部物流计划，亲自从事整个货物流程的物流活动。

（2）第三方物流

第三方物流是指物流服务提供者在一定时期内按照一定的价格向物流需求者提供的建立在现代电子信息技术基础上的一系列个性化的物流服务。第三方物流具有节省费用、减少资本积压和库存、实现企业资源的优化配置、提升企业形象等诸多优点。

介绍与了解

第三方物流的特征

1）第三方物流是由独立的第三方提供的物流服务。第三方物流是第一方和第二方（商品提供者和消费者）将本企业的物流活动委托给独立的第三方负责的一种物流管理模式，是专业化分工带来的将物流的非核心业务从企业生产经营活动中分离出来的结果。

2）第三方物流是以长期稳定的合同关系为基础的。通常第三方物流服务提供者与需求者之间存在一个长期稳定的物流服务合同，并提供多功能甚至全方位的物流服务。

3）第三方物流以现代电子信息技术为基础。信息技术的发展是第三方物流出现的必要条件，只有电子信息技术实现了数据的快速、准确传递，使得物流活动的成本可以从企业运作的总成本中精确地分离出来，企业才有可能把物流作业交由专业物流服务公司进行。

4）第三方物流是个性化的物流服务。第三方物流是站在企业的角度提供物流服务的，因为每个企业的业务流程各不相同，故而第三方物流必须针对不同的服务对象提供个性化的物流服务。

（3）第四方物流

第四方物流是指建立在第三方物流基础上的，对不同的第三方物流企业的管理、技术等物流资源做进一步整合，为用户提供全面意义的供应链解决方案的一种更高级的物流模式（见表1-1）。

表 1-1　物流的分类

分类依据	类　别	特　点
物流的范围	社会物流	宏观性和广泛性
	企业物流	具体性和微观性
物流的空间	区域物流	区域性和相同性
	国际物流	广泛性和多元性
物流专业性	一般物流	共同性和普遍适用性
	特殊物流	特殊性和针对性
物流组织者	自主物流	全过程性
	第三方物流	代理性和专业性
	第四方物流	全局协调性

1.2　物流法概述

1.2.1　物流法的概念及特点

1. 物流法的概念和范围

法律是调整社会关系的一种行为规则。物流活动涉及生产领域、流通领域、物品流动的各个方面，必然会受到相应法律规范的调整。目前，我国对物流方面的法律制度研究较少，但随着物流业的发展，其所涉及的法律问题越来越突出，必然要求国家尽快制定和完善物流方面的法律法规。

定义　物流法是指调整与物流活动有关的社会关系的法律规范的总称。

到目前为止，我国还没有一部统一的物流法。

链接　有关物流方面的规定散见于其他的法律法规中。由于物流活动本身涉及很多社会关系，所以与物流活动相关的法律规范的范围比较广，它主要包含以下几个方面。

（1）与物流相关的国内法律法规

与物流相关的国内法律法规主要包括《中华人民共和国民法通则》、《中华人民共和国海商法》、《中华人民共和国对外贸易法》、《中华人民共和国产品质量法》、《中华人民共和国进出口商品检验法》、《中华人民共和国铁路法》、《中华人民共和国航空法》、《中华人民共和国合同法》(以下简称《合同法》，相关内容见《合同法》分则中“运输合同”、“买卖合同”、“仓储保管合同”、“加工承揽合同”、“委托合同”等部分)、《中华人民共和国保险法》、《中华人民共和国公路货物运输合同实施细则》、《中华人民共和国水路货物运输合同实施细则》、《中华人民共和国航空货物运输合同实施细则》等。

（2）与物流相关的国际法律法规

与物流相关的国际公约和国际惯例主要包括《联合国国际货物买卖合同公约》、《海牙规则》、《维斯比规则》、《汉堡规则》、《华沙公约》、《铁路货物运输国际公约》、《国际公路货物运输合同公约》、《国际贸易术语解释通则》、《跟单信用证统一惯例》等。

（3）与物流有关的技术规范

与物流有关的技术规范是国家和行业主管机关就物流活动中的运输、仓储、加工、装卸等进行的规定，主要包括国家的技术标准和行业标准。

2. 物流法的特点

（1）广泛性

物流系统的运行过程和物流活动内容的多样性决定了物流法的广泛性，具体表现在以下几个方面。

1）内容的综合性。物流活动包括物品从原材料经过生产环节的半成品、成品，最后经过流通环节到达消费者手中的全过程；同时，还包括物品的回收和废弃物的处理过程，涉及运输、储存、装卸、搬运、包装、流通加工、配送、信息处理等诸多环节。物流法应当对所有这些环节中产生的社会关系进行调整，因此内容非常广泛。

2）表现形式的多样性。物流活动的多样性决定了物流法表现形式的多样性。法有许多表现形式，有国家最高权力机关正式颁布的宪法和法律，有国家最高行政机关颁布的行政法规，有省、自治区、直辖市权力机关发布的地方性法规，有国务院各主管部门制定的规章，还有相关的技术标准或技术法规等。不同的表现形式使物流法表现出不同的效力层次，其中，宪法具有最高效力；法律的效力次之；行政法规和部门规章起到补充和帮助法律实施的作用；当物流活动在世界范围内进行时，会受到国际条约或国际惯例的制约；技术标准和技术法规，则根据不同的情况在使用中有不同的效力。

3）物流活动的参与者众多。物流活动的参与者涉及不同行业、不同部门，如仓储经营者、包装服务商、各种运输方式下的承运人、装卸作业者、承揽加工业者、配送商、信息服务供应商等。

（2）复杂性

物流活动的广泛性和综合性决定了物流法具有复杂性，具体表现在以下几个方面。

1）物流法包括横向的民事法律规范和纵向的行政法律规范，以及各种技术法律规范，表现出物流法律规范本身的多样性。

2）即使在同一类法律规范中，因物流活动所涉及的领域众多，涵盖了运输、仓储、装卸、加工等环节，各环节中的运行方式又有所不同，主体权利义务和责任的承担也适用不同的法律法规。

3）物流活动参与者的多样性，也使得物流法律关系变得复杂。而且，同一物流服务提供者经常处于双重和多重法律关系中，因而，形成不同领域对主体行为的规范。

4）随着国际物流的发展，物流活动跨越了区域性，在物流活动中必然产生各国规范物流法律的适用性问题，从而使物流法呈现出复杂性的特点。

（3）技术性

由于物流活动是由运输、包装、仓储、装卸等技术性较强的多个物流环节组成的，整个物流活动过程都需要运用现代信息技术和电子商务，所以物流活动自始至终都体现出较高的技术含量。物流法作为调整物流活动的法律规范，必然涉及物流活动的专业术语、技术标准等，从而具有技术性的特点。

（4）国际性

现代物流是经济全球化、一体化发展的产物。国际物流的出现和发展，使得物流超越了一国和区域的界限，从而走向国际化。通过在全世界范围内构建体现因特网技术的智能性、服务方式的柔性、运输方式的综合多样性，并与环境协调发展的国际性物流系统，以最低廉的成本实现货物快速、安全、高效、通达和便利送达最终消费者手中的目标，进而促进国际经济全球化。与国际物流相适应，物流法也呈现出国际化的趋势，这具体表现在一些领域内出现了全世界通用的国际标准。

1.2.2 物流法的表现形式

法的表现形式是从法的制定、认可的具体来源来区分的，又称法的渊源，是指不同国家机关依法制定的各种具有不同法律效力的规范性文件。它们因制定的国家机关不同而具有不同的法律效力。目前，我国物流法的表现形式有以下几个层次。

1. 法律

法律是指由拥有立法权的国家机关（在我国为全国人民代表大会及其常务委员会）按照立法程序制定和颁布的规范性文件。在有关物流立法的各种表现形式中，法律具有最重要的地位，例如，我国的《民法通则》、《合同法》、《海商法》等。

2. 行政法规

行政法规是指由国家最高行政机关，即国务院根据宪法和有关法律，在自己职权范围内制定的规范性文件，其法律地位和法律效力仅次于宪法和法律。目前，我国有关物流方面的行政法规包括直接为物流活动制定的法规和与物流活动有关的法规。从内容和行业管理上看，基本上属于海上、陆地和航空运输管理、消费者保护、企业管理、合同管理等方面的法规。

3. 规章

规章是指由国务院所属各部、各委员会根据法律、行政法规，在本部门的权限范围内制定的规范性文件。如由铁道部、交通部、工业和信息化部及商务部所颁布的条例、办法、规定和通知等都有涉及物流的内容。

4. 地方性法规

地方性法规是指由地方人民代表大会及其常务委员会制定的规范性文件。其法律效力低于法律和行政法规，只在地方政府管辖范围内有效，即受地域范围的限制。例如，山东省颁布执行的与物流活动有关的法律规范等。

5. 国际条约

国际条约是指国家及其他国际法主体间所缔结的以国际法为基础，确定其相互关系中的权利和义务的一种国际书面协议，也是国际法主体间互相交往的一种最普遍的法律形式。涉及物流法律关系的国际条约很多，但并不是所有国际条约都可以无条件地在任何一个国家内生效。根据国际法和国家主权原则，只有经一国政府签署、批准或加入的有关物流的国际条约，才对该国具有法律约束力，成为该国物流法的表现形式。

6. 国际惯例

国际惯例是指在国际上因对同一性质的问题所采取的类似行为，经过长期反复实践逐渐形成的、为大多数国家所接受的、具有法律约束力的不成文的行为规则。国际惯例的成立必须具备两个要件：① 实质要件，即一种行为必须是相同或类似的重复行为，并为多数国家或地区所持续采用；② 心理要件，要求行为人在采取或进行该项行为时，在心理上认为在履行法律义务。国际惯例多体现为任意性惯例，即只有当事人通过协商方式在有关协议中明确表示采用该规则时，才对当事人具有法律约束力。

7. 技术标准

除了上述的几种表现形式（见表1-2）之外，与物流相关的法律法规还有一种特殊渊源，即技术标准，可分为国家标准和国际标准。

介绍与了解

国家标准和国际标准

1）国家标准由国家质量技术监督管理部门组织制定、批准和颁布。其中有一些强制性标准属于国家的技术法规，其他标准本身虽不具有强制性，但因标准的某些条文由法律赋予强制力而具有技术法规的性质。

2）国际标准由国际组织制定，本身没有强制力，一般均为推荐性标准。但是，国际公约常将一些国际标准作为公约的附件，从而使其对缔约国产生约束力，例如，国际标准化委员会（ISO）、国际电工委员会（IEC）等制定的针对产品和服务的质量及技术要求的标准等。

表1-2 物流法的形式

物流法的形式	制定主体	地位及效力	表现形式
法律	全国人民代表大会及常委会	仅次于宪法	中华人民共和国××法
行政法规	国家最高行政机关国务院	仅次于宪法和法律	××条例，××实施细则等

续表

物流法的形式	制定主体	地位及效力	表现形式
规章	国务院及其直属机构	不得与宪法、法律和行政法规相抵触	××规章、××办法等
地方性法规	省/自治区/直辖市人大及常委会	仅次于宪法、法律及行政法规	××地方××条例，暂行办法等
国际条约、协定	国际组织、协定参加国	以不与本国法律冲突为原则	公约、换文、协定
技术标准	受委托机构、行业协会等	源于法律授权/可成为法律技术规范	国家标准、行业标准、企业标准

1.2.3 物流法的作用

物流法在物流活动中的作用主要有以下三个方面。

1. 正确引导和规范物流市场的发展

国家通过立法和对现有物流法律法规的整理等活动，来作为正确引导和规范物流市场发展的重要手段之一。主要方法是通过对我国现有的物流法律法规进行整理，将不符合 WTO 规则和我国所做承诺的法律法规予以废除，将不利于建立公平、公正的物流市场秩序部分的法律法规进行修改，同时，在整理现有物流法律法规的基础上，有步骤和有计划地进行系统的物流立法，鼓励公平竞争，制止不正当的行为，保护合法经营，建立公平、公正的物流市场秩序，引导和规范物流市场的发展。

2. 建立有效的政府监管机制，促进物流市场体系的形成和发展

物流市场体系的形成和发展需要法律规范的调整和国家政策的引导。通过物流行政立法规范政府职能，改变过去物流由多个交通部门和多个物流主管部门分别管理、政策缺乏统一与衔接的局面，确立我国统一的物流行业管理部门，使政府对物流行业的管理目标、手段、方法逐步与物流市场的发展接轨，符合市场经济规律，促进物流市场体系的形成和发展。

3. 形成适应公平竞争的物流法律环境，促进物流业健康发展

物流市场体系形成之后，必然产生市场内部的竞争。部分物流经营者为了获取不正当利益，往往采取不合法手段参与市场竞争，因此，必须有相关法律规范对不法经营者进行惩处，以净化市场竞争的环境，从而为物流企业创造一个开放、公平、竞争、有序的市场环境，促进物流业向健康的方向发展。

1.3 物流法律关系

法律关系是法律在规范人们的行为过程中所形成的一种特殊的社会关系，即法律上的权利义务关系。法律关系由法律关系的主体、内容、客体三个要素构成，缺少其中任何一个要素，都不能构成法律关系。

要点 物流法律关系是指物流法律规范在调整物流活动过程中所形成的具体的权利义务关系。物流法律关系同样是由主体、内容和客体这三个要素构成的。

1.3.1 物流法律关系的主体

物流法律关系的主体是指参加物流法律关系，依法享有权利和承担义务的当事人。在物流法律关系中，享有权利的一方当事人称为权利人，承担义务的一方当事人称为义务人。根据我国相关法律规定，物流法律关系主体包括以下几种。

1. 民商事物流法律关系主体

（1）法人

链接 我国《民法通则》第36条规定："法人是具有民事权利能力和民事行为能力，依法独立享有民事权利和承担民事义务的组织。"我国《民法通则》第37条规定："法人应当具备下列条件：① 依法成立；② 有必要的财产或者经费；③ 有自己的名称、组织机构和场所；④ 能够独立承担民事责任。"

法人是物流法律规范所调整的特定社会关系的主体的主要部分。法人包括企业法人、事业法人和机关法人。其中，企业法人是物流法律关系的最主要参与者，它通常指以公司或者其他形式的企业和经济组织的形态出现的，例如，综合性的物流企业、航运企业、货代企业、进出口公司等。

（2）其他组织

其他组织是指依法成立、有一定的组织机构和财产，但不具备法人资格，不能独立承担民事责任的组织。根据法律规定，其他组织的设立在程序上需履行法定的登记手续，经有关机关核准登记并领取营业执照后方可进行活动。不能独立承担民事责任是其他组织与法人的最根本区别。其他组织在对外进行经营业务活动时，如其财产能够清偿债务，则由其自身偿付，其财产不足以清偿债务时，则由其设立人对该债务承担连带清偿责任。其他组织必须符合相应的法律规定，取得经营资质，才能从事物流业务。

（3）自然人

自然人是指按照自然规律出生的人。自然人具有民事主体资格，可以作为物流法律关系主体。一般而言，自然人成为物流服务的提供者将受到很大限制。现代物流涉及的领域较为广泛，自然人在特定情况下可能通过接受物流服务，而成为物流法律关系的主体。

2. 物流行政法律关系主体

（1）国家行政机关

作为物流法律关系主体的国家机关主要是指国家行政机关。在物流活动中，经常会发生国家行政机关对物流企业的设立、变更、终止和整个物流活动进行监督管理而形成的各种法律关系。物流行政法律关系，主要表现为国家行政机关与物流企事业单位、其他组织之间的监督与被监督、管理与被管理的关系。国家行政机关是物流行政法律关系的必要主体。

（2）物流企业、事业单位

物流企业、事业单位包括各种物流公司、航运公司、货运代理公司、理货公司、商品检验检疫局等。

（3）其他组织

在物流行政法律关系中，其他组织从事物流活动时，也要接受行政机关的监督、管理，因此，它们也成为物流行政法律关系的主体。

1.3.2 物流法律关系的内容

物流法律关系的内容是指物流法律关系主体在物流活动中享有的权利和承担的义务。权利是指主体为实现某种利益而依法为某种行为或不为某种行为的可能性；义务是指义务人为满足权利人的利益而为一定行为或不为一定行为的必要性。

1. 物流民商事法律关系的内容

物流民商事法律关系的内容，是指物流民商事法律关系主体在物流活动中享有的权利和承担的义务。民商事权利的享有，是指权利主体能够凭借法律的强制力或合同的约束力，在法定限度内自主为或不为一定行为以及要求义务主体为或不为一定行为，以实现其实际利益。民商事义务的承担，是指义务主体必须在法定限度内为或不为一定行为，以协助或不妨碍权利主体实现其利益。

2. 物流行政法律关系的内容

物流行政法律关系的内容，主要是指物流行政法律关系主体在物流活动中享有的权利和承担的义务。其特点表现为以下几个方面。

1）行政权利不可自由处分。在行政物流法律关系中，当事人权利的行使和义务的履行，往往不仅涉及当事人自身的利益，而且涉及国家或他人的利益，因此权利人对自己的权利一般不能放弃。

2）行政权利义务的相对性。行政物流法律关系的双方当事人，不论是行政机关，还是行政相对人，都既享有权利，又承担义务，他们的权利义务是统一的、相对的。

3）权利义务的不可分性。在行政物流法律关系中当事人的权利义务是不可分的，权利中包含着义务，义务中包含着权利。例如，工商行政管理部门对物流企业设立申请进行审核，这既是其权利，也是其义务。

1.3.3 物流法律关系的客体

物流法律关系的客体是指物流法律关系的主体享有的权利和承担的义务所共同指向的对象，它包括物、智力成果和行为。

物流法律关系的多样性决定了物流法律关系的广泛性。在物流法律规范中，不同形式的物流活动产生不同的权利义务关系。民商事物流法律关系，大多为债的法律关系，权利主体要求义务主体为一定行为或不为一定行为，包括进行物的交付、智力成果的交付，或提供一定的劳务。

行政物流法律关系的客体主要表现为行政物流法律关系主体的活动，包括主体作为和不作为。凡是物流法中有关行政法律规范所规定的行为，都是行政物流法律关系的客体。

总之，物流法律关系三要素中，要注意掌握主体、内容和客体的概念，以及主体的范围、内容和客体的含义。

1.4 物流服务合同

1.4.1 物流服务合同的概述

1. 物流服务合同的概念

物流服务合同有狭义和广义之分。

狭义的物流服务合同，是指第三方物流企业与其他企业约定，由第三方物流企业为后者进行物流系统的设计，和（或）负责后者整个物流系统的管理和运营，承担系统运营责任，而由后者向第三方物流企业支付物流服务费的合同。

广义的物流服务合同，是指第三方物流企业与其他企业约定，由第三方物流企业为后者提供全部或部分的物流服务，而由后者向第三方物流企业支付报酬的合同。也就是，除了包括狭义物流服务合同外，还包括单纯的货物运输合同、仓储合同或运输合同和仓储合同等的混合合同。

提示 本节所称的物流服务合同，是指狭义的物流服务合同，或者综合物流服务合同。其中，我们将提供这种物流服务的第三方物流企业，称为物流服务提供者；将接受物流服务的货主企业或者其他企业，称为物流服务需求者。

2. 物流服务合同的特点

（1）物流服务合同是双务合同

双务合同是指当事人双方相互享有权利、承担义务的合同。在双务合同中，一方享有的权利正是对方承担的义务，反之亦然，每一方当事人既是债权人又是债务人。物流服务合同的双方当事人，都既是债权人又是债务人，既享有债权也负有债务，并且一方的义务就是对方的权利。

（2）物流服务合同是有偿合同

有偿合同是指享有合同权利必须偿付相应代价的合同。在物流服务合同中，物流服务提供者有收取物流服务费的权利，必须以为物流服务需求者设计和管理物流系统，并承担整个物流系统运营的责任为代价；相应地，物流服务需求者也必须以支付物流服务费为代价，获取享受物流服务提供者提供的物流服务的权利。

（3）物流服务合同是诺成合同

诺成合同是指当事人意思表示一致即成立的合同。实践合同是指除当事人意思表示一致外，还必须交付标的物才能成立的合同。从物流服务合同的具体运作来看，物流服务合同成立于物流服务需求方和物流服务提供者之间就物流服务协商一致，不需要标的物的交付，因而为诺成合同。

（4）物流服务合同是提供劳务的合同

物流服务合同的标的是物流服务提供者向物流服务需求者提供物流服务的行为。所以在物流服务提供者为物流服务需求者提供服务的整个过程中，货物的所有权并不转移到物流服务提供者手中，物流服务提供者没有处分货物的权利，必须按物流服务需求者的指示将货物交付给指定的人。

（5）物流服务合同的一方是特定主体

物流服务合同中的物流服务提供者必须是投资建立的第三方物流企业，专为提供物流服务收取报酬而经营的法人或其他组织。众所周知，物流业的兴盛是由于物流被称为“第三利润源泉”。物流虽然由仓储、运输、加工、信息处理等流程组成，但其中每个过程最低化机械相加并不等于利润最低化，因此物流企业是一个统筹、综合处理上述过程的专营企业，其他单位，如单个仓储、运输单位或委托加工单位是不能成为专业物流营业人的。

1.4.2 物流服务合同的性质和法律适用

1．物流服务合同的性质

1）物流服务合同不是单纯的货物运输合同、仓储合同、加工承揽合同等。物流服务合同提供的是一揽子服务，运输和仓储、加工承揽等仅是这一系列服务项目中的一个环节，它们不足以涵盖物流服务的全过程。

2）物流服务合同具有《合同法》规定的某些合同的特性，如物流服务合同是物流服务提供者接受物流服务需求者的委托，为物流服务需求者设计并管理物流系统，提供综合的物流服务的合同，因此具有委托合同的某些特性；物流服务提供者在按照物流服务需求者的要求和需要完成物流系统的开发、设计时，即具有技术合同的某些特性。而当其作为第三方物流企业时也可能会拥有一些从事物流的设施、设备和作业场所，以完成一些具体的物流作业，从而又具有运输、仓储和加工承揽的特性。

2．物流服务合同的法律适用

物流服务合同是无名合同，在法律上尚未确定特定名称和特定规范。物流服务合同在适用《合同法》总则的基础上，双方当事人的权利义务主要依据双方的约定。其中，关于物流服务提供者为物流服务需求者设计物流系统部分，可参照《合同法》中关于技术合同和技术开发合同的规定；关于物流服务提供者提供具体物流作业服务的部分，根据服务的具体内容可分别适用货物运输合同、加工承揽合同、仓储合同、保管合同的规定；上述相关规范没有规定的部分，也可参照有关委托合同的规定。如果有关权利义务在现有法律中找不到类似的有名合同规则的，则应根据《合同法》总则的一般规定和《民法》的基本原则，参照当事人追求的经济目的处理。

1.4.3 物流服务合同的订立

1. 要约

1）要约的概念。要约又称报价、发盘、发价，是订立物流服务合同的必经阶段。要约是指希望和他人订立合同的意思表示。其中，发出要约的一方为要约人，收到要约的一方为受要约人。

2）要约的有效要件。一般认为，要约应具有下列要件，才具有效力：

- 要约是一种意思表示，是物流服务合同双方将希望在彼此间产生物流法律关系的内在意图表达于外部的过程；
- 要约的内容必须具体确定，即要约中应包括所欲订立物流服务合同的基本内容；
- 要约既可以向特定的一人或数人发出，也可以向不特定的多数人发出；
- 要约应表明一经受要约人承诺，要约人即受该意思表示约束。实践中，物流需求方和第三方物流经营人都可以作为要约人向对方发出要约，表示希望与对方订立物流服务合同的愿望。

3）要约的法律效力。根据我国《合同法》规定，要约到达受要约人时生效，如果采用数据电文形式订立物流服务合同的，收件人指定特定系统接收数据电文的，该数据电文进入该特定系统的时间，视为到达时间；未指定特定系统的，该数据电文进入收件人的任何系统的首次时间，视为到达时间。要约一经生效，要约人即受要约的约束，不得撤回、随意撤销或对要约加以限制和变更或扩张。否则，由此而给受要约人造成损失的，必须承担赔偿责任。

4）要约的撤回。要约的撤回是指要约人发出要约后在要约生效前所做出的收回要约的意思表示。撤回要约的通知应当在要约到达受要约人之前或与要约同时到达受要约人，才能有效地撤回要约。如果要约已到达受要约人，该要约便不可撤回。

5）要约的撤销。要约的撤销是指要约人在要约生效后，将该项要约取消，使其法律效力归于消灭的意思表示。由于要约撤销在要约生效后，因此，撤销要约是受严格限制的。根据我国《合同法》规定，撤销要约的通知必须在受要约人发出承诺通知之前到达受要约人才产生撤销的效力。以下情况，要约人不得撤销其要约：

- 要约人确定了承诺期限或者以其他形式明示要约不可撤销；

- 受要约人有理由认为要约是不可撤销的，并已经为履行合同做了准备工作。

6）要约的消灭。要约的消灭是指要约人发出要约后，要约可因一定事由的发生而丧失法律效力。引起要约失效的法定事由有以下几个方面：

- 拒绝要约的通知到达要约人；
- 要约人依法撤回或撤销要约；
- 承诺期限届满，受要约人未做出承诺；
- 受要约人对要约的内容做出实质性变更。

2. 承诺

（1）承诺的概念

承诺是指受要约人同意要约内容缔结合同的意思表示。

（2）承诺的有效要件

1）承诺必须由受要约人做出，未经授权，任何第三人做出的同意要约的意思表示都不构成有效承诺。

2）承诺必须向要约人做出。承诺是对要约的同意，据此成立合同，必须由要约人作为一方当事人。非向要约人做出同意要约的意思表示，不为承诺，但向要约人的代理人做出承诺，视为向要约人做出。

3）承诺的内容必须与要约的内容一致。所谓要约与承诺内容一致，是指意思表示在实质上一致，如果受要约人在承诺中对要约的内容做出实质性变更，便不构成承诺，而只能视为对原要约的拒绝而发出的一项新要约。有关合同标的、数量、质量、价款或者报酬、履行期限、履行地点和方式、违约责任和解决争议的办法等的变更是对要约内容的实质性变更。承诺对要约内容做出非实质性变更的，除要约人及时表示反对或者要约表明承诺不得对要约内容做出变更的以外，该承诺有效，合同内容以承诺的内容为准。

4）承诺必须在承诺期限内做出。如果要约规定有承诺期限，受要约人应当在规定的期限内做出；没有规定承诺期限的，如果是以对话、电话等方式发出要约的，应当立即承诺；如果是以非对话方式发出要约的，应当在通常合理的时间内承诺。所谓通常合理时间，应考虑习惯、交易的性质以及要约使用的通信方法的迅速程度等因素来界定。

（3）承诺的撤回

承诺可以撤回。但是，由于承诺一经送达要约人即发生法律效力，合同也随之成立，所以撤回承诺的通知应当先于承诺到达要约人或与承诺同时到达要约人。如果承诺通知晚于承诺到达要约人，鉴于承诺已发生效力，承诺人不得撤回其承诺。

（4）承诺的法律效力

根据我国《合同法》规定，承诺在承诺期限内到达要约人时生效。承诺的生效，意味着合同的成立。承诺需要通知的，承诺通知到达要约人时生效；承诺不需要通知的，根据交易习惯或者要约的要求做出承诺的行为时生效。如果采用数据电文形式订立物流服务合同的，收件人指定特定系统接收数据电文的，该数据电文进入该特定系统的时间，视为承诺到达时间；未指定特定系统的，该数据电文进入收件人的任何系统的首次时间，视为承诺到达时间。

要点 物流合同的订立，从法律上可分为要约和承诺两个阶段。要约是指希望和他人订立合同的意思表示。要约中应包括所欲订立物流服务合同的基本内容。承诺是受要约人同意要约的内容缔结合同的意思表示。

1.4.4 物流服务合同的条款和形式

1. 物流服务合同的一般条款

合同条款是当事人达成合意的具体内容。为了保证物流服务合同的履行和双方合同目的的实现，并在发生争议以及解决争议时有所依据，当事人设计合同条款时应当具体、完备和全面。同时，为了追求效率，迅速地确立合同关系，当事人订立合同时不一定要使合同条款一应俱全。我国《合同法》第12条对合同的一般条款做了明确规定，双方当事人在订立物流服务合同时可以遵循此法。

实践适用

实践中的物流服务合同包含的一般条款

1）当事人的名称或者姓名和住所。

2）服务范围和内容。物流服务提供者在提供物流服务时可能涉及如下内容：承接物流系统开发、物流策略订立，物流信息管理系统开发与信息管理、数据交换网络功能开发与维护，物流单证设计和物流业务管理，货物运输服务（包括承运人选择、货运代理、进出口报关等），承接中介、对外谈判和合同签订业务，咨询业务，综合物流业务等。

3）合作方式和期限。即物流服务提供者以哪种运营模式向物流需求者提供服务，是仅提供运输、仓储等单一或者少数物流功能的组合服务项目，还是提供实物运输、仓储、配送、分销、流通加工、采购、咨询和信息以及其他增值作业等服务，或者是物流需求者与物流服务提供者建立长期物流服务合同形成一体化供应链物流方案，根据集成方案将所有物流运作以及管理业务全部交给物流服务提供者。

4）双方具体权利和义务。其中最重要的是物流服务提供者提供物流服务并收取费用，而物流需求者交付费用并享受对方提供的物流服务。

5）服务所应达到的指标。物流服务具有很强的技术性，当事人在物流合同中应详细规定技术指标。

6）实物交接和费用的结算、支付。物流活动分为很多环节，物流合同应尽量具体地规定每个环节的实物交付和费用支付。

7）违约和解约的处理。当事人可以在合同中约定何种情况下解除合同以及双方违约责任的承担。

8）争议的解决方法。当事人可以约定以仲裁或者诉讼的方式解决纠纷。

其中，服务范围和内容、当事人的合作方式、服务所应达到的指标条款是实务中双方容易发生纠纷的条款，当事人签订合同时应当注意尽量完善这些条款。

2. 物流合同格式条款

合同格式条款是指当事人为了重复使用而预先拟定，并在订立合同时未与对方协商的条款。根据格式条款订立的合同一般称为格式合同。

介绍与了解

格式合同条款的特点

1）合同条款具有预先确定性。即合同条款由一方当事人预先拟定，或者由某些超然于双方当事人利益之上的社会团体、国家授权机关制定，或由法律直接事先规定。

2）合同条款形式的标准化。格式合同的条款通常由一方将预先确定的合同条款印制于一定的文件（如保险单、运输单证等）中。

3）格式条款的提供者一般是拥有雄厚的经济实力或行业垄断地位的主体，并且往往凭借此优势规定免责条款以减轻或者免除其责任，而相对人却只能被动地接受合同条款。由于合同格式条款具有上述特点，《合同法》对提供格式条款的一方当事人做了诸多限制，以保护对方当事人的合法权益。

目前，多数物流服务提供者有自己的物流格式合同，这些合同当然应当遵守《合同法》的相关规定。

提示

1）提供格式条款的一方应当遵循公平的原则确定当事人之间的权利义务，并采取合理的方式提请对方注意免除或者限制其责任的条款，按照对方的要求，对该条款予以说明。

2）格式条款具有《合同法》第 52 条规定的合同无效的五种情况和第 53 条规定免责无效的两种情况，或者免除提供格式条款一方当事人主要义务、加重对方责任、排除对方当事人主要权利的条款无效。

3）对格式条款的理解发生争议的，应当做出不利于提供格式条款一方的解释。格式条款和非格式条款不一致的，应当采用非格式条款。

3. 物流服务合同的形式

合同的形式是指订立合同的当事人双方达成的协议的表现形式，是合同内容的外观和载体，其分类如下。

（1）法定形式

法定形式是指法律直接规定某种合同应采取的特定形式，不允许当事人选择。法定形式的效力源于法律规定。由于物流服务合同目前无明确的法律规定，更没有对其订立形式的规定，因此不存在法定的形式。

（2）约定形式

约定形式是指当事人对于没有形式要求的合同所约定采取的形式，包括下列情形。

1）口头形式。即当事人通过使用语言进行意思表示订立合同的形式。口头形式简便易行，对经常进行业务往来的物流双方当事人之间可以通过直接对话或者电话联系，以便在长期使用的合同基础上迅速达成协议。此外，很多物流合同的分单作业合同是以电话的形式约定的，虽然理论上承认口头合同的效力，但这样的合同缺乏证明效力。所以一般在实践中，口头对分单合同约定后，会有提单、客票、收据等单据在合同当事人之间流通，形成对合同的证明，一定程度上可以弥补口头合同的欠缺。

2）书面形式。即合同书、信件以及数据电文（包括电报、电传、传真、电子数据交换和电子邮件）等可以有形地表现所载内容的形式。物流双方当事人对于关系复杂、重要的合同，一般应采用书面形式。书面形式有据可查，发生纠纷时便于分清责任。鉴于物流服务合同的复杂性和特殊性，这类合同应当以书面形式订立。

3）其他形式。它是指除口头和书面形式以外的合同形式。至于在订立合同时采用何种形式，可以由物流双方当事人通过约定对物流服务合同的形式加以确定。

1.4.5 物流服务提供者的法律责任

1. 物流服务提供者的民事责任

物流服务提供者的民事责任是指物流服务提供者违反法定义务和合同义务所应承担的法律责任，可以分为违约责任和侵权责任。前者是指对物流服务合同的违反所应承担的责任，承担责任的依据是合同；后者是指在物流活动中侵犯物流需求方的财产，造成财产损害所应承担的责任，承担责任的依据是法律的规定。

（1）违约责任归责原则

所谓归责原则，即确定主体在违反合同时所应承担责任的一般准则。关于合同主体的违约责任归责原则，主要有两种主张，一种称为过错责任制，另一种称为严格责任制。所谓过错责任制是指以行为人主观上的过错作为确定其责任的要件和责任范围的依据，即只要行为人有过错，就应承担违约责任，无过错则不承担违约责任。所谓严格责任制是指行为人没有过错时造成他人损失也应承担违约责任。

（2）我国法律中涉及物流环节的有关违约责任归责原则的规定

《合同法》关于违约责任归责原则的一般规定是各类合同应当遵循和适用的。《合同法》第107条规定：“当事人一方不履行合同义务或者履行合同义务不符合约定的，应当承担继续履行、采取补救措施或者赔偿损失等违约责任。”这表明我国《合同法》以严格责任原则为基本的归责原则，即在法律没有特殊规定的情况下，只要合同一方不履行合同义务给对方造成损害，就应当承担违约责任。

提示　物流提供者在其所从事的物流服务中，一般是通过签订物流服务合同进行的，因而，其承担的民事责任主要是违约责任。

（3）《合同法》的特殊规定

1）委托合同中的归责原则。《合同法》第 406 条规定：“有偿的委托合同，因受托人的过错给委托人造成损失的，委托人可以要求赔偿损失。无偿的委托合同，因受托人的故意或者重大过失给委托人造成损失的，委托人可以要求赔偿损失。”这一规定表明，委托合同中的违约责任，采用了有别于我国合同法律制度中的基本归责原则（严格责任原则）的过错责任原则，强调只有因为受托人的过错造成委托人损害时，受托人才向委托人承担赔偿责任。

2）保管合同与仓储合同中的归责原则。《合同法》第 374 条规定：“保管期间，因保管人保管不善造成保管物毁损、灭失的，保管人应当承担损害赔偿责任。但保管是无偿的，保管人证明自己没有重大过失的，不承担损害赔偿责任。”第 394 条规定：“存储期间，因保管人保管不善造成仓储物毁损、灭失的，保管人应当承担损害赔偿责任。”由此可见，保管合同和仓储合同中采取的也是过错责任原则。

2．物流服务提供者的行政责任

物流服务提供者的行政责任是指物流服务提供者违反国家有关物流监管的规定所应承担的法律责任。国家对物流的监管主要体现在对物流活动的主体的市场准入的要求，对主体实施物流活动的监督和管理，公平和公开竞争的物流市场环境，规则的确立等方面。国家相应的主管机关对物流活动的有效监管，有助于物流市场健康、有序地发展。

链接　一般而言，物流服务提供者所受到的行政处罚主要有：① 停止违法经营活动，即没有取得相应资格而从事经营的物流服务提供者，行政主管机关要求其停止经营；② 没收违法所得，即从事违法经营的物流服务提供者如有违法所得的，行政机关依法予以没收，以示惩罚；③ 罚款，即对违反物流法律法规的物流服务提供者所给予的一种经济上的处罚；④ 撤销经营资格，如《海运条例》第 47 条规定：“国际船舶运输经营者、无船承运业务经营者、国际船舶代理经营者和国际船舶管理经营者将其依法取得的经营资格提供给他人使用的，由国务院交通主管部门或者其授权的地方人民政府交通主管部门责令限期改正，逾期不改正的，撤销其经营资格”；⑤ 吊销营业执照，这是因物流服务提供者从事违法行为而由工商行政管理机关将其营业执照予以吊销的一种处罚。

1.5 物流法的现状与发展

1.5.1 我国物流法的现状

我国现行调整物流的法律规范都散见于法律、法规、规章和国际条约、国际惯例及各种技术规范、技术法规中，涉及贸易、运输、仓储、包装、搬运、配送、流通加工和信息管理等方面，主要包括以下几个方面。

1）调整物流活动中主体方面的法律规范。物流法律关系主体包括企业、其他各种组织和自然人，以及国家机关，对这些主体进行规范的法律规则构成物流法律规范的重要部分。例如，《公司法》、《中外合资经营企业法》、《中外合资经营企业法实施细则》等。

2）调整物流活动中贸易环节的法律规范。例如，《对外贸易法》、《合同法》、《联合国国际货物买卖合同公约》、《国际贸易术语解释通则》等。

3）调整物流活动中运输环节的法律规范。例如，《公路法》、《航空法》、《铁路法》、《海商法》、《公路管理条例》、《汽车货物运输规则》、《中国民用航空货物国内运输规则》、《中国民用航空货物国际运输规则》、《铁路合同管理办法》、《铁路货物运输管理规则》、《水运危险货物运输规则》、《国内水路货物运输规则》、《海牙规则》、《维斯比规则》、《汉堡规则》等。

4）调整物流活动中仓储环节的法律规范。例如，《合同法》第13章“租赁合同”、第19章“保管合同”和第20章“仓储合同”的相关规定。

5）调整物流活动中包装环节的法律规范。我国包装环节的法律规范主要集中在对包装标准的规定中。除国家标准外，还包括行业标准和国际标准。

6）调整物流活动中流通加工环节的法律规范。例如，《合同法》第15章“承揽合同”的相关规定。

7）调整物流活动中搬运、配送环节的法律规范。例如，《铁路装卸作业安全技术管理规则》、《集装箱汽车运输规则》、《港口货物作业规则》等。

1.5.2 我国现行物流法存在的问题及建议

1. 我国物流法存在的问题

（1）缺乏系统和专门的法律规范

与物流相关的法律规范不统一且过于分散。目前，所有与物流有关的法律规范都散见于各种民事、行政法律法规和各部委制定的相关规章中，在行业管理和内容上分散于企业和市场的管理，海、陆、空运输，合同和合同管理等领域，形成多头而分散的局面，缺乏物流行业系统专门的法律规定。而且，各法律规范之间协调不够，难以整合物流各环节和各法律规范之间的关系。长此以往，将严重阻碍我国物流业的发展。

（2）法律规范层次较低，效力不强

在实践中，对于物流活动具有直接操作性的法律规范大多集中在各部委和地方制定的法规和规章上。这部分法律规范数量繁多，且大多效力不强，与法律相比，其法律约束力即效力层次较低，普遍适用性较差，多数只适宜作为物流主体进行物流活动的参照性依据。这种局面不利于从宏观上引导物流业的正确发展，也缺乏对物流主体行为的必要制约。

（3）物流立法相对落后

我国目前适用于物流活动的各类法律规范大都是从过去计划经济体制中延续下来的，难以适应市场经济环境下物流业的发展。尤其是这几年电子商务快速发展，我国有必要建立与国际物流法律制度接轨的现代物流法律体系，以适应“互联网+”、跨境电商等新形势发展的需要，改善目前尚待完善的物流法规体系。

介绍与了解

完善我国物流法的建议

（1）制定统一的物流产业发展规划，建立物流业统一开放的市场

物流产业政策的导向应立足于加快发展和规范市场竞争秩序，防止政出多门，草率定规，出现新的政策性、体制性障碍。为此，要打破地区、部门和行业的局限，加强协调，全面统筹，整体布局。要设计出既能充分利用和整合各种存量资源，又可优化增量配置的符合现代物流业发展方向的全国性物流产业发展规划。

尽快建立全国物流业统一开放的市场，就必须打破地区封锁和行业垄断经营行为，加强对不正当行政干预和不规范经营行为的纠正和制约，创造公平、公正、公开的市场环境，使各类物流企业能够平等地进入市场，在统一、透明、公平、高效的市场竞争中优胜劣汰。

（2）建立适应市场经济体制的物流法律体系

从我国目前的经济体制以及物流发展的实际来看，建立适应市场经济体制的物流法律体制应主要从以下 4 个方面着手：

- 物流主体法，指确立物流主体资格，明确物流主体权利义务的法律规范；
- 物流行为法，指调整物流主体从事物流活动行为的法律规范；
- 宏观调控，指调整国家与物流主体之间，以及各个物流主体之间特殊市场关系的法律规范；
- 物流标准法，指与国际技术和管理标准体系接轨的我国物流技术与管理标准法规。

（3）完善适应物流国际化发展需要的技术标准法规体系

为适应国际物流发展的要求，必须大力推广和普及国际标准体系，并在此基础上制定和完善与国际标准接轨的通用的国家标准，以实现物流活动的合理化和现代化。根据目前我国物流标准化进程中存在的国际物流标准化的发展方向，我国要加强物流术语、计量标准、技术标准、数据传输标准、物流作业、服务标准等基础标准的建设，即建立与国际标准中的基础标准、安全标准、卫生标准、环保标准和贸易标准相吻合的标准体系。而其他物流环节的技术标准，则可以逐步从国际物流基础标准中，依照相应的行业技术标准，把重点放在技术标准的制定与推行上，如对托盘、集装箱、各种物流搬运和装卸设施、条形码等通用性较强的物流设施和装备的标准进行全面梳理、修订和完善，

并形成系统的标准法律规范体系。

（4）完善物流行业协会组织

逐步建立全国及地方的物流行业协会组织，将政府过多的管理职能逐步交给行业协会行使。加强物流业发展中的行业协调和行业自律的作用，并从法律规范上加以支持。对物流行业协会组织的功能、作用、职权及与政府相关部门的联络和沟通做出法律规定，使对物流的管理逐步与国际惯例对接，以发挥民间组织所固有的协调功能和专业知识。

小结

本章介绍了物流法的概念、分类、表现形式和物流法律关系，阐述了物流法是指调整与物流活动有关的社会关系的法律规范的总称。由于物流本身涉及很多社会关系，所以与物流活动相关的法律规范的范围比较广。我国现行调整物流的法律法规散见于有关法律、法规、规章和国际条约、国际惯例以及各种技术规范、技术法规中，涉及运输、仓储、包装、配送、搬运、流通加工、信息管理等领域。物流法律关系是指物流法律规范在调整物流活动过程中形成的具体的权利义务关系。物流法律关系的主体、内容和客体构成物流法律关系的三要素。本章还重点介绍了物流服务合同性质、订立、主要条款及物流服务提供者的法律责任。通过分析我国物流法律法规的现状，提出完善我国物流法的建议。

复习思考题

1．简述物流的含义和分类。

2．什么是物流法，它有哪些特点？

3．物流法律关系的三要素是什么？

4．如何认识物流服务合同的性质和法律适用？

5．如何确定物流服务提供者的法律责任？

6．简述物流服务合同的条款。

案例分析

2015年9月25日，科技发展公司销售部经理花105元邮寄费通过快递公司向某园艺设备公司发送一批价值1.5万余元的货物，因对方公司未能收到上述货物，科技发展公司后致函快递公司要求查询该批货物。快递公司回函称：“北京已将该件发出，但上海公司未收到，现正与航空公司联系查找中。”直至起诉日，快递公司仍未将该邮件找回。

后科技发展公司起诉到一审法院，请求判令快递公司赔偿1.5万余元丢失货物的损失并承担案件诉讼费用。

快递公司答辩称，快递公司未对邮件内容进行查验，不清楚其中是否为上述货物。科技发展公司邮寄的快件确实在运输过程中发生灭失，公司愿意赔偿。现有的法规及从 2008 年 1 月 1 日开始实施的快递业务服务标准对赔偿标准做了明确规定，对非信函件的快递按照不超过运费 5 倍的原则赔偿，故快递公司同意按邮费的 5 倍进行赔偿。

审理后，一审法院做出其赔偿科技发展公司 1.5 万余元损失的判决，快递公司不服。一审法院认定“非保价快件如发生遗失，按寄件人实际支付寄递费用的 2 倍赔偿，对其他损失和间接损失不承担赔偿责任”是不公平的格式条款。快递公司为科技发展公司运送货物属于寄递业务。快递公司在承接快递业务时向科技发展公司提供了两种风险模式，即保价和不保价。如保价则需按保额支付保价费，如果遗失则按特定价值赔偿。不保价则按重量收费，如遗失则按寄递费的 2 倍赔偿。科技发展公司选择了不保价模式，就要承担相应后果。科技发展公司在其不保价的快递物品遗失后要求按照保价的标准赔偿，是不公平的交易行为；案件中，双方在合同中对货物毁损、灭失的赔偿额所做的约定，不违反公平原则。合同约定的内容不存在《中华人民共和国合同法》有关合同无效、免责条款无效及可撤销合同规定的情形。双方当事人在合同中对货物毁损、灭失的赔偿额进行约定，在一定程度上体现了当事人之间的利益平衡。根据《中华人民共和国合同法》第 312 条的规定，快递公司就快递物品遗失给予科技发展公司运费 2 倍的赔偿，符合双方当初选择交易方式的原意，也符合法律规定为由上诉到二审法院。

问题

二审法院是否会做出支持快递公司的判决？

第2章

物流企业的法律规范

学习目标

- 物流企业的概念、特征和类型
- 物流企业经营的主要方式
- 物流企业的市场准入
- 物流企业的设立
- 物流企业的变更、终止与清算
- 国际货物运输代理企业
- 委托代理合同

2.1 物流企业概述

2.1.1 物流企业的概念和特征

1. 物流企业的概念

物流企业是指专门从事与商品流通有关的各种经营活动，依法自主经营、自负盈亏，具有法人资格的营利性经营单位。具体来讲，物流企业是在原料、半成品从生产地到消费地的过程中进行用户服务、需求预测、情报信息联络、物料搬运、订单处理、采购、包装、运输、装卸、仓库管理、废弃物回收处理等一系列以物品为对象而进行的活动，并以获取利润、增加积累、创造社会财富为目的的营利性社会经济组织。

提示 物流企业是独立于生产领域之外，专门从事与商品流通有关的各种经济活动的企业，是在商品市场上依法进行自主经营、自负盈亏具有法人资格的经营单位。物流企业以物流为主体功能，同时伴随着商流、资金流、信息流。它涉及仓储业、运输业、批发业、商业、外贸进出口等行业。

2. 物流企业的法律特征

1）物流企业是专门从事与物质资料流通有关的各种经营活动的组织单位。它承担着供给商（包括生产商、供应商）和消费者（包括生产消费者、生活消费者）之间的储存、运输、加工、包装、配送、信息服务等全部活动，并通过促进相关制造作业和营销作业来满足顾客需求。

2）物流企业是自主经营、自负盈亏，以获取利润和创造、积累社会财富为目的的营利性组织。这决定了物流企业有着自身的利益驱动，它的一切活动以“利益最大化”为目的。因此，物流企业必须以最优的方式考虑物流供应的问题。

3）物流企业是具备为物质资料提供流通服务能力的企业法人。它具有权利能力和行为能力，依法独立享有民事权利和承担民事义务，在市场经济的运行和发展过程中平等地参与竞争。

2.1.2　物流企业的类型

根据不同的标准，可以将物流企业划分为不同的类型。

1．根据物流企业从事物流业务的范围划分

（1）单一物流企业

单一物流企业，又叫功能性物流企业，是指仅从事仓储、运输、包装、装卸等一项或几项物流服务的物流企业。这类企业根据其从事的具体物流功能不同，又可具体分为以下几种类型。

1）仓储服务型物流企业。即以仓储保管业务为盈利手段的企业。它主要从事货物的接运、入库、保管保养、发运、运输等流动过程的经营活动，并提供对产品的整合和货物分类等服务，还承担加工和参与少量的制造活动及支持企业销售的服务，但储存保管是其主要的功能。

2）运输服务型物流企业。即使用运输工具对物品进行运送，以实现物流空间效用的企业。主要从事物品从生产地到消费地、从生产地向仓储集散地及从仓储集散地向消费地的运输活动。

3）装卸服务型物流企业。即从事物品搬运，以改变其存放状态和空间位置的物流服务活动的企业。

4）包装服务型物流企业。即采用适当的材料，制成与物品相适应的容器，对物品进行包裹、捆扎，以便物品装卸、搬运、运输、保管和销售的企业。

5）信息服务型物流企业。即通过因特网，利用信息网络、电子商务等方式向社会、企业及个人提供新闻、行业动态、企业目录、供求检索等信息服务的电子商务物流企业。

（2）综合物流企业

综合物流企业是指从事原材料、半成品从生产地到消费地之间的运输、储存、装卸、包装、流通加工、配送、信息处理等全部物流服务的物流企业。目前，我国这种综合性物流企业几乎没有，现在中远物流、中海物流、中外运物流等凭借其自身的运输优势以及在国内、海外的网络优势，力争成为综合物流公司。国外的综合性物流公司则比较多。例如，日本的日通公司，是全球最大的综合物流服务公司之一，其服务范围除了空运服务和海运服务外，还提供卡车运输、搬家、小包装递送、铁路运输、国内海运、重物托运、仓储、艺术品运输等业务。

2．根据物流企业提供服务涉及的区域划分

（1）国内物流企业

国内物流企业是指在某一国家境内从事物流活动的企业。国内的物流服务主要表现为以单一的物流服务方式或几种服务方式相组合的形式。国内物流企业又可以分为单一的物流企业和综合物流企业，我国目前设施完备、功能齐全的综合物流企业还不够多。而现有的各单一物流企业主要是由原来的运输车队或某商业单位的仓库分离改制后而逐渐建设成的物流配送仓储公司，处于物流发展的初级阶段。

（2）国际物流企业

国际物流企业是指从事不同国家之间物流服务的企业。它是国际贸易活动中的一个重要组成部分，负责货物从一国到另一国的空间转移。此类企业多为国际海上船舶运输公司、国际航空运输公司、国际多式联运经营人等。

按国际物流企业本身是否具备运输工具，国际物流企业分为两大类型。一类是承运人型，它是指自身拥有运输工具，并实际参与物流全过程中一个或几个运输环节的企业；另一类是无船承运人型，它是指自身不拥有任何一种运输工具，在物流全程中各环节的运输都要通过与其他实际承运人订立分运合同来完成的企业。目前，除了发展国内物流服务之外，建立完善的国际物流服务也逐渐引起各国的重视。

3．我国现有的物流企业类型

（1）传统的仓储企业、物资企业

此类企业实行资产重组和流程再造，利用原有仓储设施建设配送中心，向用户提供配送、流通加工等物流服务。其主要代表有中储物流、中铁物流、港口物流等。

（2）国有交通运输企业和货运代理企业

这类企业立足运输，开展“门到门”运输服务，提供运输代理，并且利用信息网络技术，与物流链上的其他企业进行合作，为用户提供集货、配送、包装、流通加工、仓储等服务。其典型代表有中远物流、中外运物流、中海物流、中邮物流等。

（3）生产企业自身成立相对独立的物流机构或实体

这类企业成立物流作业子公司，承担母公司物资产品的运输、保管、装卸、包装等活动；或者成立物流管理子公司，将母公司的物流企划工作独立出来，负责母公司的物流管理工作。

（4）第三方物流企业

即为物流服务的供需双方提供全部或部分物流功能的独立的、专业化的外部服务提供商。它不拥有商品，不参与商品买卖，专门为顾客提供以合同为约束、以结盟为基础的系列化、个性化、信息化的物流服务。第三方物流企业是物流企业专业化的一种必然趋势。

2.1.3　物流企业主要的经营方式

承担物流服务业务的企业的经营方式通常有三种。

1．企业独立经营型

在物流服务中，实施单一物流服务的企业几乎全部是独立经营型企业。而实施综合物流服务的物流企业尽管从总体上讲是独立经营，但内部各环节相当复杂，在涉及仓储、运输、联运，甚至国际联运的情况时，尤其如此。一般在类似情况下，企业在各服务全程的两端及中间各转接点处均设有自己的子公司或办事处等形式的派出机构或分支机构，作为全权代表处理揽货、交接货，订立运输合同协议，处理有关服务业务等运输和衔接中所需要的一系列事务。一些较有实力的国际物流企业在世界的重要地区、主要城市都设有办事处。服务全程的所有工作（除各区段实际运输外）全部由自己的办事处或分支机构承担并完成。类承运人型的国际物流企业多是这种形式。

2．企业间联营型

在涉及综合的跨地区或跨国的物流服务时，各物流企业往往采用这种形式，即位于服务全程两端的地区或国家的两个（或几个）类似的企业进行联合经营的方式。联营的双方互为合作人，分别在各自的地区或国家内开展业务活动，揽到货物后，按货物的流向及运输区段划分双方应承担的工作。在本地区或本国，自身是起运货物的总服务企业，而对方企业是该项服务业务在该地区或该国的代理，联合完成到交付货物为止的全部工作。两企业联合经营的紧密程度由双方协议确定，可以为互为代理、互付佣金、分享利润、分担亏损等不同形式。

3．代理方式

代理方式与第二种类型的适用情况相似，即在服务全程的两端和中间各衔接地点委托外地区或国外同行业作为物流服务代理，办理或代理安排全程服务中的分运工作和交接货物工作，签发或回收联运单证，制作有关单证，处理交换信息，代收支费用、处理货运事故或纠纷等。这种代理关系可以是相互的，也可以是单方面的，在后一种情况下，一般由物流企业向代理人支付代理费用，不存在分享利润、分摊亏损的问题。

在上述三种方式中，第一种方式一般适用于货源数量较大、较为稳定的线路。一般要求企业具有较强的实力和企业基础。这种方式由于全部工作由自己雇用的人员完成，工作效率较高，利润也可能较高。第二种和第三种（特别是第三种）方式多适用于公司的经济实力不足以设立众多的办事处和分支机构，或货源不够多、不太稳定，或企业处于开展国际物流服务业务的初期等情况。这种方式具有投资少、见效快、建立线路准备工作较少、业务扩大较快等优点。但是，与第一种方式比较，其工作效率及利润率要低一些。大多数类无船承运人型的物流企业均采用后两种形式。

2.2 物流企业的市场准入

2.2.1 我国内资物流企业的市场准入

1. 我国内资物流企业的市场准入条件

提示 内资物流企业市场准入是指我国内资企业在什么条件下可以进入物流市场，并参与市场的活动。在一般情况下，我国内资企业进入物流市场的基本准入条件是具备法人的资格，即内资企业应当在成为企业法人后才能从事物流经营活动。

1）一般物流企业的市场准入。我国对内资企业从事一般的物流行业，如批发业、道路运输、货物仓储等行业的市场准入是没有特殊限制的。只要在设立相应企业时有与拟经营的物流业务范围相适应的固定生产经营场所、必要的生产经营条件，以及与所提供的物流服务相适应的人员、技术等，就可以到工商登记管理机关申请设立登记。

2）特殊物流企业的市场准入。特殊物流企业是指成立此类企业时，需要经相应主管部门审批后，才能到工商登记管理机关进行设立登记的物流企业。这类企业必须经过主管部门审批才能进入市场，从事物流经营活动。目前，我国大多数物流企业都必须经相应的行业主管部门审核批准。例如，根据《海运条例》及其实施细则规定，在中国境内投资设立国际海上运输业务的物流企业，其经营国际船舶运输业务必须经交通部审批后，才能到工商登记管理机关进行设立登记。

3）关系国计民生的物流企业的市场准入。对于一些涉及我国经济命脉的特殊物流企业，如铁路运输、航空运输等企业，必须经国务院特许才能设立。此类物流企业由于对国家经济、军事、政治等各个方面都有重大影响，甚至涉及国家领土、领空主权的完整等，因此，其市场准入十分严格。

2. 我国内资物流企业市场准入的法律规范

目前对内资物流企业的市场准入进行调整的法律规范，除了《民法通则》、《全民所有制工业企业法》、《公司法》等一般法律外，还有一些对仓储、运输、代理业等物流企业进行专门规定的法规，如《水路运输管理条例》及其实施细则、《水路运输服务业管理规定》、《国际海运条例》及其实施细则、《定期国际航空运输管理规定》、《中国民用航空快递业管理规定》、《汽车零担货物运输管理办法》等。

（1）我国内资物流企业市场准入的法律

1）《民法通则》第 37 条对所有物流企业在市场准入方面应具备的基本条件做出了相应的规定：① 依法成立；② 有必要的财产或者经费；③ 有自己的名称、组织机构和场所；④ 能够独立承担民事责任。

2）《全民所有制工业企业法》对国有企业设立的条件做了规定。设立全民所有制工业企业，必须依照法律和国务院规定，报请政府或者政府主管部门审核批准，并经工商行政管理部门核准登记，获得营业执照，取得法人资格。设立国有工业企业的条件：① 产品为社会所需要；② 有能源、原材料、交通运输的必要条件；③ 有自己的名称和生产经营场所；④ 有符合国家规定的资金；⑤ 有自己的组织机构；⑥ 有明确的经营范围；⑦ 法律、法规规定的其他条件。

3）《公司法》调整的是在中国境内设立的有限责任公司和股份有限公司的行为，分别规定了设立有限责任公司和股份有限公司应具备的条件。

设立有限责任公司的条件：

- 股东符合法定人数；
- 股东出资达到法定资本最低限额；
- 股东共同制定公司章程；
- 有公司名称，并建立符合有限责任公司要求的组织机构；
- 有固定的生产经营场所和必要的生产经营条件。

设立股份有限公司的条件：

- 发起人符合法定人数；
- 发起人认缴和社会公开募集的股本达到法定资本最低限额，股份有限公司的最低注册资本为人民币 500 万元；
- 股份发行、筹办事项符合法律规定；
- 发起人制定公司章程，并经创立大会通过；
- 有公司名称，并建立符合股份有限公司要求的组织机构；
- 有固定的生产经营场所和必要的生产经营条件。

（2）我国内资物流企业市场准入的行政法规和规章

1）《水路运输管理条例》及其实施细则，确定了我国从事内河运输的国内物流企业的市场准入条件。

介绍与了解

《水路运输管理条例》及其实施细则规定

中华人民共和国沿海、江河、湖泊以及其他通航水域中的旅客、货物运输，必须由中国企业、其他单位和个人使用悬挂中华人民共和国国旗的船舶经营，未经中华人民共和国交通部批准，在中国注册登记的外资企业、中外合作经营企业、中外合资经营企业或船舶，不得经营上述水域的旅客运输和货物运输。

中国企业、其他组织和个人将运输船舶租赁给“三资企业”或租用“三资企业”的船舶经营上述水域的运输和货物运输的，也应按前款规定，经交通部批准。设立水路运输企业、水路服务企业以及水路运输企业以外的单位和个人从事营业性运输，由交通主管部门根据本条例的有关规定审核批准。

2）《水路运输服务业管理规定》规定水路运输企业必须依法取得中华人民共和国企业

法人资格。任何企业从事水路运输服务业务，必须经过交通主管部门批准，并领取《水路运输服务许可证》后，方可经营。“三资”企业经营水路运输服务业务的，应当经国务院交通主管部门批准。设立水路运输服务企业应当具备以下条件：

- 有稳定的水路运输客源、货源和船舶业务来源；
- 有与经营范围相适应的组织机构、专业人员；
- 有固定的经营场所和必要的营业设施；
- 有符合下列最低限额的注册资本：经营船舶代理业务的为人民币 20 万元，经营客货运输代理业务的为人民币 30 万元，同时经营船舶代理和客货代理业务的为人民币 50 万元。

3)《国际海运条例》及其实施细则，确定了我国从事国际海上运输，无船承运业务及相关辅助业服务，如国际海运货物装卸、国际海运货物仓储、国际海运集装箱站和堆场等业务的物流企业的市场准入条件。经营国际船舶运输业务应当具备下列条件：

- 有与经营国际海上运输业务相适应的船舶，其中必须有中国籍船舶；
- 投入运营的船舶符合国家规定的海上交通安全技术标准；
- 有提单、客票或者多式联运单证；
- 有具备国务院交通主管部门规定的从业资格的高级业务管理人员，并经国务院交通主管部门许可，获得《国际船舶运输经营许可证》。

4)《定期国际航空运输管理规定》规定经营某一国际航空经营许可的空运企业，应当向中国民用航空总局提出申请。中国民用航空总局依照该规定的有关内容进行审查，并且还应考虑下列因素：

- 符合我国与外国政府签订的航空运输协定；
- 符合我国国际航线总体规划和国家全局利益，有利于促进合理竞争；
- 若我国与其他国家签订的航空运输协定允许多家公司经营两国间的航线，只有在旅客年流量超过 10 万人次，中国空运企业每周航班达 5 班，年平均客座率超过 68%，或者每周航班达 4 班，年平均客座率超过 80%的，方可允许第二家中国空运企业加入该国际航线经营；
- 申请人在所申请的国际航线上通航所使用的国际机场具备其通航所用机型相应的条件和国际标准的保安措施。

5)《中国民用航空快递业管理规定》经营航空快递业务，应当向民航总局申请领取航空快递经营许可证，并依法办理工商登记。未取得有效的航空快递经营许可证的，不得从事航空快递业务。

经营航空快递业务的企业应当具备的条件：

- 符合民航总局制定的快递发展规划、有关规定和市场需要；
- 具有企业法人资格；
- 企业注册资本不少于人民币 2 500 万元；
- 具有固定的独立营业场所；

- 具有必备的地面交通运输设备、通信工具和其他业务设施；
- 具有较健全的航空快递网络和计算机查询系统；
- 具有与其所经营的航空快递业务相适应的专业人员；
- 民航总局认为必要的其他条件。

6)《汽车零担货物运输管理办法》规定，汽车零担货物运输由交通主管部门统一管理，实行全民、集体、个体（联户）运输业多家经营。经营汽车零担货物运输，必须严格执行国家的政策法规，加强经营管理，努力提服务质量，为货主提供安全、迅速、方便、经济的运输条件。汽车零担站点的设置必须报所在地的县以上（包括县）交通主管部门批准，并报省、自治区、直辖市交通主管部门备案。

2.2.2　外商投资物流企业的市场准入

1. 外商投资物流企业在我国的市场准入条件

外商投资物流企业应为境外投资者以中外合资、中外合作的形式设立的，能为用户提供物流多功能一体化服务的外商投资企业。它可以经营国际流通物流、第三方物流业务。设立外商投资物流企业，应向拟设立企业所在地的省、自治区、直辖市、计划单列市对外经济贸易主管部门提出申请，并提交相应的文件，由拟设立企业所在地的省、自治区、直辖市、计划单列市对外经济贸易主管部门提出初审意见，并将初审意见报国务院对外经济贸易主管部门批准。

2. 我国关于外商投资物流企业市场准入的法律法规

目前,我国关于外商投资物流企业市场准入的法律法规主要有:《中外合资经营企业法》及其实施条例;《中外合作经营企业法》及其实施细则;《外资企业法》及其实施细则;《外商投资民用航空业规定》;《国际海运条例》及其实施细则等。

（1）《中外合资经营企业法》及其实施条例

《中外合资经营企业法》规定允许外国公司、企业和其他经济组织或个人，按照平等互利的原则，经中国政府批准，在中国境内同中国的公司、企业或其他经济组织共同举办有限责任公司形式的中外合营企业。该条例也规定了允许设立中外合营企业的物流行业主要有包装业和服务业。

（2）《中外合作经营企业法》及其实施细则

《中外合作经营企业法》规定外国的企业和其他经济组织或个人按照平等互利的原则，可以同中国的企业或其他经济组织在中国境内共同举办中外合作经营企业，符合法人条件的，经登记可取得中国法人资格。实施细则规定了设立中外合作企业应当符合国家的发展政策和产业政策，遵守国家关于指导外商投资方向的规定。

（3）《外资企业法》及其实施细则

《外资企业法》及其实施细则允许外国的企业和其他经济组织或者个人在中国境内举办外资企业。设立外资企业，必须有利于中国国民经济的发展，能够取得显著的经济效益，并应当至少符合下列一项条件。

1）采用先进技术和设备，从事新产品开发，使用节约能源的原材料，实现产品升级换代，可以替代进口。

2）年出口产品的产值达到当年全部产品的50%以上，实现外汇收支平衡或者有余的。该条例同时对外资企业可以从事的行业进行了禁止或限制性规定，物流服务中的交通运输是受到限制的。

（4）《外商投资民用航空业规定》

《外商投资民用航空业规定》明确了外国公司、企业及其他经济组织或个人投资民航业适用该规定。外商投资民航业范围包括民用机场、公共航空运输企业、通用航空企业和航空运输相关项目，但禁止外商投资和管理空中交通管制系统。国家鼓励外商投资于民用机场和现有公共航空运输企业。外商投资的方式包括：合资、合作经营；购买民航企业的股份，包括民航企业在境外发行的股票以及在境内发行的上市外资股；其他经批准的投资方式。

提示： 外商以合作经营方式投资公共航空运输企业和从事公务飞行、空中游览的通用航空企业，必须取得中国法人资格。

（5）《国际海运条例》及其实施细则

《国际海运条例》及其实施细则确定了外商从事国际海上运输及其辅助服务的市场准入条件。经国务院交通主管部门批准，外商可以依照有关法律、行政法规以及国家其他有关规定，投资设立中外合资经营企业或者中外合作经营企业，经营国际船舶运输、国际海运货物装卸、国际海运货物仓储、国际海运集装箱站和堆场业务，并可以投资设立外资企业经营国际海运货物仓储业务。在经营国际船舶运输业务的中外合资经营企业中，外商的投资比例不得超过49%。在经营国际船舶运输业务的中外合作经营企业中，外商的投资比例应参照前款规定。

（6）WTO法律文本

我国加入WTO法律文本中涉及外商投资物流业的一些条款和内容如下。

1）产品分销权方面。我国将首次向国外公司提供分销权，取消现有的法规限制，在中外合资零售企业中允许外资控股，并开放所有省会城市；逐步取消地域限制、数量限制、股权或企业设立形式限制；除面积超过2万平方米的百货商店和超过30家的连锁店不允许外商控股外，其余的没有限制。外商可分销进口产品和我国制造的产品。

2）服务业方面。我国承诺所有的服务行业，在经过合理过渡后，取消大部分外国股权限制，不限制外国服务供应商进入目前市场，不限制所有服务行业的现有市场准入和活动。同时在辅助分销的服务方面也做出了类似的承诺。

3）电子商务方面。根据协议，中国允许国外网络公司直接拥有中国网络公司49%～100%的股份，并允许相关银行、运输、服务等领域的开放。另外，电子商务中接入服务属于半开放到开放的领域。

4）商业企业的开放。原国家经贸委和外经贸部联合下发《外商投资商业企业试点办法》，将试点地域扩大到省会城市、直辖市、计划单列市和经济特区，同时在京、津、沪、渝等地开放批发业。与商业有关的金融、保险、外贸、咨询、运输、工程承包、电信、旅游等领域也相应放宽了投资限制。

5）物流企业的开放。原国家外经贸部发布的《关于开展试点设立外商投资物流企业工作有关问题的通知》，在北京、天津、上海和重庆 4 个直辖市，以及浙江、江苏、广东三省和深圳经济特区进行试点，允许外商以中外合资、中外合作的形式投资国际流通物流和第三方物流业务。

6）道路运输和相关的汽车维修服务行业。从我国加入 WTO 时起，允许外商设立合营企业从事境内道路货物运输；1 年后，允许外资控股；2 年后，允许外商设立独资企业。

7）在水路运输中，国际海上运输（包括货运和客运）允许外商设立合营船舶公司，但外资比例不得超过 49%，合营企业享受国民待遇；允许外商设立合营企业从事船舶代理业务；允许外商控股的合营企业从事货物装卸和集装箱场站服务；允许外商设立独资企业从事堆场业务。

2.3　物流企业的设立

2.3.1　物流企业设立的含义及方式

1. 物流企业设立的含义

物流企业的设立是指物流企业的创立人为使企业具备从事物流活动的能力，取得合法的主体资格，依照法律规定的条件和程序所实施的一系列行为。设立物流企业须具备实质要件和形式要件。

实质要件是指设立物流企业时必须具备的条件，即有与物流经营活动相应的财产和必要的生产经营条件；有物流企业运营的组织机构；有固定的生产经营场所以及与生产相适应的人员等。实质要件与物流企业的市场准入相关联。形式要件是指创立人在设立特定物流企业时依照法律规定的程序履行申报、审批和登记手续，依法取得从事物流经营活动主体资格的过程。

2. 物流企业设立的方式

物流企业的设立方式，也称为设立的原则，是指企业根据何种法定原则，通过何种具体途径达到企业设立的目的。一般来说，企业设立的方式主要有以下几种。

1）特许设立。即企业必须经过国家特别许可才能设立的方式，它通常适用于特定企业的设立。

2）核准设立。又称“许可设立”，即设立企业时，除需要具备法律规定的设立企业的各项条件外，还需要主管行政机关审核批准后，才能申请登记注册的一种设立方式。

3）登记设立。又称“准则设立”，即设立企业不需要经有关主管行政机关批准，只要企业在设立时符合法律规定的有关成立条件，即可到主管机关申请登记，经登记机关审查合格后予以登记注册，企业即告成立的一种设立方式。

4）自由设立。即法律对企业设立不予强制规范，企业创立人可以自由设立企业的一种设立方式。

目前，我国物流企业的设立主要是核准设立和登记设立。

2.3.2 设立物流企业应具备的条件

1. 设立国内物流企业应具备的条件

1）物流企业必须具有经营管理的组织机构、业务章程和具有企业法人资格的负责人，以使其能够与用户方或其代表订立物流服务合同。合同中的货物可以是国内货物，也可以是国际间的货物。

2）从用户方或其代表手中接收货物后，即能签发自己的物流服务单证以证明合同的订立、执行和接收货物，并开始对货物负责。为确保该单证作为有价证券的流通性，物流企业必须在承担相关物流服务的过程中具有一定的资信或令人信服的担保。

3）必须具有与经营能力相适应的自有资金。在涉及综合物流服务，甚至国际综合物流服务时，物流企业要完成或组织完成全程服务，并对服务全程中的货物灭失、损害和延误运输负责，因此，必须具有开展业务所需的流动资金和足够的赔偿能力。

4）物流企业必须能承担物流服务合同中规定的与仓储、运输和其他服务有关的责任，并保证把货物交给物流服务单证的持有人或单证中指定的收货人。因此，它必须具备与合同要求相适应的、能承担上述责任的技术能力。

2. 设立国际物流企业应具备的条件

以提供国际运输服务的企业为例，设立该类企业应具备的条件如下。

1）必须建立自己的国际运输服务线路。目前，开展国际物流服务业务的企业大多在尽可能广泛地承办货主委托的前提下，重点办好几条运输服务线路。确定一条重点线路，一般需要在对国际贸易物流全面调查的基础上，选择运量最大、较稳定的线路，而且线路的全线及各环节都具有足够的通过能力和集装箱货物运输所需要的条件。

2）国际物流企业要有一支具有国际运输知识、经验和能力的专业队伍。该队伍应能有效地完成或组织完成全程运输，要与运输中所涉及的各方（包括货方、承运人、代理人、港口码头、货运站、仓库、海关、保险等）建立良好的业务关系。

3）国际物流企业在各条运输线路上要具备由完整的分支机构、代表或代理人组成的网络机构。国际物流企业要在各经营线路的两端和途中各转接点处设有分支机构或派出代表和委托适当的代理人来办理接收、交付货物和完成各区段的运输、衔接、服务等事宜。

4）国际物流企业在涉及多式联运的情况下，要能够制定各线路的多式联运单一费率。

由于国际多式联运涉及的环节众多，不仅涉及不同的运输方式，而且涉及不同国家和地区，因此按成本来确定单一费率是一个较为复杂的问题，需要了解大量的信息和做大量工作。

5）国际物流企业要有必要的设备和设施。国际物流企业可以是无船承运人，即自己可以不拥有任何运输工具，但必须有起码的业务设备和设施，如信息处理与传递的设备（电话、电传、计算机等）、集装箱货运站、接收及保管货物的仓库、一定面积的堆场、拆装箱设备、机具、堆场作业机械等，同时一般还应配备一定数量的集装箱和吊机设备。

2.3.3　物流企业的设立登记

1. 物流企业设立的登记机关

根据我国的法律规定，我国物流企业的登记主管机关是国家工商行政管理总局和地方各级工商行政管理局。物流企业设立登记的管辖包括级别管辖和地域管辖，其中，级别管辖分为三级，即国家工商行政管理总局，省、自治区、直辖市工商行政管理局和市、县、区工商行政管理局。我国对企业的设立登记管辖实行分级登记管理的原则。

2. 物流企业设立的程序

物流企业设立的程序是，物流企业的设立人向登记主管机关提出登记申请，登记主管机关对申请进行审查、核准，准予设立登记，发布设立公告。

（1）申请

设立登记的申请由企业的设立人提出。依照我国《公司登记管理条例》的规定，有限责任公司的设立，应由全体股东指定的代表或者共同委托的代理人向公司登记机关提出设立申请；股份有限公司的设立，应由全体发起人指定的代表或者共同委托的代理人向公司登记机关提出设立申请。

企业设立登记必须向工商行政管理部门提交公司设立登记申请书。登记申请书应当载明法律要求说明的有关设立登记的全部事项，其中包括物流公司的名称、住所、经营场所、法定代表人、经济性质、经营范围、注册资金、从业人数、经营期限、分支机构等。设立物流企业除了要提交企业设立登记申请书外，还必须提交其他文件。

（2）核准和登记

物流企业登记申请人向公司登记机关提交设立登记申请，公司登记机关受理审核该公司的登记文件，直至核准申请并核发营业执照，或者驳回申请。

2.4　物流企业的变更、终止与清算

2.4.1　物流企业的变更

物流企业的变更是指已经登记注册的物流企业在其存续期内，由于企业本身或者其他主客观情况的变化，在物流企业组织机构上或其他登记事项上的改变，这包括企业组织的变更、企业主要登记事项的变更等。物流企业的变更必须依据法律规定的条件和程序进行。

1．物流企业的合并

物流企业的合并是指两个或者两个以上的物流企业为了物流经营的需要，依照法律规定或合同约定合并成一个物流企业。物流企业的合并能够在不增加投资的基础上，有效地利用现有资本存量，扩大企业规模，增强企业竞争能力，它是提高企业运营效率的重要手段之一。

按合并的方式不同，企业的合并可分为新设合并和吸收合并。新设合并是指两个或两个以上的物流企业合并成一个新的物流企业，原来的物流企业消灭，新的物流企业产生。吸收合并是指两个或两个以上的物流企业合并时，其中一个物流企业继续存在，其他物流企业因被合并而归于消灭。吸收合并还有一种特殊的形式，物流企业被分成若干部分并入其他多个物流企业中，在这种情况下，吸收已消灭物流企业的，不是一个物流企业，而是多个物流企业。

2．物流企业的分立

物流企业的分立是指已经设立的物流企业按照法律规定或合同约定，依照一定条件和程序，分立成两个或者两个以上的物流企业。依据分立方式的不同，物流企业的分立可分为创设式分立和存续式分立。创设式分立又称新设式分立，即解散一个已经设立的物流企业，将其全部财产分配给两个或两个以上新的物流企业，原物流企业消灭。存续式分立，又称派生式分立，即将一个已设立的物流企业的部分财产分立，另设一个新的物流企业，原物流企业继续存在。

3．物流企业责任形式的变更

物流企业责任形式的变更是指物流企业在存续的状态下，由一种责任形式的物流企业变更为其他责任形式的物流企业。物流企业责任形式的变更与物流企业的合并、分立一样，都是为了调整企业的组织结构。物流企业责任形式的变更必须遵守法律对拟变更后企业的成立、资本、财务等的最低要求。物流企业组织的变更必须遵守有关法律的规定，例如，物流公司合并或分立，必须通知债权人，并依《公司法》的规定进行公告，股份公司合并或分立的，还必须经国务院授权的部门或省级人民政府批准。

4．物流企业主要登记事项的变更

物流企业主要登记事项的变更是指物流企业的名称、住所和经营场所、经营范围、经营方式、法人代表、注册资金、经营期限、分支机构等的变更。

提示：物流企业主要登记事项的变更、增设和撤销分支机构、企业组织形式变更的，都必须办理企业变更登记。物流企业合并、分立，因合并、分立而存续的物流企业，其登记事项发生变化的，必须办理变更登记；因合并、分立而解散或新设的物流企业，依法分别办理企业注销登记和设立登记。

2.4.2　物流企业的终止与清算

已设立的物流企业因企业章程或者法律规定的事由的发生，而丧失法律主体资格，并导致其权利能力和行为能力的终止。物流企业的消灭是一个动态的过程，当消灭的事由发生时，企业的主体资格并未马上消灭，此时应依法对该企业进行清算，并停止清算范围外的经营活动，了结未完成的业务，结清企业的债权债务关系。清算终止后，办理企业注销登记，企业便告消灭。

1．物流企业终止的原因

1）依法被撤销。它是指批准物流企业设立的行业主管机关等职能管理部门依照法律的规定，在其职权范围内对物流企业做出撤销的决定。这是由他人使物流企业归于消灭的情况。

2）解散。它是指依企业章程规定的营业期限届满或者企业法人设立的目的已达到或者证明已不能达到，企业自行终止或由企业权力机构如股东大会讨论决议，做出企业解散的决定。解散是企业法人使自己归于消灭的情形。

3）破产。物流企业因为经营管理不善，不能清偿到期债务，经当事人的申请，人民法院依法定程序，宣告该企业破产，而使其丧失法律主体资格。

4）其他原因。主要是指国家经济政策调整、发生战争等原因导致企业终止。

2．物流企业的清算

物流企业的清算是指在物流企业解散或宣告破产后，依法组成清算组，对企业资产和债权债务进行清理处分，了结企业业务和债务，向出资者或股东分配剩余财产，终结企业的全部财产关系。

清算期间，物流企业只能有消极行为，不能有积极行为。其主要活动是了结业务、收取债权、偿还债务、分配剩余财产等。物流企业进行清算后，就丧失了正常法律主体资格，不得再从事物流经营活动。但是为保证清算正常进行，维护交易安全，在清算范围内，清算组仍可以以该企业的名义从事经营活动。

清算终止后，清算组到原登记机关办理物流企业的注销登记。物流企业的注销登记是指登记主管机关依法对歇业、被撤销、宣告破产或者因其他原因终止营业的物流企业，收缴营业执照、公章等，撤销注册号，取消企业法人资格或经营权。

2.5　国际货物运输代理企业

2.5.1　国际货物运输代理企业的含义和分类

1．国际货物运输代理企业的含义

我国国际货物运输代理企业是指接受进出口货物收货人、发货人或承运人的委托，以委托人名义或者以自己的名义，为委托人办理国际货物运输业务及相关业务，并收取服务

报酬的企业。

2. 国际货物运输代理企业的分类

国际货物运输委托代理关系至少涉及委托人、代理人两方当事人，委托代理关系的内容与委托人授予代理人的权限范围、委托代理人办理的事项、代理人服务的地域范围等密切相关，这些因素都可以作为划分国际货运代理类型的标准。按照不同的标准，可以对国际货运代理进行不同的分类（见表 2-1）。

表 2-1 国际货物运输代理企业的分类

分类标准	大类别	小类别
委托人的性质	货主的代理	托运人的代理
		收货人的代理
	承运人的代理	水运承运人代理
		空运承运人代理
		陆运承运人代理
		联运承运人代理
运输方式	水运代理	海运代理
		河运代理
	空运代理	
	陆运代理	道路运输代理
		铁路运输代理
		管道运输代理
	联运代理	海空联运代理
		海铁联运代理
		空铁联运代理
代理人层次	总代理	
	分代理	
代理业务内容	国际货物运输综合代理	
	国际船舶代理	
	国际民用航空运输销售代理	
	报关代理	
	报检代理	
	报验代理	

（1）以委托人的性质为标准划分

以委托人的性质为标准，可以将国际货运代理划分为货主的代理和承运人的代理。

1）货主的代理。它是指接受进出口货物收、发货人的委托，为了托运人的利益办理国际货物运输及相关业务，并收取相应报酬的国际货运代理。这种代理按照委托人的不同，还可以进一步划分为托运人的代理和收货人的代理两种类型。

2）承运人的代理。它是指接受从事国际运输业务的承运人委托，为了承运人的利益办理国际货物运输及相关业务，并收取相应报酬的国际货运代理。这种代理按照承运人采取的运输方式的不同，也可以进一步划分为水运承运人的代理、空运承运人的代理、陆运承运人的代理、联运承运人的代理四种类型。

（2）以运输方式为标准划分

以运输方式为标准，可以将国际货运代理划分为水运代理、空运代理、陆运代理和联运代理。

1）水运代理。它是指提供水上货物运输服务及相关服务的国际货运代理。这种代理，还可以具体划分为海运代理和河运代理两种类型。

2）空运代理。它是指提供航空货物运输服务及相关服务的国际货运代理。

3）陆运代理。它是指提供公路、铁路、管道运输等货物运输服务及相关服务的国际货运代理。这种代理，还可以进一步划分为道路运输代理、铁路运输代理、管道运输代理等类型。

4）联运代理。它是指提供联合货物运输服务及相关服务的国际货运代理。这种代理，又可以进一步划分为海空联运代理、海铁联运代理、空铁联运代理等类型。

（3）以代理人层次为标准划分

以代理人层次为标准，可以将国际货运代理划分为总代理和分代理。

1）总代理。它是指委托人授权代理人作为在某个特定地区的全权代表，委托其处理委托人在该地区的所有货物运输事宜及相关事宜的国际货运代理。在这种代理形式下，总代理人有权根据委托人的要求或自行在特定的地区选择、指定分代理人。

2）分代理。它是指由总代理人指定的在总代理区域内的具体区域代理委托人办理货物运输事宜及其他相关事宜的国际货运代理。

提示　总代理与独家代理既有联系，又有区别。总代理肯定是独家代理，但是，因独家代理并不一定拥有指定分代理的权利，所以独家代理不一定是总代理。

（4）以代理业务内容为标准划分

以代理业务内容为标准，可以将国际货运代理划分为国际货物运输综合代理、国际船舶代理、国际民用航空运输销售代理、报关代理、报检代理和报验代理。

1）国际货物运输综合代理。它是指接受进出口货物收货人、发货人的委托，以委托人的名义或以自己的名义，为委托人办理国际货物运输及相关业务，并收取服务报酬的代理。

2）国际船舶代理。它是指接受船舶所有人、经营人或承租人的委托，在授权范围内代表委托人办理与在港国际运输船舶及船舶运输有关的业务，提供有关服务，并收取服务报酬的代理。

3）国际民用航空运输销售代理。它是指接受民用航空运输企业委托，在约定的授权范围内，以委托人名义代为处理国际航空货物运输销售及其相关业务，并收取相应手续费的代理。

4）报关代理。它是指接受进出口货物收货人、发货人或国际运输企业的委托，代为办理进出口货物报关、纳税、结关事宜，并收取服务报酬的代理。

5）报检代理。它是指接受出口商品生产企业，进出口商品发货人、收货人及其代理人或其他对外贸易关系人的委托，代为办理进出口商品的卫生检验、动植物检疫事宜，并收取服务报酬的代理。

6）报验代理。它是指接受出口商品生产企业，进出口商品发货人、收货人及其代理人或其他对外贸易关系人的委托，代为办理进出口商品质量、数量、包装、价值、运输器具、运输工具等的检验与鉴定事宜，并收取服务报酬的代理。

2.5.2 国际货物运输代理企业的经营范围

链接 国际货物运输代理企业经营范围的法律法规：《中华人民共和国国际货物运输代理业管理规定》、《中华人民共和国外商投资国际货运代理业管理办法》和《中华人民共和国国际货物运输代理业管理规定实施细则》。

国际货运代理企业可以接受委托，作为代理人或者独立经营人从事下列全部或部分经营活动：

- 揽货、订舱（含租船、包机、包舱）、托运、仓储、包装；
- 货物的监装、监卸，集装箱拆箱、分拨、中转及相关的短途运输服务；
- 报关、报检、报验、保险；
- 缮制签发有关单证、交付运费、结算及交付杂费；
- 国际展品、私人物品及过境货物运输代理；
- 国际多式联运、集运（含集装箱拼箱）；
- 国际快递（不含私人信函）；
- 咨询及其他国际货运代理业务。

2.5.3 国际货物运输代理企业相关的法律规范

链接 国际货物运输代理企业相关的法律规范：《中华人民共和国国际货物运输代理业管理规定》、《中华人民共和国外商投资国际货运代理业管理办法》、《中华人民共和国国际货物运输代理业管理规定实施细则》、《定期国际航空运输管理规定》、《中国民用航空快递业管理规定》、《进出口商品检验法》和《进出口商品检验实施条例》。

1．国际货运代理业务行为的法律规范

1）国际货运代理企业应当在商务部颁发的国际货物运输代理企业批准证书和工商行政管理机关颁发的营业执照列明的经营范围和经营地域内从事经营活动。从事《国际货物运输代理业管理规定》及其实施细则规定的经营范围以内的有关业务。

2）国际货运代理企业应当使用国际货物运输代理企业批准证书记载的企业名称和企业编号从事国际货运代理业务，依照国家有关规定确定收费标准，并在主要办公文具及单证上印制企业名称及企业编号，在营业地点公布收费标准。

3）国际货运代理企业应当遵循安全、迅速、准确、节省、方便的经营方针，为进出口货物的收货人、发货人提供服务。国际货运代理企业作为代理人接受委托办理有关业务时，应当与进出口收货人、发货人签订书面委托协议，并以双方所签书面协议作为解决业务纠纷、争议的依据。在这种情况下，可以在向货主收取代理费的同时，从承运人处取得佣金。国际货运代理企业作为独立经营人从事多式联运、无船承运业务时，应当向货主签发运输单证，与实际承运人签订运输合同，并以所签运输单证、运输合同作为解决有关纠纷、争议的依据。

4）国际货运代理企业应当在每年 3 月底前，向所在地省、自治区、直辖市和经济特区商务主管部门报送上一年度的经营情况资料，按要求向行业主管部门报送业务统计，并对报送的资料、统计数据的真实性负责。

5）国际货运代理企业从事国际货运代理业务必须使用税务机关核准的发票。同货主结算运杂费，必须出具正式发票。除了从事国际航空快递业务的国际货运代理企业，继续使用原税务机关核准的发票外，自 1998 年 7 月 1 日起，经原对外贸易经济合作部批准，并已办理税务登记的国际货运代理企业必须使用国际货物运输代理业专用发票。国际货运代理企业从事国际货物运输代理业务向委托人收取款项时，必须按照运费及其他收费项目分别逐项列明开具国际货物运输代理业专用发票，并且必须使用计算机填开该发票，手写无效。

6）国际货运代理企业可以使用中国国际货运代理协会参照国际惯例制定的国际货运代理标准交易条款，也可以自行制定交易条款，但是必须经商务部批准后，才能使用。国际货运代理企业之间还可以相互委托办理全部或部分国际货运代理业务。

7）国际货运代理企业不得将规定范围内的注册资本挪作他用，不得出借、出租或转让批准证书和国际货物运输代理业务单证；不得直接转让或变相转让国际货运代理经营权；不得允许其他单位、个人以该国际货运代理企业或其营业部名义从事国际货运代理业务；不得与不具有国际货运代理业务经营权的单位订立任何协议而使之可以单独或与之共同经营国际货运代理业务，以收取代理费、佣金或者获得其他利益；不得接受非法货运代理提供的货物，不得为非法货运代理代办订舱；不得以发布虚假广告、分享佣金、退返回扣或其他不正当竞争手段从事经营活动。禁止出借提单。

2．无船承运业务法律规范

（1）在中国境内经营无船承运业务的资格

要点 在中国境内经营无船承运业务，应当在中国境内依法设立企业法人，并以该企业法人名义向国务院交通主管部门办理提单登记，缴纳保证金，取得无船承运业务经营资格登记证书。未依照规定办理提单登记并缴纳保证金的，不得经营无船承运业务。无船承运业务经营者使用两种或者两种以上提单的，各种提单均应登记。

境外无船承运业务经营者与其投资设立的中外合资公司，可以在下列两种方式中选择申请无船承运业务资格登记。

1）境外无船承运业务经营者在华设立的中外合资公司，可以合资公司身份申请无船承运业务经营资格，提交属于该合资公司制作并使用的提单格式样本。境外同一无船承运业务经营者在中国境内投资设立有多家中外合资公司的，如果这些合资公司制作并使用名称相同的提单，可对其中一家以总公司名义申请资格登记，其他公司按照分支机构条件办理资格登记。

2）境外无船承运业务经营者在华设立的中外合资公司，可以境外无船承运业务经营者在华分支机构身份申请经营资格。境外无船承运业务经营者投资设立的中外合资公司，不制作并使用本公司提单的，在该境外无船承运业务经营者依法取得在中国经营无船承运业务的资格后，可以将中外合资公司按照该境外无船承运业务经营者在华分支机构办理资格登记。但是，这类合资公司不得制作并使用本公司提单。

（2）缴纳保证金

无船承运业务经营者应当依法在交通部指定的商业银行开设的无船承运业务经营者专门账户上缴存保证金，保证金利息按照中国人民银行公布的活期存款利率计息。无船承运业务经营者被交通部依法取消经营资格、申请终止经营或者因其他原因终止经营的，可以向交通部申请退还保证金。

（3）无船承运业务经营者的运价

无船承运业务经营者的运价，应当按照规定的格式向国务院交通主管部门备案。无船承运业务经营者运价本上载明的运价为公布运价，自国务院交通主管部门受理备案之日起满 30 日生效。国际船舶运输经营者与货主、无船承运业务经营者约定的运价为协议运价，自国务院交通主管部门受理备案之时起满 24 小时生效。无船承运业务经营者应当执行生效的备案运价。

（4）关于在中国境内没有经营性分支机构的境外无船承运业务经营者

在中国境内没有经营性分支机构的境外无船承运业务经营者，应当委托在当地具有无船承运业务经营资格的经营者代理签发提单业务。中国无船承运业务经营者在没有设立分支机构的地区从事无船承运业务，需要委托代理签发提单的，应当委托具有无船承运经营资格的代理人签发提单。

无船承运业务经营者应当在交通部指定的媒体上公布其在中国境内的签发提单代理人，并及时将公布代理事项的媒体名称向交通部备案。

在中国委托代理人提供进出中国港口国际货物运输服务的外国无船承运业务经营者，应当在中国境内委托一个联络机构，负责代表该外国企业与中国政府有关部门就《海运条例》及其实施细则规定的有关管理及法律事宜进行联络。

提示 联络机构可以是该外国企业在中国境内设立的外商投资企业或者常驻代表机构，也可以是其他中国企业法人或者在中国境内有固定住所的其他经济组织。

（5）经营无船承运业务，不得有下列行为

- 以低于正常、合理水平的运价提供服务，妨碍公平竞争；
- 在会计账簿之外暗中给予托运人回扣，承揽货物；
- 滥用优势地位，以歧视性价格或者其他限制性条件给交易对方造成损害；
- 其他损害交易对方或者国际海上运输市场秩序的行为。

提示 没有取得无船承运业务经营资格者，不得接受其他无船承运业务经营者委托，为其代理签发提单。任何单位和个人不得擅自使用无船承运业务经营者已经登记的提单。

3. 航空货物运输销售代理法律规范

1）民用航空运输销售代理人应当在获准的代理业务类别范围内经营民用航空运输销售代理业务，在其营业地点公布各项营业收费标准，并将此标准报核发空运销售代理业经营批准证书的民航行政主管部门或者民航地区行政管理机构备案。

2）民用航空运输销售代理人可以在获准的代理业务类别范围内与中华人民共和国境内有经营权的任何民用航空运输企业签订空运销售代理合同，从事民用航空运输销售代理经营活动，还可以与民用航空运输企业按照平等互利原则，协商确定空运销售代理手续费标准，但是民航行政主管部门和物价主管部门规定法定标准的除外。

3）民用航空运输销售代理人在委托代理经营活动中，必须遵守国家关于航空运输价格和运输销售代理服务费用的规定，并应当遵守民航行政主管部门的规章，防止业务差错和人为原因造成的运输等级事故，维护公众利益。不得实施不正当竞争行为，不得将航空运输票证转让他人代售或者在未登记注册的营业地点填开航空运输票证。

4）民用航空运输销售代理人应当按年度将其经营情况报核发空运销售代理业务经营批准证书的民航行政主管部门或者民航地区行政管理机构备案。

兼营空运销售代理业务的销售代理人，应当将经营空运销售代理业务的收支，独立设立账号和设置账簿。

4. 航空快递业务法律规范

1）经中国民用航空总局批准，航空快递企业可以在机场设立航空快件专门接收站点，集中办理托运或者提取航空快件的手续。但是，航空快件专门接收站点所需作业通道以及作业、海关监管和安检场所的安排和建设，应当按照规定的程序报请有关部门批准。进港、出港的航空快件，应当通过该专门接收站点统一向航空承运人托运或者提取。

2）航空快件发件人向航空快递企业交运航空快件时，航空快递企业可以要求发件人出具单位介绍信或其他有效证件，并要求国际航空快件的发件人提供商业发票、品质说明、装箱单等报关所需的有关文件。

航空快递企业和发件人可以约定航空快件在递送过程中毁灭、遗失、损坏或者延误时的损害赔偿责任，但是不得免除故意或者重大过失情况下的责任。

3）航空快件的发件人、收件人与航空快递企业应当按照约定办理航空快件的交运、承运和交付手续。航空快递企业收运航空快件以后，应当及时组织运输，及时交付，并负责提供全部地面专递运输和运输过程状况的信息服务。

5. 多式联运业务法律规范

1）从事多式联运业务的企业使用的多式联运单据应当符合规定的要求，载明货物名称、种类、件数、重量、尺寸、外表状况、包装形式；集装箱箱号、箱型、数量、封志号；危险货物、冷冻货物等特种货物的特性、注意事项；多式联运经营人名称和主管业所；托运人名称；多式联运单据表明的收货人；接受货物的日期、地点；交付货物的地点和约定的日期；多式联运经营人或其授权人的签字及单据的签发日期、地点；交接方式，运费的交付，约定的运达期限，货物中转地点等内容，并由多式联运经营人或其代理人报交通部、铁道部登记，在单据右上角注明许可证编号。

2）多式联运经营人在使用计算机传递运输信息、数据时，其传送代码、报文格式应当符合国内规定的适用国际标准的EDI标准，参加多式联运的区段运输承运人应按多式联运经营人的要求提供集装箱的动态信息及有关资料。

3）多式联运经营人在接收货物时，应由本人或其授权的人签发多式联运单据。多式联运单据上的签字，可以是手签、盖章或双方确认的电子数据。签发一份以上正本多式联运单据时，应当注明正本份数。副本单据应当注明不可转让。

4）多式联运经营人签发多式联运单据后，即表明多式联运经营人已收到货物，对货物承担多式联运责任，并按多式联运单据载明的交接方式，办理交接手续。多式联运经营人自接收货物时起至交付货物时止，对货物的安全承担责任。多式联运经营人在接收货物时，已经知道或有合理的根据怀疑托运人陈述或多式联运单据上所列货物内容与实际接收货物的状况不符，但无适当方法进行核对时，有权在多式联运单据上做出保留，注明不符之处、怀疑的根据或无适当核对方法的说明。

提示 多式联运经营人未在多式联运单据上对货物或集装箱的外表状况加以批注，应视为他已收到外表状况良好的货物或集装箱。

5）多式联运经营人签发的多式联运单据，是多式联运经营人已按照多式联运单据所载状况收到货物的初步证据。多式联运经营人有义务按多式联运单据中收货人的地址通知收货人货物已抵达目的地。如果货物灭失、损坏或迟延交付发生在多式联运经营人责任期间内，多式联运经营人应承担赔偿责任。

6）多式联运经营人可以与有关方签订协议，具体商定相互间责任、权利和义务及有关业务安排等事项，但是不得影响多式联运经营人对多式联运人全程运输承担的责任，法律、法规另有规定者除外。

6．代理报关业务法律规范

（1）普通货物的代理报关

1）代理报关企业应当按照海关规定聘用报关员，并对报关员的报关行为承担法律责任。代理报关企业只能接受有权进出口货物单位的委托，办理本企业承揽、承运货物的报关纳税等事宜，并在所在关区各口岸办理报关纳税等事宜。特殊情况，经所在地上级海关和异地海关同意，报海关总署核准，才能在异地办理报关业务。

2）代理报关企业在报关时，必须向海关出示下列文件：本企业法定代表人签名的授权办理本次报关纳税等事宜的责任授权书；承揽、承运进出口货物的协议书；载明委托人和被委托人双方的名称，海关注册登记编码、地址，法定代表人姓名，以及代理事项、权限和期限，双方责任等内容，并加盖双方公章的委托人报关委托书。

3）代理报关企业应当按照海关对进出口企业财务账册及营业报表的要求建立账册和报关营业记录。真实、正确、完整地记录其受托办理报关纳税等事宜的所有活动。在海关规定的年限内完整保留委托单位提供的各种单证、票据、函电，并接受海关稽查。必要时，还应根据海关要求协助海关与委托人联系，提供委托人与报关纳税等有关的文字记录资料。

（2）进出境快件的代理报关

1）进出境快件经营人应当在其所在地海关办公时间和专门监管场所内办理快件的报关和查验手续。如果需要在海关办公时间以外或专门监管场所以外进行，应当事先取得海关同意。

2）进出境快件经营人应当在运送进境的快件运输工具申报入境后 24 小时内，在运送出境快件的运输工具离境前 4 小时前向海关办理报关手续，并应及时向海关呈交快件通关所需的单证、资料，如实申报所承运的快件；通知收、发件人缴纳或代理收、发件人缴纳快件的进出口税款；除非海关准许，应在专门设立的海关监管仓库存放监管时限内的快件，妥善保管，不得对其装卸、开拆、重换包装、提取、派送、发运或进行其他作业；在海关查验快件以前，对快件进行分类，若发现快件中含有中华人民共和国法律、法规禁止进出境的物品，应立即通知海关，协助海关进行处理。

（3）予以免税的材料或物品报关

对于海关现行规定予以免税的无商业价值的文件、资料、单证、票据，应凭规定的报关单和总运单、每一份快件的分运单向海关办理报关手续。对于海关现行规定限值内予以免税的物品和中国法律、行政法规限制进出口的商品、实行配额管理的商品以外的超过海关现行法规规定限值，但不超过人民币 5 000 元的应税物品，分别凭规定的报关单、总运单、每一份快件的分运单、发票向海关办理报关手续。

（4）专差快件的报关

对于专差快件，应当提前将专差快件进出境的时间、承运路线、运输工具航（车）次、专差的详细情况等报所在地海关备案。凭所在地海关颁发的《专差快件登记备案证书》，在海关指定的本关区内口岸进出境，并按上述规定办理报关手续。

7. 代理出入境检验检疫报检业务法律规范

（1）普通货物的代理报检

要点 代理报检单位应当经国家质量监督检验检疫总局注册登记，未经注册登记不得从事代理报检业务。已经取得登记证书的代理报检单位，应当在国家质检总局批准的区域内从事代理报检业务。

1）代理报检单位在接受委托办理报检等相关事宜时，应当遵守有关出入境检验检疫法律法规的规定，并对代理报检各项内容的真实性、合法性负责，承担相应的法律责任。代理报检单位接受收、发货人的委托，办理报检事宜，还应当遵守法律、法规对收、发货人的各项规定。

2）无论在报关地或收货地接受进口货物收货人委托的代理报检单位，还是在产地或报关地接受出口货物发货人委托的代理报检单位，在代理报检时都应当向检验检疫机构提交载明委托人的名称、地址、法定代表人姓名（签字）、机构性质及经营范围；代理报检单位的名称、地址、代理事项，以及双方责任、权利和代理期限等内容，加盖双方公章的报检委托书，并完成代理报检行为。

3）代理报检单位应当按照有关法律、法规和规章规定规范报检员的报检行为，按照规定代委托人缴纳检验检疫费，如实书面通知委托人检验检疫机构的缴费情况，严格按照有关规定向委托人收取代理报检中介服务费，自觉保守实施代理报检过程中知悉的委托人商业秘密，并对报检员的报检行为承担法律责任。同时，还应当建立、健全代理报检业务档案，真实完整地记录其承办的代理报检业务，自觉接受检验检疫机构的日常监督和年度审核。

4）代理报检单位应当按照检验检疫机构的要求，负责落实检验检疫场地、时间等有关事宜，配合检验检疫机构对其所代理报检的事项进行调查和处理。不得借检验检疫机构名义向委托人收取额外费用，不得以任何形式出让其名义供他人办理代理报检业务。

（2）出入境快件的代理报检

要点 经营出入境快件寄递业务的企业应当按照有关规定向出入境检验检疫机构办理报检手续，凭出入境检验检疫机构签发的通关单向海关办理报关。其中，入境快件到达海关监管区时，应及时向所在地出入境检验检疫机构办理报检手续。出境快件应在其运输工具离境4小时前，向离境口岸出入境检验检疫机构办理报检手续。

1）在申请办理出入境快件报检时，应当提供报检单、总运单、每份快件的分运单、发票等有关单证。属于下列情形之一的，还应向出入境检验检疫机构提供有关文件。

链接　输入动物、动物产品、植物种子、种苗及其他繁殖材料的，应提供相应的检疫审批许可证和检疫证明；因科研等特殊需要，输入禁止进境物的，应提供国家质检总局签发的特许审批证明；属于微生物、人体组织、生物制品、血液及其制品等特殊物品的，应提供有关部门的审批文件；属于实施进口安全质量许可制度、出口质量许可证制度和卫生注册登记制度管理的，应提供有关证明等。

2）经营出入境快件寄递业务的企业应当配合检验检疫工作，向检验检疫机构提供有关资料和必要的工作条件、工作用具等。必要时，还应当派出人员协助工作。

3）经营出入境快件寄递业务的企业不得承运国家有关法律、法规规定禁止出入境的货物或物品，不得运递应当实施检验检疫，而未经检验检疫或者经检验检疫不合格的出入境快件。

8．代理进出口商品报验法律规范

1）代理报验机构应当按照进出口商品检验机构的要求选用报验员，并对报验员的报验行为承担法律责任。代理报验机构经进出口商品检验机构注册登记后，可以派出一名持有报验员证的报验员向进出口商品检验机构办理代理报验业务。

2）代理报验机构从事代理报验业务时，必须持有载明委托人的名称、地址、法人代表、企业性质及经营范围，代理报验机构的名称、地址及代理事项，以及双方责任、权限和期限等内容，加盖委托单位公章的委托人委托书，按照正常报验程序填写申请单，在报验申请单申报单位名称一栏填写代理报验机构名称，用括号在单位名称后加注“代理”两字，在申请单发货人或收货人栏上填写被代理人名称，并加盖代理报验机构的印章，提供进出口商品检验机构要求的必要证单。

3）代理报验机构应当按照进出口商品检验机构的要求，负责与委托人联系，协助进出口商品检验机构落实检验时间，向进出口商品检验机构提供必要的工作条件，确保进出口商品检验、鉴定工作的顺利进行，积极配合进出口商品检验机构对有关事宜的调查和处理，并按规定代委托人缴纳检验费。

4）代理报验机构在经营中，必须遵守《进出口商品检验法》、《进出口商品检验实施条例》及其他有关法律、法规。禁止以任何欺诈行为招揽代理报验业务，不得出借其名义供他人办理代理报验业务。

2.5.4　委托代理合同

1．委托代理合同的含义与特征

委托代理合同又称委托合同、代理合同，它是指当事人双方约定一方委托另一方处理事务，另一方同意为其处理事务的协议。在委托合同法律关系中，委托他人处理自己事务

的人称委托人，接受委托的人称受托人。从代理的角度来看，委托他人代为处理自己事务的人称为被代理人，接受委托人的委托，代其处理事务的人称为代理人。

与此相应，国际货物运输委托代理合同是指国际货运代理企业接受货物收货人、发货人、承运人或其代理人委托，以委托人名义或自己名义办理国际货物运输业务及其他相关业务，并收取报酬的合同。

委托代理合同具有以下特征。

1）委托代理合同是典型的劳务合同，即受托人按照约定完成处理委托事务的劳务合同。

2）受托人以委托人的费用办理委托事务。受托人办理委托事务的费用由委托人承担，受托人办理委托事务与第三人发生的法律后果，直接由委托人承担。

3）委托合同具有人身性质，以当事人之间相互信任为前提，受托人应当亲自办理委托事务。除非合同另有约定或为了委托人的利益在特殊情况下，才可以转委托，否则受托人应当对转委托的第三人的行为承担责任。

4）委托合同既可以是有偿合同，也可以是无偿合同。

5）委托合同是诺成的、双务的合同。委托合同自委托人和受托人达成协议时成立，故为诺成性合同；委托人和受托人都负有义务，故为双务合同。

2. 委托代理合同的主要条款

要点 委托代理合同的主要条款是委托代理合同的基本内容，是委托人和受托人权利、义务的具体体现，也是仲裁机构或法院解决委托代理合同争议的依据。

（1）合同当事人条款

委托代理合同的订立和履行以当事人之间的相互信任为基础，与特定的当事人身份密切相关，具有严格的人身属性。因此，委托代理合同的当事人条款应当尽量详尽、具体，委托人、受托人的姓名（自然人）、名称（法人或其他社会组织）、国籍、住址、主营业所、法定代表人、电话、传真、邮政编码等都应有所体现。必要时，还应载明委托人、受托人的注册地址、开户银行、银行账号，授权代理人姓名、性别、职务、联系方式等。

实践适用

对于国际货运代理合同而言，还可以要求注明国内企业的国际货物运输代理企业批准证书、企业法人营业执照号码，外国企业的公司注册证书、商业登记证书号码。

（2）委托事项条款

在委托事项条款中，应当明确委托人委托受托人办理的具体事项、委托权限范围、委托期限等内容。对于国际货物运输委托代理合同来讲，应当注意规定委托运输的货物名称、规格、数量、重量、体积、包装、发运期限、运输方式、运输路线、起运地、目的地、转运地，发货人、收货人姓名或名称、地址、电话、传真等内容。必要时，还可以规定通知人的姓名或名称、地址、电话、传真。对于危险、鲜活、超限等特殊货物和容易发生自然损耗的货物，还应当在合同中相应地方注明货物的性质、运输、保管条件、外形尺寸、重心、吊装位置、损耗要求等，或者列入合同附件加以规定。

（3）当事人的权利义务条款

委托人和受托人的权利义务是委托代理合同的核心内容，决定着双方当事人权利的行使、义务的履行和违约责任的承担。为了便于约束双方当事人的行为，正确行使权利，适当履行义务，也应当根据国家有关法律、法规和规章，结合委托事项的实际情况，做出明确、具体的规定。

要点　由于国际货物运输委托代理合同属于双务有偿合同，委托人的权利、义务基本上分别与受托人的义务、权利相互对应。

（4）处理委托事务费用和委托报酬条款

处理委托事务的费用是指为了办理委托事务而支出的金钱或耗费的物质。对于国际货物运输委托代理合同而言，主要是指国际货运代理企业为了完成货主委托的进出口货物运输事务及相关事务而支出、垫付的运费、杂费、仓储费、包装费、关税、增值税、报关费、报检费、报验费等，有时还包括通信、差旅费用。委托报酬是委托人就受托人提供的代理服务而给付的酬劳，可以由双方根据委托事项难易、复杂程度，需要投入的人力、物力、时间等协商确定，也可以根据国家有关规定和受托人的收费标准、市场价格水平确定。上述费用、报酬均应明确支付时间、支付地点、支付方式、支付工具等内容。

（5）合同履行期限、地点、方式条款

委托代理合同的履行期限是当事人各自履行自己义务的时间界限，履行地点是双方约定履行各自义务的地方，履行方式是双方各自履行合同约定义务的方法，这些都是判断合同履行情况的因素，同样应当予以明确。

（6）违约责任条款

违约责任是合同当事人在不履行或不适当履行合同规定义务的情况下，依照有关法律、法规和合同约定应当承担的法律后果。合同规定违约责任的目的在于督促各方当事人及时、适当地履行合同义务，惩罚违约行为，补偿守约方的损失，维护合同的严肃性，保护当事人的合法权益。

实践适用

就国际货物运输委托代理合同而言，各方当事人可以约定承担违约责任的条件、各种违约情形对应的法律责任，也可以约定违约金、赔偿金的数量或计算方法。

由于国际货运代理业务本身的特点，实践中双方当事人往往还会在国际货物运输委托代理合同中约定不可抗力条款及其他免责或责任限制条款。这样的条款有时与违约责任条款放在一起规定，有时分别规定。

（7）合同的变更、终止条款

关于合同的变更，一般应当明确提出修改、补充合同的一方向对方提出建议的时间，对方答复的时间、形式，规定经双方协商一致后修改生效。关于合同的终止，一般是规定合同终止的情形，特别是解除合同的情形，并区分单方解除合同和协商解除合同等情况。

（8）适用法律条款

国际货物运输委托代理合同具有一定的涉外因素，有时合同的一方当事人是外国公司或个人，有时合同需要在境外履行。根据我国有关法律规定，具有涉外因素的国际货物运输委托代理合同的当事人可以在合同中规定适用于合同的效力、合同的解释及解决合同争议的法律。

实践适用

关于合同所适用的法律，可以是中国法律，也可以是与该合同有某种联系的其他国家或地区的法律。但是，作为中国当事人来讲，尽量不要选择自己不了解的国家或地区的法律，以免在合同的效力、合同的履行及合同争议的解决方面产生不必要的麻烦。

（9）合同争议解决条款

合同争议解决条款是关于合同争议的解决方式、解决机构、解决地点等的规定。关于合同争议的解决方式，通常有协商、调解、仲裁和诉讼四种方式。

提示： 一般规定发生合同争议首先由当事人协商解决，协商不成再提请仲裁或诉诸法院。应当指出的是，仲裁和诉讼两种解决争议方式不能同时选用，只能选择一种。

（10）合同的语言文字和效力条款

如果委托代理合同具有涉外因素，特别是有一方当事人为外国自然人、法人或其他经济组织，需要在境外履行时，可以考虑约定合同使用的文字。可以使用中文，也可以使用外文，还可以兼用中文、外文。

（11）当事人协商一致的其他条款

这类条款由当事人根据实际情况协商议定。如合同的通知、转让、不可分割性条款，合同的正本、副本数量、存放处所条款，合同的附件及其效力条款等。

实践适用

实践中，为了明确国际货运代理企业和委托人的权利义务关系，节约谈判国际货物运输委托代理合同条款的时间，简化签订国际货物运输代理合同的手续，双方可以参照中国国际货运代理协会制定的《中国国际货运代理协会标准交易条件》起草国际货物运输委托代理合同的主要内容，或者在双方就委托事项、办理委托事项的费用、委托报酬、双方履行合同的时间、地点、方式等协商一致的基础上，明确约定双方权利义务关系受《中国国际货运代理协会标准交易条件》的约束。

3. 委托代理合同当事人的义务与责任

（1）受托人的义务与责任

1）受托人应当按照委托人指示处理委托事务。需要变更委托人指示的，应当经委托人同意；因情况紧急，难以和委托人取得联系的，受托人应当妥善处理委托事项，但事后应当将该情况及时报告委托人。

2）委托人应当亲自处理委托事务。经委托人同意，受托人可以转委托。转委托经同意的，委托人可以就委托事务直接指示转委托的第三人，受托人仅就第三人的选任及其对第三人的指示负责。转委托未经同意的，受托人应当对转委托的第三人的行为承担责任，但在紧急情况下受托人为了维护委托人的利益需要转委托的情况除外。

3）受托人应当按照委托人的要求，报告委托事务的处理情况，委托合同终止时，受托人应当报告委托事务的结果。

4）受托人以自己的名义，在委托人授权范围内与第三人订立的合同，第三人在订立合同时是知道受托人与委托人之间的代理关系的，该合同直接约束委托人和第三人，但有确切证据证明该合同只约束受托人和第三人的情况除外。

5）受托人以自己的名义与第三人订立合同时，第三人不知道受托人与委托人之间的代理关系的，受托人因第三人的原因对委托人不履行义务，受托人应该向委托人披露第三人，委托人因此可以行使受托人对第三人的权利，但第三人与受托人订立合同时如果知道委托人就不会订立合同的除外。

6）受托人因委托人的原因对第三人不履行义务，受托人应当向第三人披露委托人，第三人因此可以选择受托人或者委托人作为相对人主张其权利，但第三人不得变更选择的相对人。

7）受托人处理委托的事务取得的财产，应当转交给委托人。

8）有偿的委托合同中，因受托人的过错给委托人造成损失的，委托人可以要求赔偿损失，无偿的委托合同，因受托人的故意或者重大过失给委托人造成损失的，委托人可以要求赔偿损失。受托人不履行或不完全履行上述义务的，应承担相应的法律责任。

（2）委托人的义务与责任

1）委托人应当预付处理委托事务的费用。受托人为处理委托事务垫付的必要费用，委托人应当偿还该费用及其利息。

2）受托人完成委托事务的，委托人应当向其支付报酬。因不可归责于受托人的事由，委托合同解除或者委托事务不能完成的，委托人应当向受托人支付相应的报酬。当事人另有约定的，按其约定。

3）委托人经受托人同意，可以在受托人之外委托第三人处理委托事务。因此给受托人造成损失的，受托人可以向委托人要求赔偿损失。

4. 委托代理合同的履行

（1）委托代理合同的履行原则

委托代理合同的当事人应当遵循诚实信用原则，严格按照合同约定全面履行自己的义务，并应根据合同的性质、目的和交易习惯履行合同中没有规定的通知、协助和保密义务。

（2）委托代理合同的中止履行

中止履行是指暂时停止自己义务的履行或推迟自己履行义务的时间，它并不能结束其与对方的合同关系。

链接 根据《合同法》的规定，委托代理合同中规定了双方当事人履行义务的先后顺序，约定先履行合同义务的一方在有确切证据证明对方有下列情形之一时，有权中止履行自己的义务。

1）经营状况严重恶化。

2）转移财产、抽逃资金，以逃避债务。

3）丧失商业信誉。

4）有丧失或者可能丧失履行债务能力的其他情形。

约定先履行合同义务的一方在行使这项权利时，不仅要准确把握上述概念，而且应当取得证明对方存在上述情况的证据，否则，将要承担违约责任。同时，还应当及时通知对方，并在对方提供担保的情况下，恢复履行自己的合同义务。如果约定先履行合同义务的一方中止履行合同后，对方在合理的期限内没有恢复履行能力，也未提供适当的担保，中止履行的一方还可以解除合同。

5. 委托代理合同的效力

委托代理合同的效力是指法律赋予依法成立的合同具有约束当事人各方乃至第三人的强制力。

（1）委托代理合同的生效

委托代理合同的生效是指委托人和受托人达成协议并具备法定要件后能产生法律效力。委托代理合同生效的要件如下。

1）双方当事人具有相应的民事行为能力，即国际货物运输委托代理合同中委托代理人和受托人必须是依法成立，具备物流企业的准入和设立条件并在其设立宗旨、目的、章程及经营范围内签订合同。

2）双方意思表示必须真实。

3）合同不违反国家法律法规和社会公共利益。

4）合同标的必须确定和可能。

根据我国《合同法》规定，依法成立的合同，自成立时生效。法律、行政法规规定应当办理批准、登记等手续生效的，依照其规定。

提示 在委托代理行为中没有代理权、超越代理权或者代理权终止后的行为，只有经过被代理人的追认，被代理人才承担民事责任。未经追认的行为，对被代理人不发生效力，由行为人承担责任；行为人没有代理权、超越代理权或代理权终止后以被代理人名义订立合同，相对人有理由相信行为人有代理权的，该代理行为有效。

（2）委托代理合同的无效

委托代理合同的无效是指严重缺乏合同的生效要件，不发生合同当事人追求的法律后果，不受国家法律保护的合同。

链接 根据我国《合同法》的规定，有下列情形之一的，合同无效：

- 一方以欺诈、胁迫的手段订立的合同，损害国家利益；
- 恶意串通，损害国家、集体或者第三人利益；
- 以合法形式掩盖非法目的；
- 损害社会公共利益；
- 违反法律、行政法规的强制性规定。

6．委托代理合同的终止

要点 委托代理合同的终止又称委托代理合同权利、义务的终止，是指依法生效的委托代理合同，因具备法律规定的情形和当事人约定的情形，而使当事人之间的权利义务关系归于消灭。

根据《民法通则》和《合同法》的有关规定，除非当事人另有约定或者根据委托事务的性质不宜终止，有下列情形之一的，委托代理合同终止：

- 委托代理期间届满或代理事务完成；
- 委托代理合同解除；
- 委托人或受托人死亡；
- 委托人或受托人丧失民事行为能力；
- 作为委托人或受托人的法人终止。

委托代理合同的解除是指委托代理合同有效成立后，在具备法律或合同规定的解除条件时，因当事人一方或双方的意思表示而使合同关系归于消灭。根据《合同法》的有关规定，当事人双方协商一致，可以解除委托代理合同。

有下列情形之一的，当事人还可以单方解除合同：

- 合同约定的解除条件成立；
- 因不可抗力致使不能实现合同的目的；
- 在履行期限届满之前，当事人一方明确表示或以自己的行为表明不履行主要债务；

- 当事人一方延迟履行主要债务，经催告后在合理期限内仍未履行；
- 当事人一方延迟履行债务或者有其他违约行为致使不能实现合同目的；
- 法律规定的其他情形。

由于委托代理合同关系建立在委托人和受托人的信任关系基础上，如果一方对另一方失去信任或信任有所动摇，维持合同关系对双方均无益处。《合同法》除了规定上述适用于任何合同解除的情形以外，还在第 410 条特别规定：“委托人或受托人可以随时解除委托合同。因解除合同给对方造成损失的，除了因不可归责于该当事人的事由以外，应当赔偿损失。”

提示 根据该条规定，委托代理合同的双方当事人也可在没有任何具体理由的情况下，不经对方同意就解除委托代理合同。提出解除委托代理合同的一方，只要对合同的解除没有过错，不论对方是否存在过错，也不论解除合同是第三人还是不可抗力所致，都不必赔偿对方的损失。但是，主张解除合同的一方当事人必须以明示要求解除合同的方式向对方当事人发出通知，且该通知在到达对方当事人时生效。

小结

本章介绍了物流企业的概念、特征、分类和主要经营方式，重点阐述了物流企业市场准入的问题，包括我国内资投资物流企业的市场准入条件、外商投资物流企业在我国市场的准入条件。物流企业必须具备市场准入条件，符合设立条件并按法定的登记程序取得企业法人资格后方可从事物流活动。在物流企业运行中严格按照法律规定进行企业的设立、变更、终止和清算。本章还介绍了国际货物运输代理企业的概念、分类、经营范围和相关的法律规范以及委托代理合同的特征、主要条款、当事人的义务和责任、效力、履行、变更和转让、终止等基本内容。

复习思考题

1．简述物流企业的法律特征和分类。
2．简述我国内资投资物流企业市场准入的法律规范。
3．简述我国对外商投资物流企业市场准入的相关法律规范。
4．简述设立国内物流企业应具备的条件和设立的方式。
5．简述国际运输代理企业的含义与分类。
6．试述国际运输代理企业相关的法律规范。
7．简述委托代理合同的特征和主要条款。
8．试述委托代理合同当事人的义务与责任。
9．试述委托代理合同的履行、变更和终止。

案例分析

◆ 案例一

王某为甲物流公司设在上海港的代理人。2015 年春节期间，因事务过于繁忙，王某又恰逢身体不适，遂委托赵某代理其处理日常业务。代理中因赵某业务不熟，将一批业务错发他处，造成货主 37 万元的直接损失，给物流公司的运营声誉造成恶劣影响，导致物流公司被货主追究赔偿责任。

问题

本案中，物流公司的经济损失应该由谁来承担？为什么？

◆ 案例二

2015 年 9 月、10 月，淄博力人贸易有限公司（以下简称力人公司）与台湾程优贸易有限公司（以下简称程优公司）以传真方式签订买卖瓷餐具合同，力人公司委托淄博奥威进出口有限公司（以下简称奥威公司）办理出口业务，奥威公司为此委托青岛港捷运输货物，装运港青岛，目的港哥伦比亚，船期为 10 月 5 日，货物价值 36 475.20 美元，合人民币 30 1285.15 元。2015 年 11 月 24 日货物到达目的港，并交付货主。奥威公司于 2015 年 11 月 25 日向青岛港捷发出退运通知，并告知青岛港捷应当于 2015 年 11 月 26 日前做出明确的答复，但青岛港捷一直未予答复。经奥威公司查证，青岛港捷系辽宁港捷的分支机构，不具备独立法人资格，因此辽宁港捷应该承担责任。案件审理中辽宁港捷举证其行为是受港捷货运的委托而为。因此奥威公司要求青岛港捷、辽宁港捷及港捷货运共同承担责任，请求法院依法判令其赔偿货物价值 55 841.40 美元（合人民币 461 250 元），经济损失人民币 22 581 元，并承担本案诉讼费用。

问题

奥威公司的要求是否能得到法院的支持？为什么？

第 3 章

货物运输法律规范

学 习 目 标

- 货物运输概念
- 公路货物运输合同规范
- 水路货物运输合同规范
- 多式联运经营人的责任
- 货物运输合同的法律特征
- 铁路货物运输当事人的权利义务关系
- 航空货物运输中的运单及合同
- 国际货物运输中的提单

3.1 货物运输概述

3.1.1 运输的概念、地位和作用

1．运输的概念

运输是指物品借助运力在空间内所发生的位置移动。具体来说，运输实现了物品空间位置的物理转移，实现了物流的空间效用。运输是整个物流系统中一个极为重要的环节，在物流活动中处于中心地位，是物流的一个支柱。

2．运输在物流中的地位和作用

（1）运输是物流的主要功能要素之一

从物流的概念上来说，物流是“物”的客观性运动。这种运动产生物的形质效用、时间效用及空间效用。运输是实现物流效用的主要手段，它再配以搬运、配送等活动，就能圆满完成改变物体效用的任务。

（2）运输是物流过程中各项业务活动的中心

物流过程的其他各项活动，诸如包装、装卸搬运、物流信息情报等，都是围绕着运输而进行的。运输条件是企业选择工厂、仓库、配送中心等地点需要考虑的主要因素之一；运输方式决定了物品运输包装的要求；运输工具决定了配套使用的装卸、搬运设备以及运

输节点的设置；运输状况影响着库存储备量的大小，发达的运输系统能够适量、快速和可靠地补充库存，从而降低库存量。

（3）运输在物流活动中起着举足轻重的作用

在物流过程的各项业务活动中，运输是关键，实现运输合理化，可以发挥出运输在物流活动中应有的功能：① 运输是物流的动脉系统；② 运输是创造物流空间效用的环节；③ 运输是降低物流费用、提高物流速度、发挥物流系统整体功能的中心环节；④ 运输是加快资金周转速度、提高物流经济效益和社会效益的重点所在。

（4）运输在拓展“第三利润源泉”空间时具有不可替代性

在物流各环节中，如何提高运输工作效率，不仅关系到物流时间占用多少，而且还会直接影响物流费用的高低。在物流中支付的直接费用主要有运费、保管费、装卸搬运费、物流过程中的损耗等，其中，运输费用所占的比重最大，是影响物流费用的一项重要因素，特别在我国交通运输不是很发达的情况下更是如此。因此，不断降低物流运输费用，对于提高物流经济效益和社会效益，起着重要的作用。

3.1.2　物流中常见的几种运输方式

以运输设备及运输工具划分有 5 种运输方式，即公路、铁路、水路、航空及管道运输。以运输的协作程度划分有：一般运输、联合运输及多式联运。

1．公路运输

公路运输是指使用汽车或其他交通工具在公路上载运货物的一种运输方式。公路运输的工具以汽车为主，因此又被称为汽车运输，是陆路货物运输的方式之一。公路运输的主要优点是机动灵活，适于近距离、中小量货物运输，运输费用相对较低，运输速度较快，可以满足用户的多种需求。其缺点则在于运量小，长途运输成本高，对环境造成的污染严重。总之，公路运输快捷方便，是物流运输的主要方式，而很多物流企业也都拥有自己的车队来完成货物运输。

2．铁路运输

铁路运输是指将火车车辆编组成列车在铁路上载运货物的一种运输方式，它是陆路运输的方式之一。优点是运行速度较快，运输能力大，很少受自然条件的限制，适宜各种货物的运输，运输的安全性和运输时间的准确性较高，远距离铁路运输的成本较低。缺点是受铁轨和站点的限制，受运行时刻、配车、编列、中途编组等因素的影响，不能适应用户的紧急需要，近距离运输的费用较高。物流中常常利用铁路来完成中长距离且运量大的货物运输任务。

3．水路运输

水路运输是指使用船舶及其他航运工具，在江河湖泊、运河和海洋上运载货物的一种运输方式。优点是运载能力大，适合运输体积和重量较大的货物，相比较而言，水路运输的成本最低。缺点是受自然条件的影响很大，运输速度较慢，运输时间较长，装卸和搬运费用较高等。物流中通常通过水路来运输运量大、运距长、对时间要求不太紧、运费负担能力较低的货物。

4．航空运输

航空运输是指在具有航空线路和航空港（飞机场）的条件下，利用飞机运载工具进行货物运输的一种运输方式。优点是运输速度快，安全性和准确性很高，散包事故少，货物包装费用小。缺点是运输成本较高，飞机的运载能力有限，远离机场所在地的城市受到限制。在物流中，航空运输最适合运送运量小、运距大、对时间要求紧、运费负担能力相对较高的货物。

5．管道运输

管道运输是指利用管道输送气体、液体的一种运输方式。是现代物流中发展越来越快的一种运输方式。该方式与其他运输方式的区别就在于其运输载体是静止不动的，而货物是流动的。管道运输的特点明显，由于运输管道属于封闭设备，这样可以避免在一般运输过程中的丢失、散失等问题，同样也可以避免其他运输设备经常遇到的回程空驶等无效运输问题，无形中节约了成本。当然，管道运输的局限性也很明显，仅适用于流体物品的运输，并且管道铺设的成本很高。

6．多式联运

多式联运是指把两种或两种以上的运输方式结合起来，实行多环节、多区段相互衔接的一种接力式运输方式，是一种综合性的运输方式。多式联运具有托运手续简单方便，能够缩短货物在途时间，车船周转快，运输工具利用率高等优点。但是，进行多式联运必须具有一定的条件，在运输沿线上必须具有能装卸搬运的车站、码头，有高效率、高质量的中途转乘和换乘管理，以及物流信息系统支持等。从理论上讲，多式联运是物流中最理想的运输方式，它能够充分发挥各种运输方式的长处，达到运输合理化，但对物流企业在各方面的要求都较高。

3.1.3 运输中的主体

主体是运输法律关系中三个要素之一，下述主体即运输关系中的当事人。

（1）托运人

托运人是指与承运人订立货物运输合同的人。他是货物运输合同的一方当事人，是把货物交给承运人运输的人。

（2）承运人

承运人是指与托运人订立货物运输合同的人。他是货物运输合同的另一方当事人，负责用约定的运输方式把货物运送到指定的目的地。

（3）收货人

收货人是指在货物运输合同中指定的有权领取货物的人。他虽然不是签订运输合同的人，但他有权提取货物，并在一定条件下受运输合同的约束。

（4）出租人

出租人是指因货物运输而与承租人订立租用交通运输工具合同的人。就运输来说，他是把车、船、飞机等运输工具出租给承租人使用的人。

（5）承租人

承租人是指与出租人订立租用合同的人。在运输方面，承租人是从出租人处租用车、船、飞机等运输工具的人。

（6）多式联运经营人

多式联运经营人是指与托运人订立多式联运合同的人。他是多式联运合同的当事人，负责组织货物运输，相当于承运人的地位。

3.1.4　货物运输合同的概念和法律特征

1．货物运输合同的概念

货物运输合同，又称货物运送合同，是指承运人将货物运输到约定地点，托运人支付运费的合同。

运输合同是运输经济主体间的基本联系形式。运输合同法是这一经济联系的法律表现形式。在运输合同法规范和调整运输合同关系过程中形成的法律关系，是运输合同法律关系。由此看来，运输合同关系是以物质利益为内容的经济关系，运输合同法律关系则是以权利义务为内容的意志关系。研究运输合同的法律问题，就是以运输合同关系为研究对象，分析这一部类的经济关系与作为上层建筑的法律关系之间的关系，进而总结法律反映和调整这一特定社会关系的规律、特点和方式。

提示　传统上把运输合同关系划入民商法调整范围。现代市场经济中，随着经济法的产生和发展，运输合同关系又受经济法的规范。我国的《民法通则》对合同关系做了一般规定，《经济合同法》则规定运输合同为经济合同之一。《海商法》、《航空法》作为特别法则对海上运输合同、航空运输合同做了专门规定。

运输合同关系首先应是自然的或物质利益的关系，即根据运输生产的性质，在运输承运人、运送的人身或物品以及旅客和托运人之间发生的社会关系，其次才是由法所调整这种关系而成为合同法律关系。

2．货物运输合同的法律特征

1）货物运输合同的标的是承运人的运送行为，而不是被运送的货物本身，因而货物运输合同属于提供劳务的合同。货物运输合同以货物交付给收货人为履行终点。货物运输合同的承运人不仅须将货物运送到指定地点，而且还须将货物交付给收货人，其义务才算履行完成。

2）货物运输合同是双务有偿合同。承运人和托运人双方均负有义务，其中，托运人须向承运人支付运费。

3）货物运输合同属于为第三人利益订立的合同。货物运输合同往往有第三人参加，即以承运人、托运人之外的第三人为收货人。虽然收货人并非签订合同的当事人，但他可以独立享有合同约定的权利，并承担相应的义务。

4）货物运输合同大多是诺成合同。大宗货物的长期运输合同一般为诺成合同，双方在协议上签字，合同即告成立；零担货物或集装箱货物运输合同一般为实践合同，以货物的交付验收为成立要件，承运人在运单上加盖承运日期戳之时合同成立。

5）货物运输合同可以采用留置的方式担保。

6）货物运输合同的内容大多是格式条款。这些条款都是国家授权交通运输部门以法规的形式统一规定的，双方当事人无权自行变更，如《铁路货物运输合同实施细则》、《公路货物运输合同实施细则》、《航空货物运输合同实施细则》、《水上货物运输合同实施细则》等。合同、提单等都是统一印制的，运费率是国家统一规定的。

3.2 公路货物运输法

在我国，关于公路运输这方面的法律法规主要有《合同法》，以及交通部的《汽车货物运输规则》。如果采用集装箱运输货物，应遵守交通部的《集装箱汽车运输规则》；如果运输的是危险货物，还应遵守交通部的《汽车危险货物运输规则》。

现实中，从事物流服务的企业或个人经常会使用公路运输。下面从三个方面介绍公路货物运输规范。

3.2.1 从事物流服务的业主使用自有汽车进行运输

很多企业都拥有自己的车队，用以完成物流中的公路运输，这在提供物流服务时给企业带来了极大的便利，但是也存在着应当注意的问题，这就形成了操作中应履行的义务。

1）根据承运货物的需要，按货物的不同特性，提供技术状况良好、经济适用的车辆。运输特种货物的车辆和集装箱运输车辆，须配备符合运输要求的特殊装置或专用设备。

2）根据货物的情况，合理安排运输车辆，货物装载重量以车辆额定吨位为限。轻泡货物以折算重量装载，不得超过车辆额定吨位和有关长、宽、高的装载规定。

3）认真核对装车的货物名称、重量、件数是否与单据上记载相符，并检查包装是否完好。

4）合理选择运输路线，缩短运输时间，降低运输成本，并将运输路线告知托运人。运输路线发生变化应通知托运人，以便其对运输进行监督。

5）尽快运送，在合理的运输期限内将货物运达。

6）保证运输安全，对产生的货损、货差负责。

7）货物运抵前，应当及时通知收货人做好接货准备，及时将货物交给收货人。

3.2.2　租用他人汽车进行运输

定义　出租人将汽车交给承租人使用获取收益，由承租人支付租金的合同称为汽车租用合同，该合同的约定成为双方当事人的行为规范。

企业在租用他人汽车进行运输时，通常要与车辆的所有人签订汽车租用合同。此时，承租人不仅要对物流需求方尽到上述承运人的义务，还要依照汽车租用合同对汽车出租人尽到承租人的义务。

1．汽车租用合同的订立

汽车租用合同订立要经过要约与承诺两个步骤。其中，一方当事人向另一方当事人发出订立汽车租用合同的意思表示即为要约；而收到要约的一方当事人表示同意的意思表示即为承诺。双方意思表示达成一致，汽车租用合同即告成立。

2．汽车租用合同双方的义务和责任

（1）作为承租人应承担的义务和责任

1）在接收汽车时，应对租用的汽车进行检查，确认汽车技术状况良好，并要核对行驶证、道路运输证等证件是否齐全、有效。行车中应随车携带上述有关证件。

2）按照合同约定使用。租用的汽车只能在约定的地域或道路上载运约定种类的货物。如果承租人以违背约定的方法使用租来的汽车，致使汽车受到损害时，出租人可以解除合同，并要求承租人赔偿损失。

3）妥善保管租用的汽车。如果因保管不善致使汽车受到损害，承租人要承担赔偿责任。

4）按照合同约定承担燃料的费用。

5）按照约定支付租金。在合理期限内仍不支付的，出租人可以解除合同。

6）未经出租人同意，不得将租用的汽车转租给他人。否则，出租人可以解除合同。

7）租用期限届满后，返还所租用的汽车。逾期不及时返还，要承担违约责任。

（2）出租人应承担的义务和责任

1）按约定将汽车交给物流企业使用，并保持适于约定用途。否则物流企业可以要求其承担违约责任。

2）出租人有维修汽车的义务，物流企业可以要求其按照有关技术标准，加强车辆技术管理，保持汽车技术状态良好。如果出租人不履行维修义务，物流企业可以自行维修，并要求出租人承担维修费用。

3.2.3 托运人与汽车承运人签订汽车货物运输合同进行运输

1. 汽车货物运输合同的含义

汽车货物运输合同是指汽车承运人与托运人签订的明确相互权利义务关系的协议。很多从事物流服务的企业在实践中，既不使用自己的汽车，也不租用别人的汽车来完成货物的运输，而是把货物运输交给专业的汽车承运人来完成，自己作为托运人或托运人的代理人与汽车承运人签订汽车货物运输合同。

2. 汽车货物运输合同的种类

汽车货物运输合同的订立可以采用书面形式、口头形式和其他形式。书面形式合同可以分为定期运输合同、一次性运输合同和道路货物运单（以下简称运单）。

1）定期运输合同是指汽车承运人与托运人签订的在规定的期间内用汽车将货物分批量地由起运地运至目的地的汽车货物运输合同。

2）一次性运输合同是指汽车承运人与托运人之间签订的一次性将货物由起运地运至目的地的货物运输合同。

定期运输合同和一次性运输合同的订立与其他运输合同的订立一样，要经过要约和承诺两个阶段，方能达成协议，使双方之间的运输合同成立。

3）运单。运单是承运人接受托运人托运的货物，并同意将该托运货物运至目的地的作业凭据。在很多情况下，托运人直接向汽车承运人托运货物。此时，作为托运人或托运人的代理人要填写运单，并将运单与运送的货物交给汽车承运人，要求其接受货物托运。请求托运货物即是托运人向承运人发出要约的过程，如果承运人表示接受货物托运，并在运单上签字后，就表示承运人进行了承诺。要求货物托运和同意承运的过程就是合同订立的过程，运单本身就成了汽车货物运输合同的又一形式。

运单应按以下要求填写：

- 准确表明托运人和收货人的名称（姓名）和地址（住所）、电话、邮政编码；
- 准确表明货物的名称、性质、件数、重量、体积以及包装方式；
- 准确表明运单中的其他有关事项；
- 一张运单托运的货物，必须是同一托运人、收货人；
- 危险货物与普通货物以及性质相互抵触的货物不能使用同一张运单；
- 托运人要求自行装卸的货物，经承运人确认后，在运单内注明；
- 应使用钢笔或圆珠笔填写，字迹清楚，内容准确，需要更改时，必须在更改处签字盖章；
- 若托运的货物品种不能在一张运单内逐一填写的，则应当另行填写“货物清单”作为该运单的附件。

3．汽车货物运输合同双方当事人的义务

（1）托运人的主要义务

1）托运的货物名称、性质、件数、质量、体积、包装方式等，应与运单记载的内容相符。

2）按照国家有关部门规定须办理准运或审批、检验等手续的货物，托运时应将准运证或审批文件提交承运人，并随货同行。如果委托承运人向收货人代递有关文件，应在运单中注明文件名称和份数。

3）在托运的货物中，不得夹带危险货物、贵重货物、鲜活货物和其他易腐货物、易污染货物、货币、有价证券以及政府禁止或限制运输的货物。

4）托运货物应按约定的方式进行包装。没有约定或者约定不明确的，可协议补充；不能达成补充协议的，按照通用的方式包装；没有通用方式的，应在足以保证运输、搬运装卸作业安全和货物完好的原则下进行包装。依法应当执行特殊包装标准的，按照规定执行。

5）应根据货物性质和运输要求，按照国家规定，正确使用运输标志和包装储运图示标志。

6）托运特种货物（如冷藏货物、鲜活货物等）时，应按要求在运单中注明运输条件和特约事项。

7）货物包含需要照料的生物、植物、尖端精密产品、稀有珍贵物品、文物、军械弹药、有价证券、重要票证和货币时，必须派人押运。并且，应在运单上注明押运人员姓名及必要的情况。押运人员须遵守运输和安全规定，并在运输过程中负责货物的照料、保管和交接；如发现货物出现异常情况，应及时做出处理，并告知车辆驾驶人员。

8）托运人应该按照合同的约定支付运费。

（2）汽车承运人的主要义务

1）根据货物的需要和特性，提供适宜的车辆。该义务要求承运人提供的车辆应当技术状况良好、经济适用，对特种货物运输的，还应为特种货物提供配备了符合运输要求的特殊装置或专用设备的车辆。

2）承运人应按运送货物的情况，合理安排运输车辆。货物装载重量以车辆额定吨位为限，轻泡货物以折算重量装载，不得超过车辆额定吨位和有关长、宽、高的规定。

3）按照约定的运输路线进行运输。如果在起运前要改变运输路线，承运人应将此情况通知托运人，并按最终的路线运输。

4）在约定运输期限内将货物运达。零担货物应按批准的班期时限运达，快件货物应按规定期限运达。

5）对货物的运输安全负责，保证货物在运输过程中不受损害。

4．违约责任

（1）托运人的责任

1）托运人未按合同规定的时间和要求备好货物，以及货物运达后无人收货或拒绝收

货，使得承运人车辆放空、延滞或造成其他损失的，托运人应负赔偿责任。

2）由于托运人的下列过错，造成承运人、站场经营人、搬运装卸经营人的车辆、机械、设备等损坏、污染或人身伤亡以及因此而引起的第三方的损失，应负赔偿责任。

第一，在托运的货物中故意夹带危险货物或其他易腐蚀、易污染货物以及禁、限运货物等；错报、匿报货物的重量、规格、性质。

第二，货物包装不符合标准，包装、容器不良，而从外部无法发现。

第三，错用包装、储运图示标志。

3）不如实填写运单，错报、误填货物名称或装卸地点，造成承运人错送、装货落空以及由此引起的其他损失，应负赔偿责任。

（2）承运人的责任

1）如果承运人未按运输期限将货物运达，应当承担违约责任；因承运人责任将货物错送或错交，可以要求其将货物无偿运到指定的地点，交给指定的收货人。运输期限，是由双方共同约定的货物起运、到达目的地的具体时间。未约定运输期限的，从起运日起，按200千米为1日运距，用运输里程除以每日运距，计算运输期限。

2）如果承运人未遵守双方商定的运输条件或特约事项，由此造成托运人损失，可要求其负赔偿责任。

3）货物在承运责任期间内，发生毁损或灭失，承运人应当负赔偿责任。承运责任期间，是指承运人自接受货物起至将货物交付收货人止，货物处于承运人掌管之下的全部时间。托运人还可以与承运人就货物在装车前和卸车后对承担的责任另外达成协议。

（3）免责事项

如果有下列情况之一，承运人举证后可不负赔偿责任：

- 不可抗力；
- 货物本身的自然性质变化或者合理损耗；
- 包装内在缺陷，造成货物受损；
- 包装体外表面完好，而内装货物毁损或灭失；
- 托运人违反国家有关法令，致使货物被有关部门查扣、弃置或做其他处理；
- 归责于押运人的货物毁损或灭失，托运人或收货人过错的货物毁损或灭失。

3.3 铁路货物运输法

企业在组织货物运输时常常要利用铁路这种运输方式。在我国，铁路货物运输要受《铁路法》、《合同法》等相关法律规定的调整。

3.3.1 以自己的铁路自备车辆进行运输

当物流企业作为物流服务合同中的受托人，使用自己的铁路自备车辆进行运输时，应承担下列义务和责任。

1）配备适宜的铁路车辆，所使用的车辆应符合货物运输的要求。对特殊货物应使用相应的特殊车辆，如长大货物车、冷藏车、罐车等。

2）正确装载货物，不得超过货车允许的载重量。货物的装载加固应按照《铁路货物装载加固规则》的规定办理。

3）保证货物运输的安全，对货物的损失承担赔偿责任。

4）准时运送货物，对货物迟延交付所造成的损害承担赔偿责任。

5）将货物交给委托人指定的收货人。

3.3.2　托运人与铁路承运人签订铁路货物运输合同进行运输

铁路运输中以托运人与铁路承运人签订运输合同的方式来完成货物的运输，这是十分常用的方式，在此应当首先明确铁路货物运输合同的含义，进而理解合同当事人所享有的权利及应承担的义务。关于国际货物铁路运输问题我们将在本章第 3.7 节中予以讨论。

1．铁路货物运输合同的含义

铁路货物运输合同是指铁路承运人根据托运人的要求，按期将托运人的货物运至目的地，交与收货人的合同。铁路货物运输合同可分为整车货物运输合同和零担货物运输合同。整车货物运输合同是指铁路承运人和托运人约定将货物用一整辆货车来装载运送的铁路货物运输合同。在运输大宗货物时，一般会按照年度、半年度或者季度来签订整车货物运输合同。零担货物运输合同是指铁路承运人与托运人就不需要整车运输的少量货物签订的铁路货物运输合同。

2．铁路货物运输合同当事人的权利义务

（1）托运人的义务

1）应当按照合同的约定向铁路承运人提供运输的货物。

2）要如实申报货物的品名、重量和性质。

3）对货物进行包装，以适应运输安全的需要。对于包装不良的，铁路承运人有权要求其加以改善。如果拒不改善，或者改善后仍不符合运输包装要求，承运人有权拒绝承运。

4）托运零担货物，应在每件货物两端各粘贴或钉固一个用坚韧材料制作的清晰明显的标记（货签），还应该根据货物的性质，按照国家标准，在货物包装上做好储运图示标志。

5）要按照规定支付运费。双方可以约定由托运人在货物发运前支付运费，也可以约定在到站后由收货人支付运费。但铁路运费通常都是由托运人在发运站承运货物当日支付。如果托运人不支付运费，铁路承运人可以不予承运。

（2）承运人的义务

1）及时运送货物。铁路承运人应当按照铁路运输的要求，及时组织调度车辆，做到列车正点到达。铁路承运人应当按照全国约定的期限或者国务院铁路主管部门规定的期限将货物运到目的站。

2）保证货物运输的安全，对承运的货物妥善处理。铁路承运人对于承运的容易腐烂的货物和活动物，应当按照国务院铁路主管部门的规定和双方的约定，采取有效的保护措施。

3）货物运抵到站后，及时通知收货人领取货物，并将货物交付收货人。

3. 违约责任

（1）托运人的责任

1）由于托运人错报或匿报货物品名、重量、数量、性质而导致承运人财产损失的，要承担赔偿责任。

2）由于物流企业对货物的真实情况申报不实，而使承运人少收取了运费，要补齐运费，并按规定另行支付一定的费用。

3）承担由于货物包装上的从外表无法发现的缺陷，或者由于未按规定标明储运图示而造成的损失。

4）在托运人负责装车的情况下，由于加固材料的不合格或在交接时无法发现的对装载规定的违反而造成的损失，由托运人承担责任。

5）由于押运人的过错而造成的损失，由托运人承担责任。

（2）承运人的责任

1）货损责任。铁路承运人应当对承运的货物自接受承运时起到交付时止发生的灭失、短少、变质、污染或者损坏，承担赔偿责任。如果物流企业办理了保价运输的话，按照实际损失赔偿，但最高不超过保价额。如果未办理保价运输的话，按照实际损失赔偿，但最高不超过国务院铁路主管部门规定的赔偿限额；如果损失是由于承运人的故意或者重大过失造成的，则不适用赔偿限额的规定，而是按照实际损失赔偿。

2）延迟交付的责任。承运人应当按照合同约定的期限或者国务院铁路主管部门规定的期限，将货物运到目的站；逾期运到的，承运人应当支付违约金。违约金的计算以运费为基础，按比例退还。对于超限货物、限速运行的货物、免费运输的货物以及货物全部灭失的情况，则承运人不支付违约金。如果迟延交付货物造成收货人或托运人的经济损失，承运人应当赔偿所造成的经济损失。承运人逾期 30 日仍未将货物交付收货人的，托运人、收货人有权按货物灭失向承运人要求赔偿。

（3）免责事项

由于下列原因造成的货物损失，铁路承运人不承担赔偿责任：① 不可抗力；② 货物本身的自然属性，或者合理损耗；③ 托运人或者收货人的过错。

3.4 水路货物运输法

水路运输是利用船舶运载工具在水路上进行的运输，它是一种重要的运输方式，是物流中最为常用的一种运输方式，由于其能兼顾近距离、远距离、零星、大宗货物的运输需求，且成本相对低廉，因而担负着大部分的运输任务。

我国与之相关的法律法规包括《合同法》、《海商法》和交通部颁布的《国内水路货物运输规则》。国内水路货物运输（包括沿海运输）适用《合同法》第 17 章“运输合同”和交通部《国内水路货物运输规则》的规定。

3.4.1　使用自有船舶进行运输

企业在使用自有船舶进行运输时，应承担下列义务与责任。

1）应根据所运货物的需要，提供符合货物运输的船舶。运送冷藏货物等要根据需要配备必要的相应设备。

2）使船舶处于适航状态。包括船舶的船体、船机在结构、性能、状态等方面能够抵御航行中通常会出现的或者能够合理预见的风险；为船舶配备足够数量和能够胜任工作的船员，妥善地装备船舶和配备供应品；并且使货舱、冷藏舱、冷气舱和其他载货处所适于并能安全收受、载运和保管货物。

3）合理地积载货物，保证船舶的稳定性，并做好危险货物等特殊货物的隔离工作。

4）根据货物的要求，妥善、谨慎地装载、搬移、积载、运输、保管、照料和卸载所运货物，保证货物运输的安全。对危险货物、活动物等特殊的货物要加以特别照料。

5）合理选择航行路线，应当按照约定的或者习惯的或者地理上的航线将货物运往目的地。尽量缩短运输时间，尽快运送货物，在合理的运输期限内将货物运达目的地。

6）货物运抵前，应当及时通知收货人做好接货准备，并及时将货物交给正确的收货人。

3.4.2　租用船舶进行运输

定义　船舶租用合同是指船舶出租人将约定的配备船员或不配备船员的船舶交给承租人按约定使用，并由承租人支付租金的合同。

所谓租船，实际上是一种为船舶所有人提供使用机会和为各类商品安排合适的运输业务。目前主要的租船方式有航次租船、定期租船、包运租船和光船租船。

船舶租用合同包括定期租船合同和光船租赁合同。定期租船合同，是指船舶出租人向承租人提供约定的由出租人配备船员的船舶，由承租人在约定的期间内按照约定的用途使用，并支付租金的合同；光船租赁合同，是指船舶出租人向承租人提供不配备船员的船舶，在约定的期间内由承租人占有、使用和营运，并向出租人支付租金的合同。

合同是双方自由意志的反映，合同双方的权利和义务往往由当事人在合同中约定，所以法律没有对租船合同双方当事人的义务做强制性规定。《海商法》的相关规定只有在合同没有约定或双方约定不一致时适用。

1. 定期租船合同双方的义务

（1）承租人的义务

- 提供适当数量和质量的燃油，并支付费用；

- 应当保证船舶在约定航区内的安全港口或地点之间从事约定的运输；
- 保证船舶用于运输约定的合法货物；
- 按照合同约定支付租金，否则出租人有权撤船；
- 按合同约定的时间和地点交还船舶，交还船舶时，船舶应当处于与出租人交船时相同的良好状态，但是船舶本身的自然磨损除外。

（2）出租人的义务

- 按照合同约定的时间和地点交付船舶；
- 在交付船舶时，谨慎处理，使船舶适航并适于约定的用途；
- 在租期内维持船舶处于适航状态，如果船舶不符合约定的适航状态或者其他状态，应当采取合理措施，使之尽快恢复，对于因此而损失的时间，物流企业可以按合同约定不支付租金；
- 为船舶配备合格的船员，并支付船员工资。

2. 光船租赁合同双方的义务

（1）承租人应当承担的义务

- 负责船舶的保养、维修；
- 未经出租人书面同意，不得将船舶进行转租；
- 不得因对船舶占有、使用和营运的原因使出租人的利益受到影响或者遭受损失；
- 应当按照合同约定支付租金；
- 在合同约定的地点和期限内交还船舶，还船时，船舶应处于与出租人交船时相同的良好状态，但船舶本身的自然磨损除外。

（2）出租人的义务

- 在合同约定的港口或者地点，按照合同约定的时间，向承租人交付船舶以及船舶证书；
- 交船时，出租人应当做到谨慎处理，使船舶适航并适用于约定的用途；
- 未经承租人事先书面同意，不得在光船租赁期间对船舶设定抵押。

3.4.3 与承运人签订水路货物运输合同进行运输

1. 水路货物运输合同的含义

水路货物运输合同，是指承运人收取运输费用，负责将托运人托运的货物经水路由一港（站、点）运到另一港（站、点）的合同。水路货物运输包括班轮运输和航次租船运输。班轮运输，是指在特定的航线上按照预订的船期和挂靠港从事有规律水上货物运输的运输形式；航次租船运输，是指船舶出租人向承租人提供船舶的全部或者部分舱位，装运约定的货物，从一港（站、点）运到另一港（站、点）的运输形式。

2. 运单

运单的法律性质为以下几点：

- 运单是水路货物运输合同的证明，而不是合同本身，运单的记载如果与运输合同不一致，可以视为对运输合同的变更；
- 运单是承运人已经接收货物的收据，它表示承运人已经按运单记载的状况接收货物；
- 运单不是承运人据以交付货物的凭证。

运单的内容，一般包括下列各项：承运人、托运人和收货人名称；货物名称、件数、重量、体积；运输费用及结算方式；船名、航次；起运港、中转港、到达港；货物交接地点和时间；装船日期；运到期限；包装方式；识别标志；相关事项。

承运人接收货物应当签发运单。运单由载货船舶的船长签发，可以视为代表承运人签发。

3. 水路货物运输合同双方的义务

（1）托运人的义务

1）及时办理港口、海关、检疫、公安和其他货物运输所需的各项手续，并将已办理各项手续的单证送交承运人，预付运费，另有约定除外。

2）所托运货物的名称、件数、重量、体积、包装方式、识别标志，应当与运输合同的约定相符。

3）妥善包装货物，保证货物的包装符合国家规定的包装标准；没有包装标准的，货物的包装应当保证运输安全和货物质量。需要随附备用包装的货物，应提供足够数量的备用包装，交给承运人随货免费运输。

4）在货物外包装或表面正确制作识别标志和储运指示标志。识别标志和储运指示标志应字迹清楚、牢固。

5）托运危险货物时，应当按照有关危险货物运输的规定，妥善包装，制作危险品标志和标签，并将其正式名称和危险性质以及必要时应当采取的预防措施书面通知承运人。未通知承运人或者通知有误的，承运人可以在任何时间、任何地点根据情况需要将危险货物卸下、销毁或者使之不能为害，而不承担赔偿责任。承运人知道危险货物的性质并已同意装运的，仍然可以在该项货物对于船舶、人员或者其他货物构成实际危险时，将货物卸下、销毁或使之不能为害，而不承担赔偿责任，但这不影响共同海损的分摊。

6）除另有约定外，运输过程中需要饲养、照料的活动物、植物，以及尖端保密物品、稀有珍贵物品和文物、有价证券、货币等，托运人需要申报并随船押运，并在运单内注明押运人员的姓名和证件。但是，押运其他货物须经承运人同意。

7）负责笨重、长大货物和舱面货物所需要的特殊加固、捆扎、烧焊、衬垫、苫盖物料和人工，卸船时要拆除和收回相关物料；需要改变船上装置的，货物卸船后应当负责恢复原状。

8）托运易腐货物和活动物、植物时，应当与承运人约定运到期限和运输要求；使用冷藏船（舱）装运易腐货物的，应当在订立运输合同时确定冷藏温度。

9）托运木（竹）排应当按照与承运人约定的数量、规格和技术要求进行编扎。在船舶或者其他水上浮物上加载货物，应当经承运人同意，并支付运输费用。航行中，木（竹）排、船舶或者其他水上浮物上的人员（包括船员、排工及押运人员）应当听从承运人的指挥，配合承运人保证航行安全。

10）承担由于下列原因发生的洗舱费用：提出变更合同约定的液体货物品种；装运特殊液体货物（如航空汽油、煤油、变压器油、植物油等）需要的特殊洗舱；装运特殊污秽油类（如煤焦油等），卸后需要的洗刷船舱。在承运人已履行船舶适货义务的情况下，因货物的性质或者携带虫害等情况，需要对船舱或者货物进行检疫、洗刷、熏蒸、消毒的，应当由托运人或者收货人负责，并承担船舶滞期费等有关费用。

（2）承运人的义务

1）使船舶处于适航状态，妥善配备船员、装备船舶和配备供应品，并使干货舱、冷藏舱、冷气舱和其他载货处所适于并能安全收受、载运和保管货物。

2）按照运输合同的约定接收货物。

3）妥善地装载、搬移、积载、运输、保管、照料和卸载所运货物。

4）按照约定、习惯或者地理上的航线将货物运送到约定的目的港。承运人为救助或者企图救助人命或者财产而发生的绕航或者其他合理绕航，不属于违反上述规定的行为。

5）在约定期间或者在没有这种约定时在合理期间内将货物安全运送到指定地点。

6）货物运抵目的港后，向收货人发出到货通知，并将货物交给指定的收货人。

4．违约责任

（1）托运人的责任

1）未按合同约定提供货物，应承担违约责任。

2）因办理各项手续和有关单证不及时、不完备或者不正确，造成承运人损失的，应当承担赔偿责任。

3）因托运货物的名称、件数、重量、体积、包装方式、识别标志与运输合同的约定不相符，造成承运人损失的，应当承担赔偿责任。

4）因未按约定托运危险货物给承运人造成损失的，应当承担赔偿责任。

物流企业因不可抗力不能履行合同的，根据不可抗力的影响，部分或者全部免除责任。迟延履行后发生不可抗力的，不能免除责任。

（2）承运人的赔偿责任

1）承运人对运输合同履行过程中货物的损坏、灭失或者迟延交付承担损害赔偿责任。

2）如果物流企业在托运货物时办理了保价运输，货物发生损坏、灭失，承运人应当按照货物的声明价值进行赔偿。但是，如果承运人证明货物的实际价值低于声明价值，则按照货物的实际价值赔偿。

3）货物未能在约定或者合理期间内在约定地点交付的，为延迟交付。对由此造成的损失，承运人应当承担赔偿责任。承运人未能在上述期间届满的次日起 60 日内交付货物，可以认定货物已经灭失，承运人应承担损害赔偿责任。

（3）承运人的免责事项

承运人对运输合同履行过程中货物的损坏、灭失或者延迟交付承担损害赔偿责任，但承运人证明货物的损坏、灭失或者延迟交付是由于下列原因引起的除外：

- 不可抗力；
- 货物的自然属性和潜在缺陷；
- 货物的自然减量和合理损耗；
- 包装不符合要求；
- 包装完好，但货物与运单记载内容不符；
- 识别标志、储运指示标志不符合规则的规定；
- 托运人申报的货物重量不准确；
- 托运人押运过程中的过错；
- 普通货物中夹带危险、流质、易腐货物；
- 托运人、收货人的其他过错。

货物在运输过程中因不可抗力灭失，未收取运费的，承运人不得要求支付运费；已收取运费的，托运人可要求返还。货物在运输过程中因不可抗力部分灭失的，承运人按照实际交付的货物比例收取运费。

3.5　航空货物运输法

航空运输是一种重要的运输方式，它有快捷、安全等特点，形成了其他运输方式不可比拟的优越性。航空货物运输是承运人根据货主的需求，在规定的时间内，利用相关设施，按照某种价格，使用航空器将货物运送至指定目的地的运输方式。在实践中，企业大多通过与航空公司签订包机合同或航空货物运输合同来完成货物运输。

在我国，航空货物运输要受《民用航空法》、《中国民用航空货物国内运输规则》和《合同法》调整。

3.5.1　与航空公司签订包机合同进行运输

1. 包机合同的含义

包机合同是指航空公司按照合同约定的条件把整架飞机或飞机的部分舱位租给包机人，把货物由一个或几个航空港运到指定目的地，并由包机人支付约定费用的合同。包机分为整机包机和部分包机。整机包机是指航空公司把整架飞机租给一个包机人的航空运输方式；而部分包机是指由几家包机人联合包租一架飞机，或者由航空公司把一架飞机的舱位分别租给几家包机人的航空运输方式。

2．包机合同双方的义务

（1）包机人应承担的义务

- 提供包机合同中约定的货物，并对货物进行妥善的包装；
- 按照约定支付费用。

（2）航空公司作为出租人应承担的义务

- 按照合同约定提供适宜货物运输的飞机或舱位；
- 按照合同约定的期限将货物运到目的地；
- 保证货物运输的安全。

3.5.2 签订航空货物运输合同进行运输

1．航空货物运输合同的含义

在实践中，企业更多的是选择与航空公司签订航空货物运输合同进行运输。航空货物运输合同是指航空承运人与托运人签订的，由航空承运人通过空运的方式将货物运至托运人指定的航空港，交付给托运人指定的收货人，由托运人支付运费的合同。此时，企业是托运人。

2．航空货物运输合同双方的义务

（1）托运人的义务

物流企业作为托运人应尽到以下义务。

1）应当按照航空货物运输合同的约定提供货物。

2）应对货物按照国家主管部门规定的包装标准进行包装。如果没有上述包装标准，则应按照货物的性质和承载飞机的条件，根据保证运输安全的原则，对货物进行包装；如果不符合上述包装要求，承运人有权拒绝承运。托运人必须在托运的货件上标明出发站、到达站和托运人、收货人的单位、姓名和地址，并按照国家规定标明包装储运指示标志。

3）要及时支付运费。除非托运人与承运人有不同约定，运费应当在承运人开具航空货运单时一次性付清。

4）如实申报货物的品名、重量和数量。

5）要遵守国家有关货运安全的规定，妥善托运危险货物，并按国家关于危险货物的规定对其进行包装。不得以普通货物的名义托运危险货物，也不得在普通货物中夹带危险品。

6）应当提供必需的资料和文件，以便在货物交付收货人前完成法律、行政法规规定的有关手续。

（2）承运人的义务

1）按照航空货运单上填明的地点，在约定的期限内将货物运抵目的地。

2）按照合理或经济的原则选择运输路线，避免货物的迂回运输。

3）对承运的货物应当精心组织装卸作业，轻拿轻放，严格按照货物包装上的储运指示标志作业，防止货物损坏。

4）保证货物运输安全。

5）按货运单向收货人交付货物。

3. 违约责任

（1）托运人的责任

1）因在托运货物内夹带、匿报危险物品，错报笨重货物重量，或违反包装标准和规定，而造成承运人或第三人的损失，须承担赔偿责任。

2）因没有提供必需的资料、文件，或者提供的资料、文件不充足或者不符合规定而造成的损失，除由于承运人或者其受雇人、代理人的过错造成的外，应当对承运人承担责任。

3）未按时缴纳运输费用的，应承担违约责任。

（2）承运人的赔偿责任

航空运输期间，是指在机场内、民用航空器上或者机场外降落的任何地点，托运行李、货物处于承运人掌管之下的全部期间，其中不包括机场外的任何陆路运输、海上运输、内河运输过程；但是，如果此种陆路运输、海上运输、内河运输是为了履行航空运输合同而进行装载、交付或者转运，在没有相反证据的情况下，所发生的损失视为在航空运输期间发生的损失。

在货物运输中，经承运人证明，损失是由索赔人或者代行权利人的过错造成或者促成的，应当根据造成或者促成此种损失的过错程度，相应免除或者减轻承运人的责任。

货物在航空运输中因延误造成的损失，承运人应当承担责任；但是，承运人证明本人或者其受雇人、代理人为了避免损失的发生，已经采取一切必要措施或者不可能采取任何措施的，不承担责任。

（3）承运人的免责事项

承运人证明货物的毁灭、遗失或者损坏是由于下列原因之一造成的，不承担责任：

- 货物本身的自然属性、质量或者缺陷；
- 承运人或者其受雇人、代理人以外的人包装货物的，货物包装不良；
- 战争或者武装冲突；
- 政府有关部门实施的与货物入境、出境或者过境有关的行为。

（4）承运人的责任限额

国内航空运输承运人的赔偿责任限额由国务院民用航空主管部门制定，报国务院批准后公布执行。

《中国民用航空货物国内运输规则》规定："货物没有办理声明价值的，承运人按照实际损失的价值进行赔偿，但赔偿最高限额为毛重每公斤人民币 20 元。"托运人在交运货物时，特别声明在目的地交付时的利益，并在必要时支付附加费的，除承运人证明托运人声明的金额高于货物在目的地交付时的实际利益外，承运人应当在声明金额范围内承担责任。

任何旨在免除承运人责任或者降低承运人赔偿责任限额的条款，均属无效。但是，此种条款的无效，并不影响整个航空运输合同的效力。

3.6 多式联运法

链接 我国的《海商法》和《合同法》对多式联运的相关事项都做了规定。1997 年交通部和铁道部还联合颁布了《国际集装箱多式联运管理规则》，专门对集装箱多式联运的有关问题做出了规定。

集装箱运输的发展、贸易结构的变化、科学技术的进步和电子商务的推广，为多式联运这一新兴运输方式的产生和发展提供了客观条件；货主对运输服务的高要求也对它的发展产生了巨大的推动力。在这样的背景下，多式联运迅速地发展起来。选择多式联运的方式来运送货物可以缩短运输时间，保证货运质量，节省运输费用，实现真正的运输合理化。

1．多式联运合同的含义

多式联运合同是指多式联运经营人与托运人签订的，由多式联运经营人以两种或者两种以上不同的运输方式将货物由接管地运至交付地，并收取全程运费的合同。

2．多式联运单据

多式联运中通常采用的运输单证是多式联运单据。当多式联运的运输方式之一是海运，尤其是海运作为第一种运输方式时，多式联运单据多表现为多式联运提单。

多式联运经营人收到托运人交付的货物时，应当签发多式联运单据。

多式联运单据应当载明下列事项：货物名称、种类、件数、重量、尺寸、外表状况、包装形式；多式联运经营人的名称和主营业场所；托运人名称；收货人名称；接收货物的日期、地点；交付货物的地点和约定的日期；多式联运经营人或其授权人的签字及单据的签发日期、地点；运费的支付；预期运输经由路线、运输方式、换装地点等。

3．多式联运合同双方的义务

（1）托运人的义务

- 按照合同约定的货物种类、数量、时间、地点提供货物，并交付给多式联运经营人；
- 认真填写多式联运单据的基本内容，并对其正确性负责；
- 按照货物运输的要求妥善包装货物；
- 按照约定支付各种运输费用。

（2）多式联运经营人的义务

- 及时提供适合装载货物的运输工具；
- 按照规定的运达期间，及时将货物运至目的地；
- 在货物运输的责任期间内安全运输；
- 在托运人或收货人按约定缴付了各项费用后，向收货人交付货物。

4. 多式联运经营人的责任

(1) 责任期间

多式联运经营人的责任期间是指多式联运经营人对所运输保管的货物负责的期间。物流企业可以要求多式联运经营人对在其责任期间发生的货物灭失、损坏和迟延交付负赔偿责任。

链接 我国《海商法》第 103 条规定:"多式联运经营人对多式联运货物的责任期间,自接收货物时起至交付货物时止。"我国《合同法》第 318 条规定:"多式联运经营人可以与参加多式联运的各区段承运人就多式联运合同的各区段运输约定相互之间的责任,但该约定不影响多式联运经营人对全程运输承担的责任。"

(2) 责任形式

多式联运经营人的责任形式决定了物流企业可以要求多式联运经营人对哪些损失负责以及负什么样的责任,因而,托运人应对多式联运经营人的责任形式要有充分的了解。

(3) 多式联运的责任制类型

目前,多式联运责任制类型有以下三种。

1) 责任分担制。在这种责任制下,多式联运经营人和各区段承运人在合同中事先划分运输区段。多式联运经营人和各区段承运人都仅对自己完成的运输区段负责,并按各区段所应适用的法律来确定各区段承运人的责任。这种责任制实际上是单一运输方式损害赔偿责任制度的简单叠加,并没有真正发挥多式联运的优越性,不能适应多式联运的要求,故目前很少采用。

2) 统一责任制。在这种责任制下,多式联运经营人对全程运输负责,各区段承运人对且仅对自己完成的运输区段负责。它是不论损害发生在哪一区段,均按照同一责任进行赔偿的一种制度,多式联运经营人和各区段承运人均承担相同的赔偿责任或国内法的规定限额进行赔偿。很明显,这种责任制度不利于货主而利于多式联运经营人。因《联合国国际货物多式联运公约》尚未生效,所以实践中适用该责任制的情况也较少。

3) 网状责任制。在这种责任制下,由多式联运经营人就全程运输向货主负责,各区段承运人对且仅对自己完成的运输区段负责。无论货物损害发生在哪个运输区段,托运人或收货人既可以向多式联运经营人索赔,也可以向该区段的承运人索赔。但是,各区段适用的责任原则和赔偿方法仍根据调整该区段的法律予以确定。多式联运经营人赔偿后有权就各区段承运人的过失所造成的损失向区段承运人进行追偿。网状责任制是介于统一责任制和责任分担制之间的一种制度,故又称为混合责任制。目前,国际上大多采用的是网状责任制。

(4) 我国所采用的责任形式

我国的法律法规在多式联运经营人的责任形式方面一致采用了网状责任制。

《海商法》规定,多式联运经营人负责履行或者组织履行多式联运合同,并对全程运输负责。多式联运经营人与参加多式联运的各区段承运人，可以就多式联运合同的各区段运输，另以合同约定相互之间的责任。但是，此项合同不得影响多式联运经营人对全程运输所承担的责任。货物的灭失或者损坏发生于多式联运的某一运输区段的，多式联运经营人的赔偿责任和责任限额，适用调整该区段运输方式的有关法律法规；货物的灭失或者损坏发生的运输区段不能确定的，多式联运经营人应当依照《海商法》第 4 章有关承运人赔偿责任和责任限额的规定负赔偿责任。《国际集装箱多式联运管理规则》则规定，货物的灭失、损坏或迟延交付发生于多式联运的某一区段的，多式联运经营人的赔偿责任和责任限额，适用该运输区段的有关法律、法规。不能确定所发生的区段时，多式联运经营人承担赔偿责任的赔偿责任限制为：多式联运全程中包括海运的，适用于《海商法》的规定，多式联运全程中不包括海运的，适用于相关法律法规的规定。

3.7 国际货物运输法

3.7.1 国际铁路货物运输

链接 国际铁路运输相关规章有：①《国际铁路货物运送公约》(简称《国际货约》)，于 1938 年 10 月 1 日生效；②《国际铁路货物联运协定》(简称《国际货协》)，我国是《国际货协》的缔约国之一；③《统一过境运价规程》(简称《统一货价》) 和《关于统一过境运价规程的协约》，规定了参加统一货价的铁路，我国铁路自 1991 年 9 月 1 日起施行；④《国境铁路协定》，它是两相邻国家铁路部门签订的，规定办理联运货物交接出国境站、车辆及货物的交接条件和方法，交换列车和机车运行办法及服务方法等。

我国与俄罗斯、蒙古、朝鲜、越南等邻国的通商货物，相当大一部分是通过国际铁路运输的。在通过国际铁路运送货物时，由于跨越国境的原因，托运人经常与铁路承运人签订货物运输合同，由其去完成运输。

由于我国是简称《国际货协》的缔约国之一，托运人在办理国际铁路货物运输时要遵守该公约的规定。该公约与国内铁路货物运输相比，有很多不同之处。

1. 运单的性质和作用

与国内铁路货物运输不同，《国际货协》对运单的法律性质做了明确的规定，即铁路始发站签发的运单是缔结运输合同的凭证，而不是合同本身。

根据国内法，国内铁路运输中运单的作用并不明确；而根据《国际货协》，其作用为以下几点：

- 运单是国际铁路货物运输合同的证明；
- 运单是铁路方收到货物和承运运单所列货物的内容的表面证据；
- 运单是铁路方在终点到站向收货人检收运杂费和点交货物的依据；

- 运单是货物出入沿途各国海关的必备文件；
- 运单是买卖合同支付货款的主要单证。

2．货运合同双方的义务

（1）托运人的义务

根据《国际货协》的规定，作为托运人除了要遵守国内铁路运输中托运人须遵守的义务以外，还有一项非常重要的义务，那就是必须将在货物运送全程中为履行海关和其他规章所需要的添附文件附在运单上，必要时，还须附有证明书和明细书。这些文件只限与运单中所记载的货物有关。如果物流企业不履行这项义务，承运人应拒绝承运。这项义务是由国际铁路货物运输需跨越国境的特点决定的，这也是在国内铁路运输中所不会遇到的。

（2）承运人的义务及责任

在国际铁路货物运输中，承运人的义务包括以下几点：

- 及时运送货物。铁路承运人应当按照铁路运输的要求，及时组织调度车辆，做到列车正点到达；
- 保证货物运输的安全，对承运的货物妥善处理；
- 货物运抵站后，及时通知收货人领取货物，并将货物交付给收货人。

依据《国际货协》对承运人所应承担的责任的规定，即规定承运人对货物的灭失、损坏和迟延交付负赔偿责任。对赔偿的范围和金额的计算规定有：对于货物全部或部分灭失，铁路的赔偿金额应按外国出口方在账单上所开列的价格计算；如发货人对货物的价格另有声明时，铁路应按声明的价格予以赔偿。如果货物遭受损毁，铁路应赔偿相当于货物减损金额的款额，不赔偿其他损失。声明价格的货物毁损时，铁路应按照货物由于毁损而减低价格的百分数，支付声明价格的部分赔款。如果货物逾期运到，铁路应以所收运费为基础，按逾期的长短，向收货人支付规定的逾期罚款。如果货物在某一条铁路逾期，而在其他条铁路都早于规定的期限运到，则确定逾期的同时，应将上述期限相互抵消。对货物全部灭失予以赔偿时，不得要求逾期罚款。如逾期运到的货物部分灭失，则只对货物的未灭失部分，支付逾期罚款。如逾期运到的货物毁损时，除货物毁损的赔款额外，还应加上逾期运到罚款。铁路对货物赔偿损失的金额，在任何情况下，都不得超过货物全部灭失时的数额。

3.7.2　国际航空货物运输

链接　在国际航空货物运输方面，我国加入了《统一国际航空运输规则的公约》(通称《华沙公约》) 及《海牙议定书》。我国《航空法》中对国际航空货物运输的部分事项也做了特别规定。中国民航总局还于 2000 年发布并实施了《中国民用航空货物国际运输规则》，专门对国际航空货物运输中的相关问题做出了特殊规定。托运人在办理国际航空货物运输时要注意遵守这些特别的规定。

在进行国际航空货物运输时，各国出于安全方面的考虑而做出了种种限制，一般以托运人与航空公司签订国际航空货物运输合同的形式，把货物运输交给航空公司来完成货物运输。

就国际航空货物运输来说，在承运人的责任方面，与国内航空货物运输有所不同，这主要表现在承运人的免责事项和责任限额方面。

1．承运人的免责事项

《航空法》虽然没有对承运人的免责事项做出特别规定，但《华沙公约》和《海牙议定书》规定，在下列情况下，承运人可以免除或减轻责任。

1）如果承运人证明自己及其代理人为了避免损失的发生，已经采取了一切必要的措施，或者不可能采取这种措施时，即可免责。

2）如果承运人能证明损失是由受损方引起或促成的，则可视情况免除或减轻责任。

2．承运人的责任限额

与国内航空货物运输的责任限额不同，《航空法》规定，国际航空货物运输承运人的赔偿责任限额是每公斤为 17 计算单位（特别提款权）。托运人在交运货物时，特别声明在目的地交付时的利益，并在必要时支付附加费的，除承运人证明托运人声明的金额高于货物在目的地交付时的实际利益外，承运人在声明金额范围内承担责任。货物的一部分或者货物中的任何物件毁灭、遗失、损坏或者延误的，用以确定承运人赔偿责任限额的重量，仅为该一包件的总重量。但是，因货物的一部分或者货物中的任何物件的毁灭、遗失、损坏或者延误，影响同一航空货运单所列其他包件的价值的，确定承运人的赔偿责任限额时，此种包件的总重量也应当考虑在内。

《航空法》规定，在国际航空运输中，承运人同意未经填具航空货运单而载运货物的，或者航空货运单上未依照所适用的国际航空运输公约的规定而在首要条款中做出此项运输适用该公约的声明的，承运人无权援用《航空法》第 129 条有关赔偿责任限制的规定。

《华沙公约》规定，货物的灭失、损坏或迟延交付，承运人的最高赔偿限额为每公斤 250 金法郎。但是，托运人在向承运人交货时，特别声明货物运到后的价值，并已缴付必要的附加费，则不在此限。在这种情况下，承运人的赔偿以声明的金额为限，除非承运人证明该金额高于货物运到的实际价值。同时，《海牙议定书》还规定，如经证明损失系由承运人、其雇用人或代理人故意或明知可能造成损失而漠不关心的行为或不行为造成的，并证明他是在执行其受雇职务范围内的行为时造成的，则不适用公约的责任限额。

3.7.3 国际货物多式联运

链接 在国际货物多式联运领域内，较有影响的国际公约主要有三个：1980 年《联合国国际货物多式联运公约》、1973 年《联运单证统一规则》，以及 1991 年《多式联运单证规则》。

这三个公约与我国的规定之间相比较，主要的不同点在于多式联运经营人的责任制度方面的不同。第一个公约至今尚未生效，而后两个公约则是民间规则，仅供当事人选择适用。在参与国际货物多式联运经济活动中，行为人应当依据实际情况，选择约定所应适用的规则。

1．多式联运经营人的责任基础

（1）《联合国国际货物多式联运公约》的规定

该公约实行修正后的统一责任制。多式联运经营人对全程运输负责。不管是否能够确定货运事故发生的实际运输区段，都适用公约规定。但是，若货运事故发生的区段适用的国际公约或强制性国家法律规定的赔偿责任限额高于公约规定的赔偿责任限额，则应按照该国际公约或国内法的规定限额进行赔偿。

该公约实行推定过失责任制，即如果造成货物灭失、损坏或迟延交付的事故发生在联运责任期间，联运经营人就应负赔偿责任，除非联运经营人能证明其本人、雇用人或代理人等为避免事故的发生及后果已采取了一切所能采取的措施。

（2）《联运单证统一规则》的规定

该规则实行网状责任制。如果能够确定灭失、损坏发生的运输区段，多式联运经营人的责任适用于该运输区段的强制性国内法或国际公约的规定办理。如不能确定灭失、损坏发生的区段，则按本规则的规定办理。

该规则对多式联运经营人实行推定过失责任制，具体类似于《汉堡规则》的承运人推定过失责任制。

（3）《多式联运单证规则》的规定

该规则实行一种介于网状的规定责任制和统一责任制之间的责任形式。总体上采用推定过失责任原则，但是对于水上运输的区段，实际上仍采用了《海牙—维斯比规则》的不完全过失责任制。该规则规定，多式联运经营人对海上或内河运输中由于下列原因造成的货物灭失或损坏以及迟延交付，不负赔偿责任：船长、船员、引航员或受雇人在驾驶或管理船舶中的行为、疏忽或过失；火灾（除非由承运人的实际过失或私谋造成）。

2．多式联运经营人的赔偿责任限额

（1）《联合国国际货物多式联运公约》的规定

该公约规定，多式联运包括水运的，每包或其他货运单位的最高赔偿额不得超过 920 特别提款权，或者按毛重每公斤不得超过 2.75 特别提款权计算，并以其中较高者为准；如联运中不包括水运，则按毛重每公斤不超过 8.33 特别提款权计算，单位限额不能适用。关于迟延交付的责任限额为所迟延交付的货物应付运费的总额。

如经证明，货物的灭失、损坏或迟延交付系多式联运经营人的故意或者明知可能造成的轻率作为或不作为所引起，多式联运经营人便丧失引用上述责任限制的权利。

（2）《联运单证统一规则》的规定

该规则规定，如果能够知道货物损失发生的运输区段，多式联运经营人的责任限额依据该区段适用的国际公约或强制性国内法的规定确定。如果不能确定损失发生的区段，责任限额为货物毛重每公斤30金法郎，如果经联运经营人同意，发货人已就货物申报较高的价值，则不在此限。但是，在任何情况下，赔偿金额都不应超过有权提出索赔的人的实际损失。

（3）《多式联运单证规则》的规定

该规则规定，如果能够确定的规定货物损失发生的运输区段，则应适用该区段适用的国际公约或强制性国内法规定的责任限额。当不能确定损失发生的区段时，如果运输方式中包含水运，其责任限额为每件或每单位666.67特别提款权或者毛重每公斤2特别提款权，并以其中较高者为准；如果不包含水运，责任限额则为每公斤8.33特别提款权。如果发货人已对货物价值做出声明的，则应以声明价值为限。

3.7.4 海上货物运输法

链接 国际海上货物运输适用《海商法》第4章“海上货物运输合同”的规定；租用船舶进行运输的情况下，适用《海商法》第6章“船舶租用合同”的规定。

1．海上货物运输概述

海上货物运输，是指使用船舶经过海路或与海相通的可航水域，将货物从一个港口运至另一个港口的运输方式。由《海商法》所调整的海上运输主要是国际间的海上运输，并且限于商业行为。

海上货物运输通常是通过订立海上货物运输合同实现的。所谓海上运输，实质上就是海上货物运输合同行为。

2．海上货物运输合同

（1）海上货物运输合同的含义和特征

链接 我国《海商法》第41条规定：“海上货物运输合同，是指承运人收取运费，负责将托运人托运的货物经海路由一港运至另一港的合同。”

在海上货物运输合同中，承运人是一方当事人，通常称为船方，是指本人或者委托他人以本人名义与托运人订立海上货物运输合同的人。托运人是另一方当事人，称为货方，是指：① 本人或者委托他人以本人名义或者委托他人为本人与承运人订立海上货物运输合同的人；② 本人或者委托他人以本人名义或者委托他人为本人将货物交给与海上货物运输合同有关的承运人的人。海上货物运输合同的标的物是海上货物，包括活动物和由托运人提供的用于集装货物的集装箱、托盘或者类似的装运器具。

海上货物运输合同与其他合同一样，是当事人根据法律规定，设立、变更、终止民事法律关系的协议。具有双务合同、有偿合同、直接涉及第三方合同及要式合同的法律特征。

（2）海上货物运输合同的订立

海上货物运输合同是平等主体的船货双方的一种商事法律关系。这种商事法律关系的产生始于海上货物运输合同的成立，而合同成立必须借助于双方当事人的商事法律行为。海上货物运输合同的订立在法律上与其他合同一样，其订立的过程就是双方当事人协商一致的过程，要经过要约和承诺两个阶段。

从事件杂货运输的班轮公司，为了从事正常经营，通常在其航线经过的地方或其他地方设有营业场所或代理机构。货物托运人及其代理人在向班轮公司或其上述机构申请货物运输时，通常要填写订舱单，并载明货物的品种、数量、装船期限、卸货港等内容。承运人根据上述内容并结合情况决定是否接受，如果接受托运，即在订舱单上指定船名并签字。至此，双方协商一致，运输合同即告成立。

航次租船合同与件杂货运输合同不同，它除了由船舶出租人和承租人直接洽谈协商外，通常还通过船舶经纪人而达成。船舶经纪人受出租人或承租人的委托，代表出租人或承租人磋商租船事宜。在航运实践中，一些航运组织、船公司、货主组织和大货主，为了省时省力和满足自身利益的需要，事先根据不同航线或货种的需要，拟订租船合同标准格式，以供订约时参考。这些标准合同条款比较齐备，当事人只需按自己的需要适当修订便可使用。实际上，几乎所有的租船合同，都是双方当事人在协议选用的标准合同基础上，订立附加条款，对原有条款进行修改、删减和补充而达成的。根据《合同法》的原则，如果附加条款与原格式合同的印刷内容相抵触，则应以附加条款为准。

链接 我国《海商法》第43条规定："承运人或者托运人可以要求书面确认货物运输合同的成立。但是，航次租船合同应当书面订立。电报、电传和传真具有书面效力。"我国《电子签名法》第4条规定："能够有形地表现所载内容，并可以随时调取查用的数据电文，视为符合法律、法规要求的书面形式。"

上述规定包括以下三层含义。

1）件杂货海上货物运输合同的形式没有要求，听凭当事人自便。在实践中，法律不禁止当事人口头订立海上货物运输合同，但当事人对于合同是否成立产生争议时，海事法院通常要求主张口头订立的合同成立的一方负举证责任，举证的范围包括提供证明海上货物运输合同成立的书面证明文件和其他证据、证言等。但一方要求书面确认的，合同经书面确认方为成立。

2）航次租船合同必须采用书面形式，此为合同成立的形式要件，这是由航次租船合同自身的特点决定的，与大多数国家的有关规定也是一致的。

3）书面形式不仅包括普通的书面合同格式和条款，而且在海上货物运输合同的订立和修改过程中，当事人为合同的要约或承诺之目的而经常采用的电报、电传、传真、电子数据交换和电子邮件等数据电文也具有书面合同的效力。

（3）海上货物运输合同的效力

海上货物运输合同一经有效成立，就对合同当事人产生法律效力。但是，双方当事人订立的海上货物运输合同并不一定都能有效成立。按照《民法通则》第 55 条的规定，合同有效成立必须满足三个条件：第一，订立合同的行为人具有相应的民事行为能力；第二，双方意思表示真实；第三，不违反法律和社会公共利益。

我国《海商法》第 44 条规定了海上货物运输合同条款无效的两种情形：一是海上货物运输合同和作为合同凭证的提单或者其他运输单证中的条款，违反《海商法》中货物运输合同规定的无效；二是将货物的保险利益转让给承运人的条款或者类似条款无效。

货物的保险利益，是指由于保险事故的发生会使被保险人失去某种对于货物的经济利益或者由于货物而引起的经济利益或者承担某种经济责任，从而具有的经济上的利害关系。根据海上保险法的保险利益原则，被保险人具有对货物的保险利益的，货物保险合同方为有效，或者保险人方可承担保险责任。因此，当货物的保险利益转让给承运人时，承运人即可据以向保险人索赔，或者对抗保险人的代位权，最终使自己免除对货物的运输责任，并使此种责任转嫁给了货物保险人，其结果必将损害合同以外的第三人，即保险人的利益。这属于《民法通则》第 58 条第 4 款所指“损害国家、集体或者第三人利益”的情节，理应视为无效条款。同时《海商法》还规定，部分条款的无效，不影响该合同和提单或者其他运输单证中其他条款的效力。

（4）海上货物运输合同当事人的权利、义务和责任

1）承运人的义务有以下几个方面：

① 提供船舶并保证适航的义务。我国《海商法》第 47 条所做的具体规定是：“承运人在船舶开航前和开航时，应当谨慎处理，使船舶处于适航状态，妥善配备船员、装备船舶和配备供应品，并使货舱、冷藏舱、冷气舱和其他载货处所适于并能安全收受、载运和保管货物。”承运人在这方面的义务又称为“适航义务”，具有法定义务的性质。

② 装卸、运送和交付货物的义务。我国《海商法》第 48 条和第 49 条第 1 款分别规定：“承运人应当妥善地、谨慎地装载、搬移、积载、运输、保管、照料和卸载所运货物。”《海商法》第 48 条规定的义务，又称“管货义务”，也属于法定义务。对管货义务的时间界限没有加以限制，应解释为适用于整个航程的存续期间，即该法第 46 条关于承运人责任期间的规定。

③ 合理速遣义务。“承运人应当按约定的或者习惯的或者地理上的航线将货物运往卸货港。”《海商法》第 49 条的上述规定，又称“合理速遣义务”，也属于法定义务，它包括按顺序选择航线和不得非合理绕航两方面的内容。据此，在班轮运输的情况下，承运人应当按照船期表的规定，使船舶按时在装货港停泊，并将托运人早已备好的货物装船积载。货物装载妥当后，船舶应按船期表的规定，准时起航。船舶起航后，应按约定的或者习惯的或者地理上的航线航行，除了为救助或者企图救助人命或者财产而绕航或者其他合理绕航外，不得发生不合理的绕航。同时，在航行过程中，承运人还应妥善保管和照料所载货物。货到目的港后，承运人应将船舶停泊在适于卸货的地点，并将货物卸下交付给提单载

明的收货人、提单受让人或其代理人。

2）承运人的责任有以下几个方面：

同任何其他合同一样，海上货物运输合同中规定的双方当事人的权利、义务固然重要，但是由于义务本身不具有强制性，它们是通过法律规定或合同约定的违约责任获得强制性的保证的，因此，如果缺少关于违约责任的规定，整个合同将难以约束当事人。从这个意义上讲，当事人的违约赔偿责任是合同的核心内容之一。

① 承运人的责任期间。承运人的责任期间是指承运人对货物运送负责的期间。

链接　我国《海商法》第 46 条对承运人的责任期间的规定："承运人对集装箱装运的货物的责任期间，是指从装货港接收货物时起至卸货港交付货物时止，货物处于承运人掌管之下的全部期间。承运人对非集装箱装运的货物的责任期间，是指从货物装上船时起至卸下船时止，货物处于承运人掌管之下的全部期间。在承运人的责任期间，货物发生灭失或者损坏除本节另有规定外，承运人应当负赔偿责任。前款规定，不影响承运人就非集装箱装运的货物在装船前和卸船后所承担的责任达成任何协议。"

上述规定表明，我国《海商法》以承运人掌管之下的全部期间作为确定承运人责任期间的基本原则，同时又根据是否使用集装箱的装运方式对这一期间做了具体的不同规定。并且在原则规定之外，就非集装箱装运的货物，又允许当事人就这一责任期间之外的责任达成协议。

② 承运人的免责范围和赔偿责任原则。

链接　我国《海商法》第 51 条规定："在责任期间货物发生的灭失或者损坏是由于下列原因之一造成的，承运人不负赔偿责任：

- 船长、船员、引航员或者承运人的其他受雇人在驾驶船舶或者管理船舶中的过失；
- 火灾，但是由于承运人本人的过失所造成的除外；
- 天灾、海上或者其他可航水域的危险或者意外事故；
- 战争或者武装冲突；
- 政府或者主管部门的行为、检疫限制或者司法扣押；
- 罢工、停工或者劳动受到限制；
- 海上救助或者企图救助人命或者财产；
- 托运人、货物所有人或者他们的代理人的行为；
- 货物的自然特性或者固有缺陷；
- 货物包装不良或者标志欠缺、不清；
- 经谨慎处理仍未发现的船舶潜在缺陷；
- 非由于承运人或者承运人的受雇人、代理人的过失造成的。"

承运人依照前款规定免除赔偿责任的，除第 2 项规定的原因外，应负举证责任。

上述 12 项内容，说明我国《海商法》规定的承运人的赔偿责任原则是不完全的过失责任制，即没有彻底坚持过失责任原则。

③ 承运人赔偿责任范围及赔偿责任限制。

其一，承运人赔偿责任范围。承运人赔偿责任范围是指赔偿责任所包括的具体内容，或者说是承运人赔偿额的大小。

链接 我国《海商法》第 55 条关于承运人赔偿责任范围的规定是：“货物灭失的赔偿额，按照货物的实际价值计算；货物损坏的赔偿额，按照货物受损前后实际价值的差额或者货物的修复费用计算。”

货物的实际价值，按照货物装船时的价值加保险费和运费计算。

由此可见，承运人的赔偿责任范围仅限于直接损失，而不包括间接损失，这是与海上运输风险的特殊性有密切关系的。

其二，承运人赔偿责任限制。承运人（船舶所有人）赔偿责任限制，又称“单位责任限制”，是指承运人应承担的赔偿责任，按计算单位计算，限制在一定范围之内的责任限制制度，即法律规定一个单位最高赔偿额，超过限额的部分承运人不负赔偿责任。单位责任限制的主体是承运人、实际承运人及其代理人等；其限制的债权仅为根据海上货物运输合同而产生的“对货物的灭失或者损坏”的赔偿责任，以及对“货物因迟延交付造成经济损失”的赔偿责任；其适用的责任限额制是“货物件数或重量金额制”、“运费金额制”等。这些均不同于海事赔偿责任限制制度，因而后者被称为“综合责任限制”。在赔偿责任限制实际发挥作用的情况下，它实际上是对承运人赔偿责任的一种部分免除。

链接 我国《海商法》第 56 条规定：“承运人对货物的灭失或者损坏的赔偿限额，按照货物件数或者其他货运单位数计算，每件或者每个其他货运单位为 666.67 计算单位，或者按照货物毛重计算，每公斤为 2 计算单位，以二者中赔偿限额较高的为准。但是，托运人在货物装运前已经申报其性质和价值，并在提单中载明的，或者承运人与托运人已经另行约定高于本条规定的赔偿限额的除外。”

货物用集装箱、货盘或者类似装运器具集装的，提单中载明装在此类装运器具中的货物件数或者其他货运单位数，视为前款所指的货物件数或者其他货运单位数；未载明的，每一装运器具视为一件或者一个单位。

装运器具不属于承运人所有或者非由承运人提供的，装运器具本身应视为一件或者一个单位。这里的“计算单位”指特别提款权。

链接 我国《海商法》第 57 条规定：“承运人对货物因迟延交付造成经济损失的赔

偿限额，为所迟延交付的货物的运费数额。货物的灭失或者损坏和迟延交付同时发生的，承运人的赔偿责任限额适用本法第 56 条第 1 款规定的限额。”

上述规定中货物件数或其他货运单位的计算、计算单位系数的确定及确定赔偿限额的两种计算方式的适用都在保护承运人利益的同时，兼顾了托运人的利益，并尽量避免出现显失公平的结果。特别是，为了防止承运人赔偿责任限制的滥用，避免出现不合理的结果，该法第 59 条还特意做出下列限制性规定：“经证明，货物的灭失、损坏或者迟延交付是由于承运人的故意或者明知可能造成损失而轻率地作为或不作为造成的，承运人不得援用本法第 56 条或者第 57 条限制赔偿责任的规定。”“经证明，货物的灭失、损坏或者迟延交付是由于承运人的受雇人、代理人的故意或者明知可能造成损失而轻率地作为或者不作为造成的，承运人的受雇人或者代理人不得援用本法第 56 条或者第 57 条限制赔偿责任的规定。”

④ 承运人赔偿责任的承担和分担。承运人赔偿责任的承担和分担是承运人赔偿责任的一个重要方面，它同上述其他内容一样，都直接关系着海上运输合同当事人和关系人的利益平衡。

链接　我国《海商法》第 60 条规定：“承运人将货物运输或者部分运输委托给实际承运人履行的，承运人仍然应当依照本章规定对全部运输负责。对实际承运人承担的运输，承运人应当对实际承运人的行为或者实际承运人的受雇人、代理人在受雇或者受委托的范围内的行为负责……”该条还规定：“在海上运输合同中明确约定合同所包括的特定的部分运输由承运人以外的指定的实际承运人履行的，货物在指定的实际承运人掌管期间发生的灭失、损坏或者迟延交付，承运人不负赔偿责任。”此外，第 61 条规定：“对承运人责任的规定，适用于实际承运人。”而第 63 条则规定：“承运人与实际承运人都负有赔偿责任的，应当在此项责任范围内负连带责任。”

在此种场合中，实际承担了赔偿责任的一方，在承担赔偿责任后有权向应当承担责任的另一方追偿。

3）承运人的权利有以下几个方面：

① 运费、共同海损分摊、损害赔偿的请求权。此项权利是承运人最重要的权利，它与托运人支付运费的义务是对应的。

② 留置权。此种留置权是货物留置权，是法律为保障承运人的上一项主权利而规定的一种从权利。

链接　我国《海商法》第 87 条规定：“应当向承运人支付的运费、共同海损分摊、滞期费和承运人为货物垫付的必要费用以及应当向承运人支付的其他费用没有付清，又没有提供适当担保的，承运人可以在合理的限度内留置其货物。”同时，第 88 条还规定：“承运人根据本法第 87 条规定留置的货物，自船舶抵达卸货港的次日起满 60 日无人提取的，承运人可以申请法院裁定拍卖；货物易腐烂变质或者货物的保管费用可能超过其价值的，可以申请提前拍卖。”

根据该条的规定，拍卖所得价款，用于清偿保管、拍卖货物的费用和运费以及应当向承运人支付的其他有关费用；不足的金额，承运人有权向托运人追偿；剩余的金额，退还托运人；无法退还的，并且自拍卖之日起满 1 年又无人领取的，应上缴国库。

③ 损害赔偿责任的免除和赔偿责任限制的权利。如前所述，承运人享有损害赔偿责任免除和赔偿责任限制的权利，但承运人同时应按照法律规定承担一定的举证义务。

4）托运人的义务有以下几个方面：

① 提供约定货物和运输所需各项单证的义务。提供约定的货物和单证，是托运人的首项义务。

链接 我国《海商法》第 66 条第 1 款、第 67 条和第 68 条第 1 款分别规定：“托运人托运货物，应当妥善包装，并向承运人保证，货物装船时所提供的货物的品名、标志、包数或者件数、重量或者体积的正确性；由于包装不良或者上述资料不正确，给承运人造成损失的，托运人应当承担赔偿责任。”

托运人应向港口、海关、检疫、检验和其他主管机关办理货物运输所需要的各项手续，并将已办理各项手续的单证送交承运人；因办理各项手续的有关单证送交不及时、不完备或者不正确，使承运人的利益受到损害的，托运人应当负赔偿责任。”

托运人托运危险货物，应当依照有关海上危险货物运输的规定，妥善包装，做出危险品标志和标签，并将其正式名称和性质以及应当采取的预防危害措施书面通知承运人；托运人未通知或者通知有误的，承运人可以在任何时间、任何地点根据情况需要将货物卸下、销毁或者使之不能为害，而不负赔偿责任。托运人对承运人因运输此类货物所受的损害，应当负赔偿责任。”

② 支付运费及其他费用的义务。在班轮运输的情况下，托运人支付运费通常有预付和到付两种方式。在预付方式下，托运人应在货物装船后，承运人及其代理人或船长签发提单之前付清；在到付方式下，则在货物安全抵达目的港由收货人提取货物之前支付。

链接 我国《海商法》第 69 条规定：“托运人应当按照约定向承运人支付运费。托运人与承运人可以约定运费由收货人支付；但是，此项约定应当在运输单证中载明。”

③ 收受货物的义务。在货物运抵目的港后，收受货物既是托运人的一项义务，同时又是托运人的一项重要权利。

5）托运人的权利体现在以下几个方面：

① 在目的港提取货物的权利。在班轮运输的情况下，托运人在货物装船后取得提单，凭此在目的港提货。货物抵达目的港后，托运人或收货人有权并应及时在船边或承运人指

定的码头仓库提取货物。

链接 我国《海商法》第 86 条规定："在卸货港无人提取货物或者收货人迟延、拒绝提取货物的，船长可以将货物卸在仓库或者其他适当场所，由此产生的费用和风险由收货人承担。"

该条所指收货人，应当适用于托运人本人为收货人的场合。

② 损害赔偿请求权。在承运人违反合同及法律规定的义务并给托运人造成损失时，托运人有权请求损害赔偿。承运人可能给托运人造成损失的情形主要有：承运人单方面解除海上货物运输合同；违反适航义务、管货义务，或合理速遣等法定义务使货物遭到损害或灭失；违反合同约定使货物遭到损害或灭失；因货物的迟延交付使托运人或收货人遭受经济损失等。

（5）海上货物运输合同的解除

链接 我国《海商法》第 89 条对一方当事人有权提起的合同解除做了明确规定，其内容是："船舶在装货港开航前，托运人可以要求解除合同。但是，除合同另有约定外，托运人应当向承运人支付约定运费的一半；货物已经装船的，并应当负担装货、卸货和其他与此有关的费用。"

这种合同解除具有三个特点：一是有权提出解除合同的当事人只能是托运人；二是解除合同的要求应在船舶开航前提出；三是原则上托运人应当向承运人支付约定运费的一半作为给对方的损害赔偿，在货已装船的情况下，托运人还应负担与此有关的装卸费用。

链接 我国《海商法》第 90 条还对当事人双方均可提起的合同解除做了规定，其内容是："船舶在装货港开航前，因不可抗力或者其他不可归责于承运人和托运人的原因致使合同不能履行的，双方均可以解除合同，并互相不负赔偿责任。除合同另有约定外，运费已经支付的，承运人应当将运费退还给托运人；货物已经装船的，托运人应承担装卸费用；已经签发提单的，托运人应将提单退还承运人。"

这种合同解除具有四个特点：一是有权提出合同解除的当事人不仅包括托运人，而且还包括承运人；二是解除合同的要求也应在船舶开航前提出；三是必须在船舶开航前发生了不可抗力及其他不可归责于双方当事人而又致使合同不能履行的情况；四是不存在因合同解除而产生的一方向另一方请求损害赔偿的问题。

考虑到海上货物运输合同履行过程中风险的特殊性，为了避免不适当地扩大合同解除的范围，并兼顾船货双方的利益，我国《海商法》第 91 条还特别规定："因不可抗力或者其他不能归责于承运人和托运人的原因致使船舶不能在合同约定的目的港卸货的，除合同另有约定外，船长有权将货物在目的港邻近的安全港口或者地点卸货并应当及时通知托运人或者收货人，并考虑托运人或者收货人的利益。”

3. 提单

（1）提单的含义

链接 《1978年联合国海上货物运输公约》（简称《汉堡规则》）第1条规定：“提单，是指一种用以证明海上货物运输合同和货物由承运人接管或装船，以及承运人据以保证交付货物的单证。单证中关于货物应交付指定收货人或按指示交付，或交付提单持有人的规定，即构成了这一保证。”

我国《海商法》第71条对提单所做的规定是：“提单，是指用以证明海上货物运输合同和货物已经由承运人接收或者装船，以及承运人保证据以交付货物的单证。提单中载明的向记名人交付货物，或者按照指示人的指示交付货物，或者向提单持有人交付货物的条款，构成承运人据以交付货物的保证。”

两者规定的内容都概括了提单的本质属性，即提单是海上货物运输合同的证明，它证明了承运人已接管货物或货已装船和保证据以交付货物。提单的上述本质属性决定了提单在海上货物运输关系中的法律地位。

（2）提单的法律地位

提单具有如下3个基本属性，而这些属性构成了其法律地位的核心内容。

1）提单是承运人出具的已接收货物的收据。

提单是承运人应托运人的要求签发的货物收据，以此确认承运人已收到提单所列的货物。《海牙规则》和我国的《海商法》均规定，承运人对于非集装箱运输货物的责任期间是从“货物装上船时起”，并在货物装船后签发“已装船提单”，表明“货物已处于承运人掌管下”时开始，所以提单具有货物收据的性质。但是，提单的货物收据的属性，在班轮运输的实践中，通常不以将货物装船为条件。通常的做法是，当托运人将货物送交承运人指定的仓库或地点时，根据托运人的要求，先签发备运提单，而在货物装船完毕后，再换发已装船提单。

提单中属于收据性的内容主要是提单正面所载的有关货物的标志、件数、数量或重量等。当提单由托运人持有时，它是承运人按照提单的上述记载收到货物的初步证据。原则上来说，承运人应按照提单所载事项向收货人交货，但允许承运人就清洁提单所列事项以确切的证据向托运人提出异议。当提单转让给善意的受让人时，除非提单上订有有效的“不知条款”，承运人对于提单受让人不能就提单所载事项提出异议。此时，提单不再是已收到货物的初步证据，而是已收到货物的最终证据。

2）提单是承运人与托运人之间订立的运输合同的证明。

提单不仅包括上述收据性内容，而且还载明一般运输合同所应具备的各项重要条件和条款。这些内容从法律上讲，只要不违反国家和社会公共利益，并且不违背法律的强制性规定，对承运人和托运人就应具有约束力。同时，当承托双方发生纠纷时，它还是解决纠纷的法律依据。基于这些原因，可以说提单在一定程度上起到了运输合同的作用。但是，由于提单是由承运人单方制定，并在承运人接收货物之后才签发的，而且在货物装船前或提单签发前，承托双方就已经在订舱时达成了货物运输协议。所以，它还不是承运人与托运人签订的运输合同本身，而只是运输合同的证明。

另外，为保护善意的提单受让人的利益，也为了维护提单的可流通性，我国《海商法》第 78 条又规定："承运人同收货人、提单持有人之间的权利、义务关系，依据提单的规定确定。"

也就是说，一旦提单流转到运输合同当事人以外的收货人或提单持有人手中时，提单可成为海上货物运输合同本身，但它此时是一个新的合同，其效力优先于承运人和托运人之间在订舱时达成的协议。

3）提单是承运人船舶所载货物的物权凭证。

由于加速商品流转和便利资金筹措的需要，国际贸易中出现了"单证买卖"。单证持有人只要将代表一定财产或资产的单证转让给他人，就意味着该财产或资产所有权的转移，让与人便可及时获得价款，以加速资金周转。提单既然是货物已由承运人接收的收据，为了适应上述要求，自然也应具有承运人船舶所载货物的物权凭证的效力。据此，提单就可以代表货物，谁持有提单，谁就有权要求承运人交付货物，并对该货物享有所有权。除不可转让的提单外，持有提单的人还享有转让、抵押提单的权利。

作为物权凭证的提单，其效力要受到一定的限制：一是提单的转让必须在承运人在目的港交付货物前才有效，如果承运人凭一份提单正本交付了货物，其他几份也就失去效力，提单就不能再行转让；二是提单持有人必须在货物运抵目的港的一定时间内，与承运人洽办提货手续，货物过期不提，即视为无主，承运人可对不能交付的货物行使处分权，从而就限制了提单作为物权凭证的效力。

介绍与了解

提单的种类

按照不同的划分标准，提单可划分为许多种类。

（1）按提单抬头分类

提单的抬头就是指提单上填写的收货人栏目。提单因抬头填写的内容不同可分如下几类。

1）记名提单。记名提单是指由托运人指定收货人的提单，又称收货人抬头提单。

这类提单由托运人在提单正面收货人一栏中注明特定的收货人。承运人只能将货物交给托运人指定的收货人。

2）指示提单。指示提单是指提单正面收货人一栏填有"凭指示"或"凭某某指示"字样的一种提单。它通常又可分为记名指示提单和不记名指示提单。

记名指示提单是在提单收货人栏内载明"凭某人指示"字样。不记名指示提单，是在提单收货人一栏内不具体写明凭某人的指示，而只载明"凭指示"字样，通常它被视为凭托运人指示。

指示提单是一种可转让提单。提单的持有人可以通过背书的方式把它转让给第三者，而无须经过承运人认可，所以这种提单受到买方的欢迎。

3）不记名提单。不记名提单，又称空白提单，是指在提单正面收货人一栏内不具体填写收货人或“凭某人指示”，而只注明“持有人”或“交与持有人”字样，日后凭单取货的提单。使用不记名提单，承运人交付货物仅凭提单不凭人，谁持有提单，谁就有权提货。

（2）按货物是否已装船分类

1）已装船提单。已装船提单是指货物装船后由承运人签发给托运人的提单。如果承运人签发了已装船提单，就是确认他已经将货物装在船上。这种提单除载明一般事项外，通常还必须注明装载货物的船舶名称及装船日期。在航运实践中，除集装箱货物运输外，现在大都采用已装船提单。

2）备运提单。备运提单又称待运提单。它是指承运人在收到托运人交付的货物但还没有装船时应托运人的要求而签发的提单。承运人签发了备运提单，只说明他确认货物已交给他保管，并存入他所控制的仓库，而不能说明他确实已将货物装到船上。这种提单通常要载明货物拟装某船，但若预订船舶不能按时到港，则承运人对此不负责任，并有权另换他船。

当货物装上预订船舶后，承运人可以在备运提单正面加注“已装船”字样和装船日期，并签字盖章，从而使之成为已装船提单；同样，托运人也可以用备运提单向承运人换取已装船提单。

近年来，集装箱运输和多式联运的发展，使备运提单的用途不断扩展，这是因为集装箱航运公司或多式联运经营人通常在内陆收货站收货，而不是在装运港收货，所以，承运人只能在此签发备运提单，而不能签发已装船提单。

（3）按提单上有无批注分类

1）清洁提单。清洁提单是承运人未加批注的提单。这种提单，由于托运人交付的货物“外表状况良好”，所以承运人在签发提单时，未加任何有关货物减损、外表包装不良或其他影响结汇的批注。

所谓“外表状况良好”仅意味着在目力所及的范围内，货物是在外观良好的情况下装上船的，但它并不排除货物存在着内在瑕疵及其他目力所不及的缺陷。

国际商会《跟单信用证统一惯例》第 34 条规定：“清洁运输单据，是指货运单据上并无明显地表明货物及包装有缺陷的附加条文或批注者；银行对有该类附加条文或批注的运输单据，除信用证明确规定可接受外，应当拒绝接受。”可见，在以跟单信用证为付款方式的贸易中，通常卖方只有向银行提交清洁提单才能取得货款。清洁提单是收货人转让提单时必须具备的条件，同时也是履行货物买卖合同规定的交货义务的必要条件。

承运人一旦签发了清洁提单就得对此负责。货物在卸货港卸下后，如果发现残损，除非是由于承运人可以免责的原因所致，承运人应对收货人负责赔偿，而不得借口签发清洁提单之前就存在包装不良的情况而推卸责任。

2）不清洁提单。不清洁提单又称有批注提单，是指被承运人加有批注的提单。这种提单，承运人因在货物装船时发现并非“外观状况良好”，而加上诸如“包装箱损坏”、“渗漏”、“破包”、“锈蚀”等形容货物的外观状态的批注。但是，并非加上任何批注的提单都属于不清洁提单。如果提单上批注的只是如“重量、数量不详”等内容，则视为“不知条款”，不能视为不清洁提单。

在提单上进行批注，是承运人自我保护的有效措施。在交货时如发现货物损害可以归因于这些批注的事项，可以减轻或免除承运人的责任。另外，不清洁提单对于托运人显然不利。买方由于担心包装不良会使货物在运输中受损，所以通常都拒绝接受不清洁提单。在跟单信用证贸易中，银行通常对提交不清洁提单者拒付货款。因此，在托运人得知承运人欲在提单上进行批注时，总是努力争取承运人不加批注，而签发清洁提单。

（4）按运输方式分类

1）直达提单。直达提单，又称直运提单，是指货物自装货港装船后，中途不转船，直接运至卸货港的提单。直达提单上不得有“转船”或“在某港转船”的批注。但是，有时提单条款内虽无“转船”批注，但却列有承运人有权转装他船的所谓“自由转船条款”，这种提单通常也属于直达提单。

2）海上联运提单。海上联运提单又称转运提单，是指货物从装货港装船后，在中途转船，交由其他承运人用船舶接运至目的港的提单。通常签发联运提单的联运承运人又是第一程承运人，但他应对全程运输负责，其他接运承运人则应分别对自己承担的那部分运输负责。在实践中，也有的联运提单规定，联运承运人仅对自己完成的第一程运输负责，并且对于第二程运输期间发生的货损不负连带责任。这种责任划分的方式虽然可以充分保护联运承运人的利益，但通常使托运人难以接受，不利于承运人参与航运市场的竞争。

3）多式联运提单。多式联运提单是指多式联运承运人将货物以包括海上运输在内的两种以上运输方式，从一地运至另一地而签发的提单。这种提单通常用于国际集装箱货物运输。

（5）特殊提单

除了上述分类外，经常遇到的还有以下各种提单。

1）倒签提单。倒签提单是指以早于货物实际装船的日期为提单签发日期的提单。通常，提单签发日期应为该批货物全部装船完毕的日期，或者是按照航运惯例的开装日期。但是，有时由于种种原因，不能在合同或信用证规定的装船期内完成装运，而又来不及修改合同及信用证时，为了符合合同或信用证关于装运期限的规定，承运人应托运人的请求，在一定条件下并取得托运人的保函后，才签发这种提单。然而，由于这种做法既不合法又要承担很大的责任风险，所以承运人应尽量避免。

2）预借提单。预借提单是指在货物装船前或装船完毕之前，托运人为了及时结汇而向承运人预先借用的已装船提单。这种提单一般是在信用证规定的装船日期和交单结汇日期即将届满时，应托运人的要求签发的。签发这种提单，比倒签提单具有更大的责任风险。因为货物在装船前可能因各种原因发生灭失、损坏或退关。而按照不少国家的法律和判例，承运人对于货损将丧失享受责任限制的权利，也不能援引免责条款，即使货物在装船前因不可抗力等原因受损，承运人也必须承担货损的赔偿责任。更为严重的是，签发预借提单有时被认为是承运人与托运人双方共同的欺诈行为，是非法的。

鉴于上述原因，承运人一般不愿签发预借提单，即使签发也必须要求托运人出具保函并同意承担一切责任。

3）舱面货提单。舱面货提单又称甲板货提单，是指承运人对装于船舶甲板上的货物所签发的提单。承运人通常要在这种提单上打印或书写“舱面上”字样，以表明提单所列货物装在舱面上的事实。

（3）提单的内容及签发

1）提单正面的内容。为确保提单发挥应有的作用，维护收货人和提单受让人的合法权益，国际公约和各国海商法都对提单必须记载的事项做了明确规定。《海牙规则》第3条第3款对此有3项规定，《汉堡规则》第15条第1款则有15项规定。

我国《海商法》第73条规定的提单内容包括：货物的品名、标志、包数或件数、重量或体积，以及运输危险货物时对危险性质的说明；承运人的名称和主营业场所；船舶名称；托运人的名称；收货人的名称；装货港和在装货港接收货物的日期；卸货港；多式联运提单增列接收货物地点和交付货物地点；提单的签发日期、地点和份数；运费的支付；承运人或者其代表的签字。

提单缺少其中的一项或者几项的，不影响提单的性质，但是应当符合《海商法》第71条有关提单的定义和法律地位的规定。

2）提单的背面条款。提单的背面规定有承运人与托运人或收货人的权利、义务和责任的条款，它是处理双方争议的直接法律依据。

介绍与了解

提单的背面条款

虽然各种提单背面条款不一，内容也不尽相同，但一般包括下列条款。

管辖权条款 这一条款规定双方发生争议时由何国法院行使管辖权，即由何国法院审理。提单一般都有此种条款，并且通常规定对提单产生的争议由船东所在国法院行使管辖权。例如，中国远洋运输（集团）总公司（以下简称中远公司）的提单就规定，根据本提单或者与其有关的一切争议均应在有关公司主要营业所在地的广州、上海、天津、青岛或大连的海事法院提起诉讼解决。

首要条款或法律适用条款 这一条款指明提单受某一国际公约或某一国内法的制约，即该提单根据什么法律制定，发生纠纷时用什么法律作为准据法。例如，我国中远公司的提单规定，该提单受中华人民共和国法律的制约。

承运人责任条款　这一条款通常规定承运人在货物运送中应承担的责任及其免责事项。它类似于首要条款，如果在首要条款中已经规定了承运人的责任适用某一公约或国内法，这一条款就无须另订。中远公司的提单规定："有关承运人的义务、赔偿责任、权利及豁免应适用《海牙规则》……"

责任期间条款　这一条款通常明确规定承运人的责任期间。例如，我国中远公司的提单就规定，承运人的责任自货物装上船之时开始至货物卸离船之时为止，并规定"承运人对于货物在装船之前及卸离船之后发生的灭失或损坏，不负赔偿责任"。

装货、卸货和交付条款　这一条款是对托运人在装货港提供货物，以及收货人在卸货港提取货物等方面的义务所做的规定。通常规定托运人或收货人应以船舶所能装卸的速度尽快昼夜不间断地提供或提取货物，并应对违反这一规定所引起的损失承担赔偿责任。

赔偿责任限额条款　这一条款规定的是承运人对货物的灭失或损坏的赔偿责任的每件或每计费单位的限额。但是，首要条款中已规定了适用某国际公约或国内法的，应按该公约或国内法办理。

舱面货条款　由于这类货物按照《海牙规则》不视为海上运输的货物，因此，提单上一般订有此条款，以确定双方当事人的权利、义务和责任。通常规定这些货物的收受、装载、运输、保管和卸载均由货方承担风险，承运人对其灭失或损坏不负赔偿责任。

共同海损条款　这一条款通常规定共同海损的理算地点和理算所依据的规则。国际上一般采用《1974 年约克—安特卫普规则》。我国中远公司的提单则规定按《1975 年中国国际贸易促进委员会共同海损理算暂行规则》在中国理算。

3）提单的签发人。提单的签发人一般包括承运人、承运人的代理人和船长。在国际航运实践中，提单通常由船长签发。船长是承运人的当然代理人，无须经承运人的特别授权便可签发提单。但是，如提单由承运人的代理人签发，则代理人必须得到承运人的合法授权，否则代理人无权签发。

提单往往是根据大副收据及其他有关单证，在与提单记载的各项内容核对无误后才签发的。如果大副收据上有批注，则签发人应如实转批在提单上。提单中有经过签字才产生效力，它一经签发就对承运人具有法律约束力。上述几种人签发的提单具有同等效力。

4）签发提单的份数。提单分为正本和副本。正本提单通常一式几份，以防提单的遗失、被窃或延迟到达。由于正本提单是一种物权凭证，可以流通和转让，因此，或向其他人交付了货物，则应向持有正本提单的人承担赔偿责任。

5）签发提单的地点和日期。签发提单的地点应当是货物的装船港。签发提单的日期应当是货物实际装船完毕的日期，并且与大副收据的日期一致。但是，实际上当装运散装货物时，只要装船开始，就可按开装日期签发提单，而不必等到货物全部装船完毕。

在国际货物买卖中，提单的签发日期非常重要。因为货物买卖合同大都规定了卖方货物的装船日期，而且信用证也规定了货物的装船期限。所以卖方货物装船日期一旦超过规定时间，就可能遇到买方在目的港拒收货物并请求赔偿损失或银行拒付货款的问题。

介绍与了解

有关提单的国际公约

1.《海牙规则》

《海牙规则》于 1931 年 6 月正式生效，现已有缔约国近 80 个。《海牙规则》共 16 条，除第 11 条～第 16 条是有关公约的批准、加入和修改的程序性条款外，其余均为实质性条款。其主要内容涉及承运人最低限度的义务，应享受的免责范围，以及对货物灭失或损坏的索赔通知、诉讼时效、赔偿限额等问题。

1924 年制定的《海牙规则》，自 20 世纪 30 年代生效来，已得到了大多数航运国家的承认，并成为国际海上货物运输方面一个举足轻重的国际公约。它对促进提单规范化无疑起到了积极作用，其历史贡献是不容抹杀的。但同时也应看到，《海牙规则》在总的指导思想上有偏袒承运人利益的倾向，在具体规定上一些条款不够公平合理，在内容上有些已难以适应当前形势的需要。《海牙规则》的主要缺陷表现为：① 没有完全贯彻过失责任制；② 责任期间的规定欠周密；③ 单位赔偿限额太低；④ 诉讼时效期间过短。

2.《维斯比规则》

鉴于《海牙规则》的缺陷，特别是现代海运技术的发展带来的新问题，国际海事委员会于 1959 年召集会议考虑对《海牙规则》进行修改。1963 年，该委员会草拟了一份修改《海牙规则》的议定草案，经过斯德哥尔摩外交会议，通过了《修改统一提单的若干法律规则的国际公约的议定书》。为借用中古时期维斯比海法的名声，该议定书简称《维斯比规则》或称为《海牙—维斯比规则》。它是我国制定《海商法》的最重要参考依据。

《维斯比规则》已于 1977 年 6 月 23 日生效，在《海牙规则》的缔约国中，有 20 多个国家参加。该规则共 17 条，主要在后述 5 个方面对《海牙规则》做了修改和补充：① 提高了单位赔偿限额；② 规定了提单最终证据效力；③ 拓展了责任限制的保护范围；④ 延长了诉讼时效期间；⑤ 扩大了适用范围。

《维斯比规则》只是对《海牙规则》的修改和补充。人们对它的评价很不一致，一种观点认为它比较符合当前国际海运的现状；另一种观点认为它对《海牙规则》的修改仍未触及要害问题，集中表现为保留了承运人对船长、船员的航海与管船过失免责的规定。

3.《汉堡规则》

全称是《1978 年联合国海上货物运输公约》，它于 1978 年在汉堡通过，因而简称《汉堡规则》。全文共 34 条，其主要特点是扩大了承运人义务和责任，更多保护货方利益。它已于 1992 年 11 月 1 日生效。

《汉堡规则》和《维斯比规则》一样，都是对《海牙规则》进行修改的产物，但它们却是不同修改方案的结果。《维斯比规则》代表了英国、北欧及船方的利益，所以只对《海牙规则》做了些非实质性修改，而《汉堡规则》则代表了广大发展中国家及货方的利益，所以对《海牙规则》进行了彻底修改。它的某些内容已被我国《海商法》借鉴和吸收。

《汉堡规则》对《海牙规则》的修改和补充主要体现在：① 承运人责任基础的变更；② 承运人责任期间的延长；③ 责任限额的提高；④ 索赔通知及诉讼时效期间的延长；⑤ 对管辖权和仲裁的规定；⑥ 适用范围的进一步扩大等几个方面。

4. 提单以外的运输单证

提单以外的运输单证主要有海运单和电子提单，它们分别具有不同的形式、性质和流转程序。

（1）海运单

从海上货物运输产生与发展的历史进程和现实状况来看，提单作为一种有效的运输单证，长期以来一直发挥着不可替代的重要作用，其实用价值是不容否定的。但是，自20世纪70年代以来，随着集装箱运输这种新型高效的运输方式在全球范围内的迅速发展，提单作为运输单证的有效性受到了历史性的挑战。在航运实践中，特别是当航程较短时，船舶到达目的港而作为所有权凭证的提单尚未到达，因而收货人不能及时换取提单提货的情况时有发生，这给收货人带来了极大的不便。为摆脱这一困境，在实际业务中不得不进行变通，即收货人经常凭保函请求提货，并承担担保金的利息或保险费。承运人在凭保函付货后，又面临正当的提单持有人请求提货，一方面可能担负错误交货责任，而另一方面又难以向担保人追偿的危险。在提单难以兼顾船货双方利益的重压下，海运单应运而生，并日益显示出它的优势。

所谓海运单（Sea-Way Bill，SWB），又称运单（Way Bill，WB），是证明海上货物运输合同，以及承运人已将货物接管或装船并保证交给指定的收货人的一种不可转让的运输单证。

海运单保留了提单所具有的合同证明和货物收据的职能，却不再具备物权凭证职能。这一方面克服了提单带来的收货人有时难以及时提货的弱点，消除了非正当收货人进行欺诈的风险；另一方面也使它丧失了可转让性，从而缩小了它在货物运输中的适用范围，即它不能适用于货主有转卖货物意图的场合。

链接 我国《海商法》第80条规定："承运人签发提单以外的单证用以证明收到待运货物的，此项单证即为订立海上货物运输合同和承运人接收该单证中所列货物的初步证据……承运人签发的此类单证不得转让。"

海运单与提单一样，也是一种书面单证，也包括正面和背面内容，而且与提单大致相似，只是其正面通常注有"不可流通"字样。

介绍与了解

海运单涉及的几个法律问题

1）海运单的法律适用。如前所述，海运单是为克服提单的某些缺点而产生的，它不是物权凭证，所以与提单有很大区别。那么，调整提单的国际公约是否也应适用于海运单呢？这是海运单所面临的首要法律问题。1990年国际海事委员会第34届大会通过了《国际海事委员会海运单统一规则》，该规则第4条规定，海运单所包含的运输合同，应受强制适用于由提单、或类似的所有权凭证所包含的运输合同的国际公约或国内法的约束。可见，调整提单的公约仍可适用于海运单。

2）海运单的流转和货物的交接。海运单和提单一样，在承运人接管货物或将货物装船后，应托运人的要求，由承运人、承运人的代理人或船长签发。托运人凭海运单和其他单证，根据信用证到银行结汇。装运港的承运人或代理人通常通过电子通信手段将海运单的内容传送给其在目的港的代理人。船舶到港时，目的港承运人的代理人向海运单上载明的收货人或其代理人发出到货通知。收货人凭到货通知，并出示其身份证明，到目的港承运人的代理人那里领取提货单，并凭提货单到码头或船边提货。

3）货物的支配权。传统的提单是其所载货物的物权凭证，持有提单的收货人从接到提单时就对货物享有支配权；而海运单既不是物权凭证，收货人又自始至终不持有它。因此，原则上在收货人提货之前托运人是对货物享有支配权的人。除法律另有规定外，托运人有权变更海运单上载明的收货人。当然，托运人也可以在承运人接管货物之前，将其支配权转移给收货人，但应在海运单上注明。

4）收货人的权利。根据提单法的规定，随着提单转移到收货人手中，包括货物所有权在内的运输合同规定的托运人的权利，也都转移给收货人。因此，提单是收货人主张权利的基本依据。由于收货人自始至终不持有海运单，因此收货人依海运单向承运人主张权利时所适用的原则自然也就与提单有所不同。对于收货人的权利问题，《国际海事委员会海运单统一规则》采用了代理原则，即托运人与承运人订立运输合同，因而视其为收货人的代理人。根据这一原则，收货人具有运输合同当事人的法律地位，通常可以依据海运单向承运人主张权利，并承担相应义务。

（2）电子提单

除了提单和海运单之外，在国际海运实践中，还存在一种有关海上货物运输合同的电子数据，即电子提单。电子提单的形式已经不再是一种纸面运输单证，而是按一定规则组合而成的一系列电子数据；其传输途径也不是传统的通信方式，而是通过电子计算机网络输送。

电子提单按密码进行流转，能够有效地防止海运单证的欺诈，但其流转的前提是建立托运人、承运人、承运人代理人、收货人和银行之间的计算机网络系统。目前除了美国等少数国家已建立起相应的交易系统外，其他国家尚未形成这种多用户网络。

国际海事委员会 1990 年第 34 届大会已通过了《国际海事委员会电子提单规则》，该规则规定了以下法律问题。

1）电子提单中传输的特定运输条件和条款，是其证明的运输合同的组成部分。

2）电子提单应受适用于传统提单的国际公约和国内法的制约。

3）电子提单下的货物支配权，包括向承运人请求提货，指定收货人或替换收货人，或者根据运输合同的条款和条件向承运人发出指示，如请求在货物运抵目的港之前交付货物等项权利，可以从托运人转移给银行，然后再从银行转移给收货人。收货人在货物运输途中将其享有的货物支配权转让给其他人的，视为货物所有权的转移。

因此，电子提单保留了传统提单的流通功能。

小结

本章主要讲解了货物运输方面的法律规范。首先，介绍了货物运输的概念，货物运输合同的概念及法律特征。其次，依次介绍了公路货物运输法、铁路货物运输法、水路货物运输法、航空货物运输法、多式联运法及国际货物运输法的基础知识。在国际货物运输法中，重点讲解了海上货物运输合同，并对提单做了详细介绍。

复习思考题

1．简述货物运输合同的法律特征。
2．简述货物运输合同的效力。
3．定期租船合同双方的义务有哪些？
4．光船租赁合同双方的义务有哪些？
5．简述多式联运合同双方的义务。
6．多式联运的责任制类型有几种？其内容是什么？
7．简述海上货物运输合同的法律特征。
8．谈一谈提单的法律地位。

案例分析

◆ **案例一**

原　告：A 外贸公司

被　告：B 货运公司

案外人：C 贸易公司

C 贸易公司与 A 外贸公司订立联营合同出口货物，在国内购买货物时，由 A 外贸公司出资 60 万元人民币，其余货款由 C 贸易公司支付。A 外贸公司作为 C 的外贸代理，负责办理出口、退税、结汇等手续。C贸易公司与B货运公司订立了海上货物运输合同，B货运公司将签发的记名提单交给C贸易公司，提单上的托运人是A外贸公司。C贸易公司找到B货运公司称提单丢失，要求登报挂失，并称A外贸公司已授权其办理登报事宜。B货运公司未经核实即将提单登报挂失。货到达目的港，B货运公司发出电放指令将提单项下货物交给提单上记名的收货人，此后C贸易公司的法定代表人携款潜逃。A外贸公司遂持正本提单向法院起诉，要求B货运公司赔付货款。其理由是：第一，提单是物权凭证，正本提单在A外贸公司手里，而提单项下的货物却被B货运公司无单放货，导致A外贸公司无法结汇，造成的经济损失应由B货运公司承担。第二，A外贸公司是提单上的托运人，B货运公司登报挂失提单未经托运人确认，提单应为有效，仍然具有物权凭证的作用。

而B货运公司不同意赔偿外贸公司的损失，其理由是：第一，其签发的是记名提单，并将货物交给提单上记名的收货人，并无过错；第二，A外贸公司并未与其联系过海上货物运输事宜，托运人一栏是应C贸易公司的要求填写了A外贸公司，正本提单交给C贸易公司，该公司称提单丢失要求挂失和电放，货运代理公司没有理由拒绝。

问题

法院对于A外贸公司的诉讼请求予以驳回，请根据相关法律分析法院的驳回依据。

◆ **案例二**

深圳市联捷物流有限公司（以下简称联捷公司）与增城荣阳铝业有限公司（以下简称荣阳公司）存在多年的合作关系，承担荣阳公司货物发送的物流任务。2010年8月，荣阳公司委托联捷公司发送一批铝材到澳大利亚。联捷公司承接任务后，将货物从荣阳工厂至深圳市蛇口码头的陆路运输任务委托给千明公司完成，联捷公司向千明公司下达了托运单。千明公司接受任务后于2010年8月3日派出货柜车到工厂装货。之后，该车司机伙同他人将车上货物盗窃后转卖，丢失的货物一直未能追回。联捷公司起诉至法院，要求千明公司赔偿货物价款人民币466 491.77元并承担诉讼费用。

问题

法院没有支持联捷公司的请求，为什么？

第 4 章

货物仓储法律规范

学 习 目 标

- 仓储含义、类型及相应法律关系
- 保管合同概念、特征及权利义务
- 仓储合同概念、特征及权利义务
- 仓单的概念、性质、内容及效力
- 保税仓库概念、条件及监管

4.1 保管与仓储概述

4.1.1 仓储的含义和功能

1. 仓储的含义

定义 仓储即物品在仓库中的储存，是仓库储存和保管的简称。储存就是保护、管理和贮藏物品；保管就是对物品进行保存和对数量、质量进行管理控制的活动。

仓储活动是为他人货物的储存、流通、运输提供储藏和保管的一种活动。在现代物流不断发展的今天，仓储活动已成为国内、国际商品流转中一个不可或缺的环节。仓储活动对于加速物资流通，减少仓储保管的货物的损耗，节省仓库的基建投资，提高仓库的利用率，以及增加经济效益，都具有重要意义。

货物仓储是现代物流服务系统中的一个重要环节。对于仓储的含义，可以从以下两个方面来理解。

（1）仓储是一项商业活动

作为一种商业活动，应从广义上来理解仓储这一概念，它不仅包括物品在一般的围蔽空间（仓库）中的储藏与保管，也包括物品在其他一系列设施和场地中的储存。

仓储活动是指从接收储存物品开始，经过储存保管作业，直到把货物完好地发放出去的全部活动过程，其中包括存货管理和各项作业活动，如仓库中货物的装卸搬运、保养等。

（2）仓储是一项物流活动

这是现代仓储与传统仓储的区别所在。过去，仓储一般起着长期储存原材料及产成品的战略角色。生产商生产出来的产品都成为存货，然后再将储存在仓库中的存货销售出去。为此，多数企业都有很高的存货水平。20 世纪 80 年代以来，随着零库存、联盟及物流供应链理论的出现，仓储宗旨转变为以较短周转时间、较好存货率、较低的成本和较好的客户服务为内容的物流目标。在物流环境下，产品在仓库中只储存几天甚至几个小时。

介绍与了解

仓库的不同形态

在实践中，仓储一般存在以下三种情况。

1）单一物流服务中的纯仓储。它一般是固定地为某些商业个人提供定时仓储，其仓储设备的购置、安装是针对某些固定客户而进行的。这样的仓储商有时也提供临时仓储。

2）综合物流服务中配送中心的仓储。这种情况不是纯粹意义上的仓储，这个过程可能伴随搬运、分拣、包装、再包装等服务项目，然后是配送。

3）现代物流服务中运输中转的仓储。在这种情况下，一般是由总服务企业或其代理人在需要中转仓储的情况下与各仓储人签订仓储合同。

2．仓储的功能

1）储存功能。物品均具有价值和使用价值，仓储的传统功能就是储存功能，即为了保障物品在储存中的使用价值不受到损害。同时，物品的价值也因此得以在一定程度上维持。

2）中转功能。即物品在整个物流活动中可以通过仓库作为中转点，达到协调整个物流过程，降低整个物流成本的作用。

3）生产功能。即仓储企业通过一系列仓库内活动，如分拣、包装、流通加工等，使物品价值增加的功能。

4.1.2　仓储的类型和作用

1．仓储的类型

按不同标准可以将仓储进行不同的分类。以下从企业决策的角度出发，按企业使用仓库的不同方式将仓储分为以下几种类型。

（1）自营仓储

自营仓储是指物品的仓储业务由本企业自己来经营或管理的一种仓储形式。我国大多数外贸公司都是自营仓储。自营仓储具体又可分为自有仓储和租赁仓储两种形式。

1）自有仓储。它是指企业使用自建或购买的仓库仓储自己的产品。利用自有仓库进行仓储活动，企业对仓库拥有所有权，企业与仓库所有人为同一人，不存在第二个民事主体。在法律关系上，企业与仓库部门之间是上下级的行政关系，而不是平等的民事法律关系。

2）租赁仓储。它是指企业使用租用的仓库仓储自己的产品。在租赁仓储中，企业对仓库不具有所有权，但有使用权和经营权，可以自行经营和管理物品的仓储业务。因此，企业和仓库所有人之间是一种财产租赁关系。其中，企业是承租人，仓库所有人是出租人，双方之间的权利义务应按有关财产租赁方面的法规确定。

提示： 企业自营仓储行为不具有独立性，仅仅是为企业的产品生产或商品经营活动服务。相对来说规模小、数量多、专业性强，而仓储专业化程度低、设施简单。

（2）公共仓储

公共仓储是指企业委托提供营业性服务的公共仓库储存物品的一种仓储方式。公共仓库是一种专门从事经营管理的、面向社会的、独立于其他企业的仓库。国外的大型仓储中心、货物配送中心在性质上就属于公共仓库。

提示： 在公共仓储中，企业不仅是单纯租用仓库这个场所，同时还利用了其所提供的仓储服务。因而，企业与仓库不是单纯的财产租赁关系，而是一种仓储合同关系。在这种关系中，企业不是仓库的所有人或经营人，而是存货人，公共仓库为保管人，双方的权利义务按有关仓储合同方面的法规确定。

（3）合同仓储

合同仓储又称为第三方仓储，是指企业将仓储作为物流活动的一部分转包给外部公司，由外部公司为企业提供综合物流服务的仓储方式。合同仓储公司能够提供专业化的、高效的、经济的和准确的分销服务和配送服务。合同仓储不同于一般的公共仓储，它是公共仓储发展的一个趋势。合同仓储的设计水平更高，并且符合特殊商品的高标准的、专业化的搬运要求。

实践适用

合同仓储是一种定制的公共仓储形式。在该形式中，仓储公司为客户提供通常由客户自身提供的物流服务。这些服务主要包括：储存、将整装货物分装或分装货物整装、按订单对货物进行分类搭配、在途配货、存货控制、安排运输、物流信息系统，以及客户所要求的任何附加的物流服务。合同仓储公司通过提供客户需要的整套的物流服务来支持客户公司的物流渠道，而不仅限于提供存储服务。

2．仓储的作用

仓储与运输一起并称为物流过程的两大支柱，是物流的中心环节之一。

（1）提供了物流的时间效用

货物不仅要送达消费者需要的地点，而且要在消费者所需的时间内送达，这就是时间效用。在物流过程中，如果说运输的主要功能是实现物品空间位置上的转移，以提供物流的空间效用，那么仓储则主要是克服物品生产与消费在时间上的差异，以提供物流的时间效用。

（2）调节生产与消费的平衡

该作用源于仓储为物流提供的时间效用。典型的例子就是季节性消费品，如防冻液只在冬天使用，但要求生产商也相应地在冬季或提前一些时间生产显然是不现实的。由于生产规模的限制和提高设备使用率的需要，防冻液的生产理想上应是全年不变的。如此，生产与消费就在时间上产生了矛盾。而仓储活动可以将企业全年生产的产品先行储存起来，等到销售季节到来之时再出货销售，协调了生产与消费的矛盾。

（3）降低运输成本，提高运输效率

企业可以利用仓库的中转功能，尽量在长距离干线运输中采取大规模、整车运输，从而降低运输成本，提高运输效率。例如，企业可以从多个供应商处分别小批量购买原材料并运至仓库，将其拼箱，再整车运输至工厂，或者将各工厂的产品大批量运到仓库，再根据客户的要求，小批量发运给客户。

（4）进行产品整合，满足客户个性化需求

企业可以利用仓库，根据客户要求，将不同的产品在仓库中进行调整、组合、打包，运往各地客户。现代社会，通过第三方物流企业的加入，不同企业的零部件产品也可以通过在仓库中的整合，组装成满足客户个性化需求的新产品。

4.1.3 物流企业在仓储活动中的法律地位

不同的物流企业参与仓储活动的方式不尽相同，法律地位也会不同。以不同的法律关系为根据，实践中各物流企业参与仓储活动的方式大致可分为：仅为客户提供仓储服务、为客户提供包含仓储在内的综合物流服务和以存货人的身份出现等。

1. 仅为客户提供仓储服务

仅为客户提供仓储服务的物流企业主要是指专门从事营业性服务的公共仓库。它们接受客户委托，专门为客户提供货物的储存和保管服务，除所附带的一些搬运、装卸活动外一般不提供其他物流服务，如运输服务、配送服务等。综合性物流企业或者其他性质的物流企业，如果具备仓储条件，而客户只需要提供货物的储存和保管服务的，也可以与客户签订这种仓储合同。

提示 此时，物流企业与客户签订的是仓储合同，双方是仓储合同法律关系，物流企业为保管人，客户为存货人，双方的权利义务按有关仓储合同方面的法律规范确定。

2. 为客户提供包含仓储在内的综合物流服务

为客户提供包含仓储在内的综合物流服务的物流企业一般为综合性物流企业，或者具有两项（包括仓储）以上的物流服务功能。它们除为客户提供货物的储存和保管服务外，还会根据客户要求为其提供运输或者配送等物流服务。

此时，物流企业与客户签订的是物流服务合同，而不是单纯的仓储合同，物流企业是物流服务提供者，客户是物流服务需求者，双方的权利义务按物流服务合同双方当事人的关系予以确定。

3．以存货人的身份出现

以存货人的身份出现的物流企业一般是指没有仓储设备的综合物流企业，或者虽有仓储设备但库存空间不足的物流企业。这类物流企业在与客户签订含有仓储服务的物流服务合同后，由于自身没有仓储设备或者足够的库存空间，只能将全部或者部分仓储服务交由拥有仓储设备的物流企业实际履行。拥有仓储设备的物流企业通常为专门提供仓储服务的单位，如公共仓库。

提示　此时，物流企业通常会与仓库经营人签订仓储合同，物流企业作为存货人，仓库经营人为保管人，双方当事人的权利义务依据仓储合同法律关系确定。

4.2　保管合同

4.2.1　保管合同的概念和特征

定义　保管合同，又称寄托合同，是指保管人有偿或者无偿地为寄存人保管物品，并按约定期限或者应寄存人的请求返还保管物的合同。为他人保管物品的人是保管人，将物品交付保管的人是寄存人，其所保管的物品是保管物。

保管合同具有以下特征：

1）保管合同属于实践性合同。保管合同自寄存人将物品交付给保管人时成立。寄存人没有交付标的物，只是提出要保管或者保管人同意保管，合同不能成立。

2）保管合同以物品的保管为目的。保管合同的客体是保管人为保管物提供保管劳务，故保管合同属于提供劳务的合同。

3）保管合同中交付保管人保管的物品只是临时转移占有权。尽管保管物处于保管人的临时占有或控制下，保管人只能保持物品原状，非依合同规定，不得使用、收益保管物品，更不能处理保管的物品。

4）保管合同一般是有偿合同，也可以是无偿的合同，由双方当事人约定。

4.2.2　保管合同当事人的权利义务

1．保管人的主要义务

1）妥善保管的义务。保管人对保管物应当按照约定的场所和方法予以保管，除紧急情况或者为了维护寄存人的利益外，不得擅自改变保管场所或者方法；如无约定，则应依标的物的性质、合同的目的及诚实信用原则确定保管的场所和方法。

2）亲自保管的义务。除另有约定或者保管人因患病等特殊事由不能亲自履行保管行为外，保管人必须亲自为保管行为，不得将该义务委托他人。保管人擅自将保管物交给第三人保管对保管物造成损失的，应负赔偿责任。

3）注意保管的义务。保管人对保管标的物应尽相当的注意义务。对于无偿保管合同，保管人应尽与保管自己所有物同样的注意；对于有偿保管合同，保管人则应尽善良管理人的注意。

4）不使用保管物的义务。保管人负有不使用保管物的义务，除当事人另有约定外，保管人不得使用或者许可第三人使用保管物。

5）通知寄存人的义务。如果第三人对保管物主张权利，提起诉讼或进行扣押时，保管人应从速将事实通知寄存人。此外，如果保管物受到意外毁损灭失或保管物的危险程度增大时，保管人也应该将有关情况迅速通知寄存人。

6）返还保管物的义务。保管期满或者寄存人提前领取保管物的，保管人应当将原物及其孳息归还寄存人。但在保管期未满前，保管人无特别事由，不得要求寄存人提前领取保管物。返还的地点一般为保管地，保管人无送达义务，但合同另有约定者不在此限。

7）承担风险责任的义务。保管物在保管期间因保管不善造成毁损、灭失的风险，由保管人承担责任。但无偿保管合同中，保管人只对故意或重大过失负责，承担赔偿责任。如果损害不是因保管人的过错而是由第三人的过错引起的，则应由有过错的第三人承担责任。如果损害是因不可抗力引起的，则应由寄存人自己承担。

2．寄存人的主要义务

1）支付保管费的义务。如果保管合同为有偿的，寄存人应当按照约定向保管人支付保管费。如果有关部门对保管费的标准有规定，当事人则应遵循；如果无此类标准，当事人可对保管费的数额、支付时间、支付方式通过协商达成协议。寄存人不履行支付保管费的义务，保管人可对保管物行使留置权。如保管合同是无偿的，寄存人则无此义务。当事人对保管费没有约定或约定不明确，又未达成补充协议的，推定保管合同为无偿保管合同。

2）负担必要费用的义务。无论保管合同为无偿的或有偿的，除合同另有约定外，寄存人都有负担必要费用的义务。必要费用以维持保管物原状为准，如重新包装、防腐防虫等事项的费用。寄存人拒绝偿付必要费用，保管人也可就保管物行使留置权。

3）申报保管物品有关情况的义务。寄存人交付的保管物有瑕疵或者按照保管物的性质需要采取特殊保管措施的，寄存人应当将有关情况告知保管人。寄存人因过错未告知保管物瑕疵或者特殊保管要求，致使保管物受损害的，保管人不承担责任；保管人因此受到损害的，除保管人知道或应当知道并未采取补救措施的以外，寄存人应当承担责任。

4）按期提取保管物品的义务。有期限的保管合同，寄存人应在期限届满时取回保管物。

5）负担风险的义务。如保管物的毁损、灭失是由于不可抗力引起的，此项风险则应由寄存人自己承担。

4.2.3　保管合同的诉讼时效

诉讼时效是指权利人在法定期间内不行使权利即丧失请求人民法院予以保护的权利。

在保管合同中寄存财物被丢失或毁损的诉讼时效为 1 年。由此可推知，保管人的报酬请求权、费用偿还请求权及损害赔偿请求权的诉讼时效也为 1 年，均自从知道或者应当知道权利被侵害时起计算。

4.3　仓储合同

4.3.1　仓储合同的概念和特征

定义　仓储合同，又称仓储保管合同，是指保管人储存存货人交付的仓储物，存货人支付仓储费的合同。存货人就是仓储服务的需求者，保管人就是仓储服务的提供者，仓储物就是存货人交由保管人进行储存的物品，仓储费是保管人向存货人提供仓储服务取得的对价。就实质而言，仓储合同属于保管合同，但由于仓库营业的性质，使仓储合同成为一种特殊的保管合同，它属于商事合同的范畴，在合同主体、保管对象、成立条件等方面不同于一般保管合同。

仓储合同具有以下特征。

1．仓储合同的保管方必须是仓储营业人

仓储合同的保管方必须是仓储营业人，对保管人的资格要进行限定。在仓储合同中，保管人必须经工商行政管理机关核准，依法专门从事仓储保管业务的法人、其他组织或个人。而且，仓库保管人必须具有仓储设备，这是对保管人的一项基本要求，也是仓储合同不同于一般保管合同的特征之一。

2．仓储合同是双务有偿合同

仓储合同的双方当事人互负给付义务，保管方提供仓储服务，存货方给付报酬和其他必要费用，一方的义务即是对方的权利。仓储合同是双务有偿合同，是由提供仓储服务的一方为专业的仓库营业人的性质所决定的。一方面，仓储合同所进行的保管，不同于日常生活中的保管，储存量一般很大，而保管人付出的劳动量也很大；另一方面，保管人是以营利为目的的法人、其他组织和个人。在保管人依照合同约定履行完合同义务、把仓储物完整归还仓单持有人时，存货人或仓单持有人应当给付规定的保管费用即仓储费。而仓储费不仅指保管人为储存货物而支出的费用，还包括合同约定的与入库及出库有关的一切必要的保管费用。

3．仓储合同是诺成合同

《合同法》明确规定，仓储合同自成立时起生效。即双方根据存货方的委托储存计划及保管方的仓储能力，依法就合同的主要条款协商一致，由双方的法定代表人或授权的经办人签字，单位盖公章或合同专用章，合同即成立。也就是说，并不以存货人实际交付存储的货物为成立和生效条件。当然，如果在合同订立的同时存货人就把货物交付保管人保管，此时保管人应当给付仓单。合同在双方当事人达成合意时已成立和生效，以后的存货人交付货物，保管人给付仓单的行为是履行合同的行为，与合同的成立和生效无关。

4．仓储合同中货物的交付与归还以仓单作为凭证

仓单是提取仓储物的凭证。它是保管人验收仓储物后向存货人签发的、表明已收到一定数量的仓储物的法律文书。仓单记载的事项，直接体现当事人的权利义务，是仓储合同存在以及合同内容的证明。仓单经存货人或仓单持有人背书并经保管人签字或者盖章的，可以转让。仓单持有人享有与存货人相同的权利。

5．仓储合同所保管的物品是特定物或特定化的种类物

仓储合同所保管的物品，一般情况下作为生产资料的动产，不包括不动产和一般零星生活用品。我国《合同法》规定，储存期限届满，仓单持有人应当凭仓单提取仓储物。由此可以看出，仓储合同的标的物都是特定的，即使原属于种类物的标的物，通过仓单也被特定化了。因此，当储存期限届满后，仓单持有人有权领取原物，仓储经营人不得擅自调换、动用。另外，仓储合同的性质决定，仓储物应是能够放置或储存在仓库等仓储设备内的，只有仓储物能够完整地入库、出库，才能保证仓储人利用仓储设备不断地运入、运出货物，从而不断地开展其他业务。而不动产不能完整地入库、出库，从而不能成为仓储合同的标的物。

6．仓储合同一般是格式合同

经营公共仓库的保管人为了与多数相对人订立仓储合同，通常事先拟订并印刷了大部分条款，如存货单、入库单、仓单等。在实际订立仓储合同时，再由双方把通过协商议定的内容填进去从而形成仓储合同，而不另行签订独立的仓储合同。

4.3.2 仓单的概述

1．仓单的概念

存货人与仓储保管人签订仓储合同后，仓储保管人在收到存货人交付的仓储物时，应向存货人开具仓单。所谓仓单是指仓储保管人在收到仓储物时，向存货人签发的表示已经收到一定数量的仓储物，并以此来代表相应的财产所有权利的法律文书。

提示 在一般仓储合同中，待合同成立后，存货人依据合同的约定将仓储物交付保管人，但仓储物的转移占有并不发生所有权的转移。因此，为了表明存货人对仓储物的所有权，仓储保管人向存货人开具仓单。凭此仓单，存货人表明自己向仓储保管人交付货物，自己是仓储物的所有人，仓储保管人必须返还仓储物。

2. 仓单的内容

根据我国《合同法》第 386 条的规定，仓单包括下列事项：

1）存货人的姓名或者名称和住所。存货人为法人或者其他社会组织、团体的，应当写明其名称，名称应写全称。存货人为自然人的，则应写明姓名。

2）仓储物的品种、数量、质量、包装、件数和标记。这些内容是经过保管人验收确定后再填写在仓单上的。需要注意的是，保管人和存货人订立仓储合同时，对仓储物的上述情况的约定，不能作为填写仓单的依据。

3）仓储物的损耗标准。一般仓储合同中都会约定仓储物的损耗标准，仓单上所记载的损耗标准通常与该约定相同。当然，当事人也可以在仓单上对仓储合同中约定的标准进行变更。当仓储合同约定的标准与仓单上所记载的标准不一致时，一般以仓单的记载为准。

4）住址场所。即表明仓储物所在的具体地点。

5）储存期间。在一般情况下，存货人与保管人在仓储合同中商定储存期间，仓单上的储存期间与仓储合同中的储存期间一般是相同的。

6）仓储费。即存货人向保管人支付的报酬。

7）仓储物已经办理保险的，仓单中要包括保险金额、期间及保险人的名称。

8）填发人、填发地和填发日期。填发人也就是仓储合同的保管人，填发地一般是仓储物入库地。

介绍与了解

仓单的法律性质

1）仓单首先是一种有价证券，是在存货人交付仓储物时，保管人应存货人请求所填发的有价证券。

2）仓单还具有交付指示证券的性质，即存货人对保管人予以指示，向仓单持有人支付仓储物的全部或一部分的指示证券。基于仓单这一性质，仓单可以通过背书方式进行转让。

3）仓单还是一种物权凭证。仓单代表存储物品，仓单的占有即意味着物品本身的占有，仓单的转移即意味着仓储物品占有的转移。

4）仓单是一种文义证券，以仓单上文字记载的内容为准。如果仓单上文字记载的内容与实际情况不符，保管人也有义务按仓单上所记载内容履行义务，即仓单上记载有某批货物，而实际仓库中并没有，保管人对仓单持有人也有交付该批货物的义务。

5）仓单是要因证券。即仓单上记载的权利以仓储合同为基础，如果没有仓储合同，也就无所谓仓单的存在，这样的仓单只能是一种假仓单。

6）仓单是要式证券。根据《合同法》第 386 条的规定，保管人须在仓单上签字或盖章，仓单上必须有法定的必须记载的事项。没有法定的完备的形式，保管人出具的仓单是无效的。而一般保管合同的成立，有当事人之间的合意即可，不以特别方式为必要。

保管合同的形式由当事人自由选择，可以选择口头形式、书面形式、公证形式等。

7）仓单是换取证券。即保管人按仓单持有人的要求交付了仓储物以后，可要求仓单持有人缴还仓单，因此，又称为缴还证券。如果仓单持有人拒绝缴还仓单，保管人可拒绝交付仓储物。

3. 仓单的效力

1）提取仓储物的效力。仓储合同是以仓储物的储存为目的，存货人将仓储物交付给仓储保管人，仓储物的所有权并没有发生转移，仍然属于存货人。仓储保管人于存货人交付仓储物时，应向存货人交付仓单。仓单持有人有权根据仓单要求仓储保管人交付仓储物。因此，仓单代表着仓储物，是提取仓储物的凭证。对于仓单持有人而言，持有仓单就可以主张权利，提取仓储物；对于仓储保管人来说，认仓单而不认人，同时收回仓单。也就是说仓储保管人和仓单持有人之间的法律关系，应以仓单为准。

2）转移仓储物所有权的效力。仓单作为一种有价证券，可以自由流通。由于仓单是提取仓储物的凭证，代表着仓储物，所以，仓单的交付就意味着物品所有权的转移，与仓储物的交付发生同一效力。也就是说，仓单的转移就意味着仓单所代表的仓储物所有权的转移。理所当然，仓储物所有权随仓单的转移而转移，仓储物的风险也会随之转移。

3）出质的效力。根据我国《担保法》的相关规定，仓单还具有出质的效力，即仓单持有人可在仓单上设立质权，由于是以仓单为标的所设的质押，所以它在性质上属于权利质押。仓单质押合同由出质人与质权人以书面形式订立并自仓单移交于质权人占有时生效。仓单设质时，出质人必须在仓单上背书，注明“出质”或“设质”等字样，以此来证明该仓单是用于设质的，还是用于转移仓储物的所有权的。

4.3.3　仓储合同的内容

仓储合同的内容是明确保管人和存货人双方权利义务关系的根据，通常体现在合同的条款上。一般来说，仓储合同应当包含以下主要条款：

1）保管人、存货人的姓名或名称及住所。

2）仓储物的品名、品种、规格。

3）仓储物的数量、质量、包装、件数和标记。在仓储合同中，应明确规定仓储物的计量单位、数量和仓储物质量，以保证顺利履行合同。同时，双方还要对货物的包装、件数以及包装上的货物标记做出约定，对货物进行包装，与货物的性质、仓库中原有货物的性质、仓库的保管条件等有着密切关系。

4）仓储物验收的项目、标准、方法、期限和相关资料。对仓储物的验收，主要是指保管人按照约定对入库仓储物进行验收，以确定仓储物入库时的状态。仓储物验收的具体项目、标准、方法、期限等应由当事人根据具体情况在仓储合同中事先做出约定。保管人为顺利验收需要存货人提供货物的相关资料的，仓储合同还应就资料的种类、份数等做出约定。

5）仓储物的储存期间、保管要求和保管条件。储存期间即仓储物在仓库的存放期间，期间届满，存货人或者仓单持有人应当及时提取货物。保管要求和保管条件是针对仓储物的特性，为保持其完好所要求的具体条件、因素和标准。为便于双方权利义务和责任的划分，应对储存期间、保管要求和保管条件做出明确具体的约定。

6）仓储物进出库手续、时间、地点和运输方式。仓储物的入库，即意味着保管人保管义务的开始，而仓储物的出库，则意味着保管人保管义务的终止。因此，仓储物进出库的时间、地点对划清双方责任非常关键。而且，仓储物的进出库有多种不同的方式，会影响双方的权利义务关系，也会影响双方的责任划分。因此，双方当事人也应对仓储物进出库的方式、手续等做出明确约定，以便于分清责任。

7）仓储物的损耗标准和损耗处理。仓储物在储存、运输、搬运过程中，由于自然的原因（如干燥、风化、挥发、黏结等）、货物本身的性质、度量衡的误差等原因，不可避免地要发生一定数量的减少、破损或者计量误差。对此，当事人应当约定一个损耗的标准，并约定损耗发生时的处理方法。当事人对损耗标准没有约定的，应当参照国家有关主管部门规定的相应标准。

8）计费项目、标准和结算方式。

9）违约责任条款。即对当事人违反合同约定义务时应如何承担违约责任，承担违约责任的方式等进行的约定。违约责任的承担方式包括继续履行、支付违约金、赔偿损失等。

除此之外，双方当事人还可就变更和解除合同的条件、期限，以及争议的解决方式等做出约定。

4.3.4　仓储合同当事人的权利义务

1．保管方的权利

保管方的权利有如下几点：

- 有权要求客户按照合同约定交付货物；
- 有权要求客户就所交付的危险货物或易变质货物的性质进行说明并提供相关资料；
- 对入库货物进行验收时，有权要求客户配合并提供验收资料；
- 发现货物变质或者有其他损坏时，有权催告客户做出必要的处置；
- 有权在情况紧急时，对变质或者有其他损坏的货物进行处置；
- 有权要求客户按时提取货物；
- 客户逾期提取货物的，有权加收仓储费；
- 有权提存客户逾期未提取的货物；
- 有权要求客户按约定支付仓储费和其他费用。

2．保管方的义务

（1）签发、给付仓单的义务

物流企业签发仓单，既是其接收客户所交付仓储货物的必要手段，也是其履行仓储合同义务的一项主要内容。根据《合同法》第385条的规定，存货人交付仓储物的，保管人应当给付仓单。物流企业在向客户给付仓单时，应当在仓单上签字或者盖章，保证仓单的真实性。

（2）及时接收货物并验收入库的义务

保管方应按照有关法律规定及合同的约定，对所要保管的货物及时接收并验货。验货的项目包括货物的品种、规格、数量、外包装状况、外观质量等。保管方没有按合同约定接货的，应承担违约责任。仓储保管方验收时发现与合同约定不符的，应当及时向存货人提出；保管方接收货物时未提出异议的，视为货物品种、数量和质量符合合同约定。保管物入库后，发生仓储物的损害和灭失，保管人应当承担损害赔偿责任。保管人应按合同约定或国家规定的验收项目、验收方法、验收期限进行验收。保管人未能按照合同约定或国家有关规定进行验收，以致验收不准确的，因此造成的损失，由保管人负责。货物的验收期限，合同有约定的依约定；没有约定的，依仓储保管合同规定，国内到货不超过10天，国外到货不超过30天。自货物和验收资料全部送达保管方之日起计算。

（3）妥善保管仓储物的义务

保管方要按照约定的储存条件和要求保管货物，特别是对于危险物品和易腐物品，要按国家和合同规定的要求操作、储存。保管方因保管不当造成仓储物灭失、短少、变质、污染的，应当承担赔偿责任。但是，由于不可抗力或货物本身性质发生的毁损，保管方可以免责。

（4）接受检查的义务

存货方或仓单持有人在储存期间请求检查储物或提取样品的，保管方应予以准许。根据《合同法》第388条的规定，保管人根据存货人或者仓单持有人的要求，应当同意其检查仓储物或者提取样品。物流企业具有容忍客户或者仓单持有人及时检查货物或者提取样品的义务，以便于客户或者仓单持有人及时了解、知悉货物的有关情况及储存、保管情况，并在发现问题后及时采取措施。

（5）危险通知义务

保管人验收时发现入库仓储物与约定不符的，应及时通知存货人；当货物或外包装上标明了有效期或合同上申明了有效期的，保管方应在货物临近失效期60天前通知存货人或仓单持有人；若发现货物有异状，或因第三人对仓储物主张权利而起诉或被扣押、执行的，亦应及时通知存货人或仓单持有人。

（6）紧急处置的义务

根据《合同法》第390条的规定，保管人对入库仓储物发现变质或有其他损坏、危及其他仓储物的安全和正常保管的，应当通知存货人或者仓单持有人做出必要的处置。因情况紧急，保管人可以做出必要的处置，但事后应当将该情况及时通知存货人或仓单持有人。

提示： 保管人采取的紧急处置措施必须符合下列条件：

1）必须是情况紧急，即保管人无法通知存货人、仓单持有人的情况；保管人虽然可以通知，但可能会延误时机的情况。

2）处置措施必须是有必要的，即货物已经发生变质或者其他损坏，并危及其他货物的安全和正常保管。

3）所采取的措施应以必要的范围为限，即以能够保证其他货物的安全和正常保管为限。

（7）按期如数出库义务

保管期限届满，保管方应按约定的时间、数量将货物交给存货方或仓单持有人；保管期限未到，但存货方要求返还保管货物的，保管方应及时办理交货手续。保管方没有按约定的时间、数量交货的，应承担违约责任；未按货物出库原则发货而造成货物损坏的，应负责赔偿实际损失。此外，合同约定由保管方代办运输保管货物的，保管方有义务按期发货，妥善代办运输手续。如果保管方没有按合同规定的期限和要求发货或错发到货地点，应负责赔偿由此造成的实际损失。

提示 一般来说，仓单合同对储存期限有约定的，在储存期限届满前，保管人不得要求存货人取回仓储物。在存货人要求返还时，保管人不得拒绝返还，但可以就其因此所受到的损失请求存货人赔偿。另外，仓储合同对储存期间没有约定或者约定不明确的，保管人随时可以向存货人或仓单持有人要求提取货物，但应当给予必要的准备时间。

3．存货方的权利

1）有权要求保管人给付仓单。

2）有权要求保管人对入库货物进行验收并就不符情况予以通知，保管人未及时通知的，有权认为入库货物符合约定。

3）有权对入库货物进行检查并提取样品。

4）保管人没有或者怠于将货物的变质或者其他损坏情形向物流企业催告的，物流企业有权对因此遭受的损失向保管人请求赔偿。

5）对保管人未尽妥善储存、保管货物的义务造成的损失，有权要求保管人赔偿。

6）储存期满，有权凭仓单提取货物。

7）未约定储存期间的，也有权随时提取货物，但应当给予保管人必要的准备时间。

8）储存期间未满，也有权提取货物，但应当加交仓储费。

4．存货方的义务

（1）提交储存货物

存货方要按合同约定的品名、时间、数量向保管方提交储存货物，并向保管方提供必要的入库验收资料。存货方不能全部或部分按合同约定入库时，应承担违约责任；因未提供验收资料或提供的资料不齐全、不及时，造成验收差错及贻误索赔期的，由存货人负责。存货人交付货物有瑕疵或者按货物的性质需要采取特殊保管措施的，应当告知保管人。存货方因过错未告知保管方瑕疵或者特殊保管要求，致使保管方受到损害的，应承担损害赔偿责任。

提示 储存易燃、易爆、有毒、有放射性等危险物品或者易腐物品，存货方应当说明货物的性质和预防危险、腐烂的方法，提供有关资料，并采取相应的防范措施。存货人未履行这些义务的，保管人可以拒收该货物；保管人因接收该货物造成的损失，由存货方负责赔偿。

（2）负责包装货物

存货方应按照规定负责货物的包装。包装标准有国家或专业标准的，按国家或专业标准规定执行；没有国家或专业标准的，按双方约定的标准执行。包装不符合国家或合同规定，造成货物损坏、变质的，由存货方负责。

（3）支付报酬和必要费用

仓储合同均为有偿合同，因此，存货方在提取货物时应向保管方支付保管费及因保管货物所支出的必要费用。否则，保管方有权对仓储物行使留置权。

保管人因其所提供的仓储服务而应取得的报酬为仓储费，根据《合同法》第381条的规定，仓储费应由存货人支付。存货人支付仓储费的时间、金额和方式依据仓储合同的约定。仓储费与一般保管费有所不同，当事人通常约定由存货人在交付货物时提前支付，而非等到提取货物时才支付。

其他费用，即为了保护存货人的利益或者避免其损失而发生的费用和运费、保险费、转仓费单等支付费用。

（4）按合同规定及时提取货物

合同期限届满，存货方应按合同约定及时提取货物。如因存货方的原因不能如期出库时，存货方应承担违约责任。提前提取的，除当事人另有约定的外，不减少其仓储费。出库货物由保管方代办运输的，存货方应按合同规定提供有关材料、文件，未及时提供包装材料或未按期变更货物的运输方式、到站、收货人的，应承担延期的责任和增加的费用。

提示 储存期间届满，仓单持有人应当凭仓单提取仓储物，并向保管人提交仓储验收资料。仓单持有人逾期提取的，应当加收仓储费；提前提取的，不减收仓储费。储存期间届满，仓单持有人不提取仓储物的，保管人可以催告其在合理期限内提取，逾期不提取的，保管人可以提存该物。保管人在储存期间届满后，在仓单持有人不提取仓储物的情况下，可以在通知的期间内加收仓储费。

（5）对变质或者有其他损坏的货物进行处置的义务

为了确保其他货物的安全和正常的保管活动，根据《合同法》第390条的规定，当入库货物发生变质或者有其他损坏、危及其他货物的安全和正常保管、保管人催告时，物流企业或仓单持有人有做出必要处置的义务。

4.3.5　仓储合同与保管合同的联系与区别

1．仓储合同与保管合同的联系

仓储合同与保管合同都是指保管寄托人交付的保管物，并返还该物的合同。仓储合同是一种特殊的保管合同。虽然我国《合同法》对保管合同和仓储合同各自设有专门的分则，但保管与仓储这两种活动具有许多相似性。《合同法》第 395 条规定，凡仓储合同这一章未做规定的，应适用保管合同的有关规定。

2．仓储合同与保管合同的区别

1）仓储合同是双务有偿合同。保管合同可以是有偿的也可以是无偿的，有偿无偿取决于当事人的意愿，在未做约定或约定不明时，应视为无偿。

2）仓储合同是诺成合同，以当事人双方意思表示一致而告成立。保管合同原则上是实践合同，从保管物交付时成立。

3）仓储合同的主体有一定的特殊性，即保管人一般为从事仓储保管业务的法人或经依法批准从事仓储保管业务的个体或集体经营者；而保管合同的当事人，现有法律未做限制。

4）仓储经营者从事仓储经营活动应具备的条件：仓库位置、设施、装卸、搬运、计量等机具应符合行业技术规定；仓库安全设施须符合公安、消防、环保等部门的批准许可；有完整的货物进库、入库、存放等管理制度。

5）仓储合同的标的物为动产，而保管合同的标的物未做规定。

4.4　保税仓库

4.4.1　保税仓库概述

1．保税仓库的含义

定义　保税仓库是指经海关核准的专门存放保税货物的专用仓库。保税货物是指经过海关批准未办理纳税手续进境，在境内储存、加工、装配后复运出境的货物。除所存货物免交关税外，保税仓库还可能提供其他的优惠政策和便利的仓储、运输条件，以吸引外商的货物储存、从事包装等业务。

国际上通行的保税制度是，进境存入保税仓库的货物可暂时免纳进口税款，免领进口许可证或其他进口批件，并在海关规定的存储期内复运出境或办理正式进口手续。我国已经确立了比较完善的保税制度，方便了与贸易相关的生产、加工、仓储和运输，提高了保税仓库的服务功能。

2. 保税仓库的功能

保税仓库的功能比较单一，主要是货物的保税储存，一般不进行加工制造和其他贸易服务。除另有规定外，货物存入保税仓库，在法律上意味着在全部储存期间暂缓执行该货物投入国内市场时应遵循的法律规定，即这些货物仍被看作处于境外。

提示： 如果货物从保税仓库提出而不复运出境，则将被当作直接进口的货物对待。保税仓库内的货物在海关规定的存储期内未复运出境的，也需办理正式的进口手续。

3. 设立保税仓库的条件

保税仓库是经海关核准的专门存放保税货物的专用仓库。设立保税仓库应具备以下条件。

1）申请单位应具备一定的资格、条件。申请单位应为有独立经济能力、能承担税负的法人或由外经贸主管部门及其授权机关批准并享有对外贸易经营权的企业。

2）具有专门储存、堆放进口货物的安全设施。

3）健全的仓储管理制度和详细的仓库账册。

4）配备经海关培训认可的专职管理人员。

5）保税仓库的经营者应具备向海关缴纳税款的能力。

4.4.2 申请保税仓库的程序

仓库经营者向海关申请设立保税仓库应履行以下手续：

1）经营人应持工商行政管理部门颁发的营业执照。如果是租赁仓库，还应提供仓库经营人的营业执照。

2）申请人填写保税仓库申请书，包括仓库名称、地址、负责人、管理人员、储存面积、存放何种保税货物等项目。

3）交验外经贸主管部门批准经营有关业务的批文。

4）向海关提供其他有关资料。

实践适用

海关审核仓库经营人提交的有关文件并派员实地调查后，对符合要求的，批准其设立保税仓库，颁发“保税仓库登记证书”。

4.4.3 对保税仓库的日常监管

1）保税仓库对所存的货物，应有专人负责，并于每月的前 5 天内将上月转存货物的收、付、存等情况列表报送当地海关核查。

2）保税仓库中不得对所存货物进行加工。如需改变包装，必须在海关监管下进行。

3）海关认为必要时，可以会同保税仓库经理人共同加锁。海关可以随时派员进入仓库检查货物的储存情况和有关账册，必要时可派员驻库监管。保税仓库经理人应当为海关提供办公场所和必要的方便条件。

4）保税仓库经理人应照章缴纳监管手续费。

5）保税仓库进口供自己使用的货架，办公用品，管理用具，运输车辆，搬运、起重和包装设备，改装用的机器等，不论是价购的或外商无价提供的，应按规定缴纳关税和产品税或工商统一税。

4.4.4 保税仓库所存货物的进出口监管

经海关批准暂时进口或暂时出口的货物，以及特准进口的保税货物，在收货人或发货人向海关缴纳相当于税款的保证金或者提供担保后，准予暂时免缴关税。海关根据货物的进口或出口情况，再决定征税或免税。因此，出入保税仓库的货物需要进行申报。

1. 保税仓库货物的入库监管

保税仓库货物的进口分为三种情况。

1）在保税仓库所在地海关入境。货主或其代理人应当填写进口货物报关单一式三份，加盖“保税仓库货物”印章，并注明此货物将要存入的保税仓库，向海关申报，经海关查验放行后，一份由海关留存，另两份随货交保税仓库。

提示：保税仓库的业务人员应在货物入库后将货物与报关单进行核对，并在报关单上签收，其中一份留存，一份交回海关存查。

2）在非保税仓库所在地海关入境。货主在保税仓库所在地以外的其他口岸进口货物，应按海关对转关运输货物的规定办理转关运输手续。货物运抵后再按上述规定办理入库手续。

3）自用的生产、管理设备的进口。保税仓库经营单位进口供仓库自己使用的设备、装置和用品，如货架、搬运、起重、包装设备、运输车辆、办公用品及其他管理用具，均不属于保税货物，进口时应按一般贸易办理进口手续并缴纳进口税款。

2. 保税货物的储存监管

1）储存期限。保税仓库所存货物储存期限为 1 年。如有特殊情况可向海关申请延期，但延期最长不得超过 1 年。保税货物储存期满仍未转为进口也不复运出境的，由海关将货物变卖，所得价款在扣除运输、装卸、储存等费用和税款后，尚有余款的，自货物变卖之日起 1 年内，经收货人申请，予以发还，逾期无人申请的，上缴国库。

2）货物的使用。保税仓库所仓储的货物，属于海关监管的保税货物，未经海关核准并按规定办理有关手续，任何人不得出售、提取、交付、调换、抵押、转让或移做他用。

3）货物的灭失、短少。保税仓库所存货物在储存期间发生短少，除由于不可抗力的原因造成的外，其短少部分应当由保税仓库经理人承担缴纳税款的责任，并由海关按有关规定进行处理。由此产生的货物灭失、损坏的民事责任按一般仓储处理。

4）货物的加工。在保税仓库中不得对所仓储的货物进行加工。如需对货物进行改变包装等整理工作，应向海关申请核准，并在海关监管下进行。

5）货物的查验。海关可随时派员进入保税仓库检查货物储存情况，查阅有关仓库账册，必要时可派员驻库监管。保税仓库经营单位应给予协作配合，并提供便利。

6）货物的存放。保税仓库必须专库专用，保税货物不得与非保税货物混合堆放。加工贸易备料保税仓库的入库货物仅限于该加工贸易经营单位本身所需的加工生产料件，不得存放本企业从事一般贸易进口的货物，或与加工生产无关及其他企业的货物。

3．保税仓库货物的出库监管

1）原货物复运出口。存入保税仓库的货物在规定期限内复运出境时，货物所有人或其代理人应向保税仓库所在地的主管海关申报，填写出口货物报关单，并提交货物进口时经海关签章确认的进口报关单。

实践适用

> 经主管海关核实后予以验放或按照转关运输管理办法，将有关货物运至出境地海关验放出境。复出境手续办理后，海关在一份出口报关单上加盖印章，退还货物所有人或其代理人，作为保税仓库货物核销依据。

2）用于加工贸易的货物。从保税仓库提取货物用于进料加工、来料加工项目的，经营加工贸易的单位应首先按照进料加工或来料加工的程序办理审批。经营加工贸易的单位持海关核发的登记手册，向保税仓库所在地主管海关办理保税仓库提货手续，填写进料加工或来料加工专用进口货物报关单。需确定其贸易性质为进料加工或来料加工时，应补填进口货物报关单和保税仓库领料核准单。

3）保税货物经海关核准转为国内市场销售时，由货主或其代理人向海关递交进口货物许可证件、进口货物报关单和海关需要的其他单证并缴纳关税和产品税或工商统一税后，由海关签印放行，将原进口货物报关单注销。

4）对从来料加工、进料加工备料保税仓库提取的货物，货主应事先持批准文件、合同等有关单证向海关办理备案登记手续，并填写来料加工、进料加工专用报关单和保税仓库领料核准单一式三份，一份由批准海关备存，一份由领料人留存，一份由海关签盖放行章后交货主。仓库经理人凭海关签印的领料核准单交付有关货物，并凭此向海关办理核销手续。对提取用于来料加工、进料加工的进口货物，海关按来料加工、进料加工的规定进行管理并按实际加工出口情况确定免税或补税。

小结

本章介绍了物流企业在仓储活动中的法律地位、仓储的含义和类型、保管合同和仓储保管合同的内容和特征，明确了保管合同与仓储合同的区别。阐述了物流企业在保管合同和仓储合同中的权利义务。介绍了仓单的性质和内容及保税仓库的设立条件和程序、对保税货物入库、储存与出库的监管等。

复习思考题

1．简述仓储的含义、类型和作用。
2．简述保管合同的含义和法律特征。
3．简述保管合同中的权利义务。
4．简述仓储合同的概念和法律特征。
5．简述仓储合同的权利义务。
6．简述仓单的法律性质和内容。
7．简述保管合同与仓储合同的联系与区别。
8．试述我国海关对保税仓库的监管。

案例分析

◆ 案例一

某储运公司与某食品加工厂签订了食品原料仓储合同，约定由储运公司储存食品加工厂的生产原料。在合同履行期间，食品厂发现从仓库提取的原材料有变质现象，致使食品厂生产原料供应不上，影响了生产。经查，由仓库的通风设备发生故障引起的不能按时通风导致了食品原料变质。

问题

1. 储运公司提供的仓储属于哪种类型的仓储？
2. 造成的损失由谁承担？为什么？

◆ 案例二

某个体户赵某在某仓库寄存一批彩电 100 台，价值共计 100 万元。双方商定：仓库自 2015 年 1 月 15 日至 2015 年 2 月 15 日期间保管彩电，赵某分三批取走；2 月 15 日赵某取走最后一批彩电时，支付保管费 2 000 元。2 月 15 日，赵某前来取走最后一批彩电时，双方为保管费的多少发生争议。赵某认为自己的彩电实际上是 1 月 25 日晚才入仓库，应当少付保管费 250 元。而仓库拒绝减少保管费，理由是仓库早已为赵某的彩电到来准备了地方，至于赵某是不是准时进仓库是赵某自己的事情，与仓库无关。赵某认为仓库位于江边码头，自己又通知了彩电到库的准确时间，仓库不可能空着仓位，同意支付1 750元仓库保管费。仓库于是拒绝赵某提取所剩下的彩电。

问题

1. 赵某要求减少保管费是否合理？为什么？
2. 仓库在拒绝足额支付保管费的情况下是否可以拒绝其提取货物？说明理由。
3. 你认为应该怎样处理？

◆ **案例三**

2015年7月24日，沈阳某经贸有限公司（以下简称“沈阳公司”）与烟台某仓储有限公司（以下简称“烟台公司”）签订仓储合同，合同约定：沈阳公司在烟台公司仓库中储存纸浆，烟台公司须保证仓库温度不能高于15℃，湿度不得大于70%，需配备相应的降温、除湿设备；存储时间为2015年8月1日至2015年11月30日；沈阳公司按月支付仓储费元2.5万元；不得允许未取得沈阳公司签字的出库单的单位或个人提取纸浆，否则由烟台公司承担一切经济损失。随后，沈阳公司将共499.815吨未漂白木浆的提单、保险单、发票等单证交付给烟台公司，烟台公司于7月27日提取货物后存放在仓库，同时出具收条。2015年8月11日，烟台公司的仓库空调发生故障，8月17日故障被初步排除，但因设备老化，后来又经常发生故障，直到9月17日故障才被完全排除。在这期间，沈阳公司的纸浆一直存放在平均温度为23℃的环境中，致使纸浆纤维发生降解，开始发生霉变。烟台公司发现上述情况后，多次与沈阳公司联系，但因对方地址和电话发生变化，一直无法联系上。为防止双方损失的进一步扩大，烟台公司于10月12日自行将货物作为废品卖给了流动的收购废品的人，卖得价款68万元。2015年10月24日，沈阳公司向烟台公司提取上述货物时，烟台公司不能提供并声称已经自行处理了。双方就赔偿事宜协商未果的情况下，沈阳公司向法院提起诉讼，请求判令烟台公司赔偿损失人民币2 923 917.75元并承担全部诉讼费用。

问题

沈阳公司的经济损失应该由谁来承担？为什么？

第 5 章

物流包装法律规范

学 习 目 标

- 物流包装的概念
- 普通货物包装所应遵循的基本原则
- 对危险货物包装的基本要求
- 包装法律规范的特点
- 危险货物的包装法律规范
- 国际物流中包装的法律规范

5.1 物流包装概述

包装是为了在流通过程中保护产品、方便储运、促进销售、而采用容器、材料及辅助物按一定的技术方法加以处理的操作活动。

商品包装根据其目的可以分为商业包装和工业包装。前者主要是为了方便零售和美化商品，因此又称为销售包装；后者主要是为保护商品在流通过程不受外力的作用或环境影响而损坏，同时便于运输与储存时的交接计数、堆码、搬运和合理积载，因此又称为运输包装。

从物流的角度看，还存在为方便使用而进行的包装，例如，在配送中心，存在对货物进行重新包装或分成小包装等的加工作业。

5.1.1 包装的含义

定义 《包装通用术语》(GB/T 4122.1—2008) 中对包装的定义是："为在流通过程中保护产品、方便储运、促进销售，按一定技术方法而采用的容器、材料及辅助物的总体名称。也指为了达到上述目的而采用容器、材料和辅助物的过程中施加一定技术方法等的操作活动。"

它包括静态的包装物和动态的包装过程两个方面。静态的包装物是指用来进行包装的容器或其他材料；动态的包装过程是指为了保护产品、方便储运、促进销售，按一定的技术方法而采用容器、材料及辅助物进行包装，并在包装物上附加有关标志的过程。

5.1.2 包装在物流系统中的地位

1．包装在物流中的地位

在社会再生产过程中，包装处于生产过程的末尾和物流过程的开头，它既是生产的终点，又是物流的始点。作为物流的始点，包装完成后，产品便具有了物流的能力，在整个物流过程中，包装可以发挥保护产品进行物流的作用，最后实现销售。因而，包装对物流有着决定性的作用。

2．包装与物流其他环节的关系

（1）包装与运输方式的关系

一方面，运输的方式决定包装的方式和材料。如果是小批货物单独运输，则应该尽量采用坚固的包装，如木箱包装。而如果放在集装箱中运输，则可以使用单薄的包装，如纸箱包装。另一方面，包装的方式影响运输。在通常的情况下，包装方式应该根据运输方式决定，但是在特殊的情况下，也会根据包装的方式决定运输方式。如在生产过程中已经采用了精密的包装，在这种情况下，就应该采用安全的、快速的运输方式。

（2）包装与仓储的关系

包装会影响仓储的效益。除极特别的情况，如砂石在露天场所堆放外，商品都被包装在包装物中存储在仓库里，因此，包装的形态和方式应该与仓储相配合。例如，方形的仓库堆放以圆柱体包装物包装的商品将会降低仓库的实际使用面积，降低效益。

（3）包装与搬运装卸方式的关系

一方面，包装影响搬运装卸方式及工具的使用。以小型包装方式包装的商品可以利用人力进行搬运装卸，而采用大型或集体包装的商品则必须使用机械进行搬运装卸。另一方面，装卸方式也会影响包装。如果采用机械进行搬运装卸，包装应该有足够的轻度，才能保证商品不受损害。

5.1.3 物流企业在包装作业中的法律地位

包装是物流的一个重要环节，在物流运转的仓储、运输、搬运装卸或者流通加工环节中均有可能涉及包装。因此，当企业承担包装在内的几种物流作业时，其法律地位首先应当根据物流服务合同确定，然后再根据企业是否与他人签订分包合同进一步加以确定。

1．自身进行包装活动的企业的法律地位

具有包装能力的企业，是指以自身的技术和能力完成物流过程中包装环节的企业。此时，企业根据其与物流需求方签订的物流服务合同，成为物流服务合同的一方提供包装物流服务的当事人。其权利义务由物流服务合同决定，同时在包装的过程中应该遵守国家相关法规和相应的标准。

2. 自身不进行包装的企业在物流包装中所处的法律地位

如果该企业没有进行包装的能力或由于某种原因不亲自进行包装时，企业可以与其他主体，如专门的包装企业签订劳务合同。此时，企业是接受包装物流服务的一方当事人。如果物流企业同时分别是两个相互关联的包装物流服务合同的当事人，对包装需求方的物流服务合同而言，物流企业是受托人，须按照物流合同完成委托事项；对包装提供方的物流服务合同而言，物流企业是委托人，有权要求提供者按照约定的时间和相应的标准完成包装事项，则物流企业的权利和义务同时受到两个合同的调整和约束。

5.1.4　包装法律规范的含义和特点

链接　包装法律规范是一切与包装有关的法律的总称。目前，我国的包装法律规范散见在各类相关的法律中，如《专利法》、《商标法》等。另外，有关出版、印刷等的法律中也有关于包装法的内容。

包装法律规范具有如下特点。

（1）强制性

在进行包装的过程中必须按照相应法律规范的要求进行，不得随意变更。包装法律规范具有这一特点是由于大部分包装法律都属于强制性法律规范，如《食品卫生法》、《一般货物运输包装通用技术条件》、《危险货物运输包装通用技术条件》、《危险货物包装标志》等，这些标准都是强制性的，是必须遵守的技术规范。

（2）标准性

包装法律规范多体现为国家标准或行业标准。标准化是现代化生产和流通的必然要求，也是现代化科学管理的重要组成部分，我国的包装立法也体现了这一特点。

介绍与了解

包装标准体系

中国包装业协会制定了包装标准体系，主要包括以下 4 大类：

1）包装相关标准。主要包括集装箱、托盘、运输、储存条件的有关标准。

2）综合基础包装标准。包括标准化工作规则、包装标志、包装术语、包装尺寸、运输包装件基本试验方法、包装技术与方法和包装管理等方面的标准。

3）包装专业基础标准。包括包装材料、包装容器和包装机械标准。

4）产品包装标准。涉及建材、机械、轻工、电子、仪器仪表、电工、食品、农畜水产、化工、医疗器械、中药材、西药、邮政和军工 14 大类，每一大类产品中又有许多种类的具体标准。

（3）技术性

包装法律中包含大量以自然科学为基础而建立的技术性规范。包装具有保护物品不受损害的功能，特别是高精尖产品和医药产品，采取何种技术和方法进行包装将对商品有重要的影响。因此，国家颁布的包装法律规范含有很强的技术性。

（4）分散性

包装法律规范以分散的形态分布于各个相关法律规范中。我国的包装法律不仅分散于各类与包装有关的法律中，如《食品卫生法》、《商标法》，还广泛地分布于有关主管单位的通知和意见中，如铁道部颁发的一系列关于铁路运输包装的通知和规定等。

5.1.5 包装中所涉及的知识产权

知识产权是指民事主体对其创造性的智力劳动成果依法享有的专有权利。它可以分为工业产权和著作权（版权）两大部分，其中，工业产权包括专利权和商标权。包装中所涉及的知识产权主要为商标权和专利权。

1．商标权

商标权又称商标专用权，是指商标所有人在法律规定的有效期限内，对其经商标主管机关核准的商标享有的独占的、排他的使用和处分的权利。商标通常印刷在包装特别是销售包装上，成为包装的一部分。它作为知识产权，也受到法律的保护，在进行包装设计时要特别注意不要造成对商标权的侵害。

链接 根据《商标法》，以下行为属于侵害商标权的行为：

- 未经商标注册人许可，在同一种商品或者类似商品上使用与其注册商标相同或者近似的商标；
- 销售侵犯注册商标专用权的商品；
- 伪造、擅自制造他人注册商标标志或者销售伪造、擅自制造的注册商标标志；
- 未经商标注册人同意，更换其注册商标并将该更换商标的商品又投入市场；
- 给他人的注册商标专用权造成其他损害。

2．专利权

专利权是指专利主管机关依照专利法授予专利的所有人或持有人或者他们的继受人在一定期限内依法享有的对该专利制造、使用或者销售的专有权。根据我国《专利法》的规定，专利包括发明、实用新型和外观设计。

1）发明是指对产品、方法或者其改进所提出的新的技术方案。新的包装材料的发明可以申请发明专利。

2）实用新型是指对产品的形状、构造或者其结合所提出的适于实用的新的技术方案。新的包装形状可以申请实用新型专利。

3）外观设计是指对产品的形状、图案、色彩或其结合所做出的富有美感并适用于工业上应用的新设计。新的包装图案设计可以申请外观设计专利。

专利权是一种无形资产，我们已经进入知识经济的时代，专利作为一种资产的价值越来越明显，专利侵权的事情也越来越多。

此外，按出版、印刷方面相关法律法规的规定，有些文字、图案等在包装物上的使用也要受到限制。

5.1.6 物流包装法律法规简介

在物流包装过程中，只有选用了合适的包装材料，科学的包装容器结构，应用了合理的包装技术，执行了相关的法规、技术标准，才能保证物流包装的正常进行。完善物流包装法律法规是国外经济发达国家促进包装业发展的成功经验。

1.《中华人民共和国环境保护法》

该法自 1989 年 12 月 26 日起施行，最新修订版于 2015 年 1 月 1 日生效。具体条款主要有：排放污染物的企事业单位和其他生产经营者，应当采取措施，防治在生产建设或者其他活动中产生的废气、废水、废渣、医疗废物、粉尘、恶臭气体、放射性物质以及噪声、振动、光辐射、电磁辐射等对环境的污染和危害。 排放污染物的企事业单位，应当建立环境保护责任制度，明确单位负责人和相关人员的责任；企业应当优先使用清洁能源，采用资源利用率高、污染物排放量少的设备以及废弃物综合利用技术和污染物无害化处理技术，减少污染物的产生。

2.《中华人民共和国固体废物污染环境防治法》

该法于 2015 年 4 月 24 日第二次修订通过。修订后的固体废物污染环境防治法与工厂企业和百姓的日常生活都息息相关。对商品包装，特别针对过度包装问题，新法中有了明确规定。该法对固体废物污染环境防治的监督管理、固体废物污染环境的防治做出了详细规定，并对危险废物污染环境防治做了特别规定。

该法规定：产品和包装物的设计、制造，应当遵守国家有关清洁生产的规定。国务院标准化行政主管部门应当根据国家经济和技术条件、固体废物污染环境防治状况以及产品的技术要求，组织制定有关标准，防止过度包装造成环境污染。生产、销售、进口依法被列入强制回收目录的产品和包装物的企业，必须按照国家有关规定对该产品和包装物进行回收。国家鼓励科研、生产单位研究、生产易回收利用、易处置或者在环境中可降解的薄膜覆盖物和商品包装物。

对危险废物的容器和包装物以及收集、贮存、运输、处置危险废物的设施、场所，必须设置危险废物识别标志。收集、贮存、运输、处置危险废物的场所、设施、设备和容器、包装物及其他物品转做他用时，必须经过消除污染的处理，方可使用。

3.《包装资源回收利用暂行管理办法》

该法自 1999 年 1 月 1 日起，随同《包装与包装废弃物 第 1 部分：处理和利用通则》

（GB/T 16716.1—2008）一并在全国范围内贯彻实施，是为了促进我国国民经济可持续发展和“绿色包装工程”的实施，以达到消除包装废弃物，特别是“白色污染”造成的危害而制定的。

4.《中华人民共和国清洁生产促进法》

该法自 2003 年 1 月 1 日起施行，2012 年 2 月 29 日修订通过，自 2012 年 7 月 1 日实施。该法对商品包装有详尽的规定。产品和包装物的设计，应当考虑其在生命周期中对人类健康和环境的影响，优先选择无毒、无害、易于降解或者便于回收利用的方案。企业对产品的包装应当合理，包装的材质、结构和成本应当与内装产品的质量、规格和成本相适应，减少包装性废物的产生，不得进行过度包装。依法利用废物和从废物中回收原料生产产品的，按照国家规定享受税收优惠。

5.《中华人民共和国食品安全法》

新修订的食品安全法自 2015 年 10 月 1 日起施行，具体规定如下：

直接入口的食品应当使用无毒、清洁的包装材料、餐具、饮具和容器。食品生产经营企业应当有与食品品种、数量相适应的食品原料处理和食品加工、包装、贮存等场所；餐具、饮具和盛放直接入口的食品的容器，使用前必须洗净、消毒。贮存、运输和装卸食品的容器、工具、设备应当安全、无害，保持清洁，防止食品污染。预包装食品的包装上应当有标签，标签应标注名称、规格、净含量、生产日期、成分或者配料表、生产者的名称、地址、联系方式、保质期、产品标准代号、贮存条件等。专供婴幼儿和其他特定人群的主辅食品，其标签还应当标明主要营养成分及其含量。生产经营转基因食品应当按照规定显著标示。保健食品的标签、说明书不得涉及疾病预防、治疗功能，内容应当真实等。进口的预包装食品、食品添加剂应当有中文标签。依法应当有说明书的，还应当有中文说明书。

6.《中华人民共和国药品管理法》

该法自 2001 年 12 月 1 日起施行，新修订的药品管理法于 2015 年 4 月 24 日公布。在商品包装方面该法对药品包装材料和容器的选用、印刷及说明等做了明确规定。

该法规定：直接接触药品的包装材料和容器，必须符合药用要求，符合保障人体健康、安全的标准；药品生产企业不得使用未经批准的直接接触药品的包装材料和容器；发运中药材必须有包装。在每件包装上，必须注明品名、产地、日期、调出单位，并附有质量合格的标志；麻醉药品、精神药品、医疗用毒性药品、放射性药品、外用药品和非处方药的标签，必须印有规定的标志。

7.《中华人民共和国进出口商品检验法》

该法自 1989 年 8 月 1 日起施行，2013 年 6 月 29 日修订。

该法中涉及商品包装的具体条款有：为出口危险货物生产包装容器的企业，必须申请商检机构进行包装容器的性能鉴定；生产出口危险货物的企业，必须申请商检机构进行包装容器的使用鉴定；对装运出口易腐烂变质食品的船舱和集装箱，承运人或者装箱单位必须在装货前申请检验。

8.《危险化学品包装物、容器定点生产管理办法》

该法自 2002 年 11 月 15 日起施行。危险化学品包装物、容器必须由取得定点证书的专业生产企业定点生产。取得定点证书的企业应当按照国家有关法规和国家、行业标准设计、生产危险化学品包装物、容器。危险化学品包装物、容器经国家质检部门认可的专业检测检验机构检测合格后方可出厂。取得定点证书的企业，应当在其生产的包装物、容器上标注危险化学品包装物、容器定点生产标志。

9.《铁路货物运输规程》

该规程是以《中华人民共和国经济合同法》、《中华人民共和国铁路法》和《铁路货物运输合同实施细则》的基本原则为依据制定的。

该规程规定：托运人托运货物，应根据货物的性质、重量、运输种类、运输距离、气候以及货车装载等条件，使用符合运输要求、便于装卸和保证货物安全的运输包装。有国家包装标准或部包装标准（行业包装标准）的，按国家标准或部标准进行包装。

10. 其他有关法规

《专利法》规定了授予专利权的专利要具备新颖性、先进性和实用性三个条件。专利权的发明专利、实用新型专利和外观设计专利在包装产品中大量存在。近年来与包装有关的材料技术、机械技术、容器结构、商标图案都成了专利对象。因此在包装设计时要注意不可违反专利法，避免纠纷；《商标法》规定商标注册人享有专用权，受法律保护。假冒他人注册商标者，除赔偿损失和罚款外，对直接责任人由司法机关追究刑事责任；《经济合同法》中有十分明确的包装条款，主要涉及购销合同、货物运输合同、仓储保管合同中的包装条款。《计量法》规定了包装容器的容量、重量、计量单位及标志；标准化管理条例对包装标准有一系列的要求，在设计包装容器、制造包装件等方面应遵守条例规定；外贸包装除了应符合合同法、商标法、专利法的要求外，还应符合海商法、保险法、涉外税法和进出口货物管制法等涉外经济法规的有关规定。

5.2　普通货物包装的法律原则及要求

5.2.1　普通货物的含义

普通货物是指除危险货物、鲜活易腐的货物以外的一切货物。

与危险货物相比，普通货物的危险性大大小于危险货物，因而，其对包装的要求相对较低。物流企业在对普通货物进行包装时，有国家强制性的包装标准时，应遵守该标准；在没有强制性规定时，应从适于仓储、运输和搬运，并适于商品的适销性角度考虑，按照对普通货物包装的原则，妥善包装。

5.2.2 普通货物包装中所适用的法律规范

我国没有关于包装的专门法律，但是与货物销售、运输、仓储有关的法律、行政法规、部门规章、国际公约中都包含了对包装的规定，如我国的《合同法》、《海商法》、《食品卫生法》、《水路货物运输规则》，以及《联合国国际货物销售合同公约》、《国际海运危险货物规则》等。除此之外，包装法律规范还包含各种包装标准。

许多国家还从环境保护和保障消费者权益的角度来规范包装行为。我国消费者协会也曾明确指出，只要包装体积明显超过商品本身的 10% 和包装费用明显超出商品的 30%，就可判定为“商业欺诈”。已经颁布实施的《环境保护法》、《清洁生产促进法》、《固体废物污染环境防治法》、《水污染防治法》、《大气污染防治法》等一系列国家大法，为制止不当包装行为，保护环境提供了有力的保证。

5.2.3 普通货物包装所应遵循的基本原则

安全原则、“绿色”原则及经济原则为普通货物包装应遵循的三大原则，其涉及产品责任问题。

1. 安全原则

安全原则是指物品的包装应该保证物品本身及相关人员的安全，具体包括两个方面。

（1）商品的安全

包装的第一大功能就是保护物品不受外界伤害，保证物品在物流的过程中保持原有的形态，不致损坏和散失。生产的商品最终要通过物流环节送达消费者手中，在这个过程中，商品经常会遇到一系列的威胁，包括外力的作用，如冲击、跌落；环境的变化，如高温、潮湿；生物的入侵，如霉菌、昆虫的入侵；化学侵蚀，如海水、盐酸等的侵蚀；人为的破坏，如偷盗等。而包装则成为对抗这些危险、保护商品的一道屏障。

（2）相关人员的人身安全

一些危险的商品，如农药、液化气等，具有易燃、易爆、有毒、腐蚀、放射性等特征，如果包装的性能不符合要求或者使用不当，很可能引发事故。对于这些商品，包装除起到保护商品不受损害的作用外，还可保护与这些商品发生接触的人员的人身安全，如搬运工人、售货人员等的安全。包装如果不符合要求，将会造成严重的后果。

2.“绿色”原则

“绿色”原则对物品或货物的包装应符合环境保护的要求。环境保护是当今世界经济发展的主题之一，它在包装行业中也有所体现。世界上几乎所有国家用来包装食品和药品的材料，绝大多数为塑料制品。让人担忧的是在一定的介质环境和温度条件下，塑料中的聚合物单体和一些添加剂会溶出，并且少量地转移到食品和药物中，从而引起急性或慢性中毒，严重的甚至会致癌。而且，由于世界每年消耗的塑料制品很多，它们被使用后遭人丢弃成为垃圾，很难腐烂。因此，绿色包装的问题是一个迫切需要解决的问题，在国外，已经有许多国家和地区开始行动。它们颁布法律，在包装中全面贯彻绿色意识。我国的包装立法处于起步阶段，更应该顺应国际包装的发展趋势，将绿色包装作为包装法的基本原则之一。

3. 经济原则

经济原则是指包装应该以最小的投入得到最大的收益。包装成本是物流成本的一个重要组成部分，昂贵的包装费用将会降低企业的收益率。特别是我国目前仍然处于社会主义的初级阶段，生产力还不发达，奢华的包装不仅会造成社会资源的极大浪费，还会产生不良的社会影响。但是，包装过于低价或者粗糙，也会降低商品的吸引力，形成商品销售的障碍。经济原则即是在两者之间达到平衡，使包装既不会造成资源浪费，又不会影响商品的销售。

5.2.4　销售包装的基本要求

销售包装是指直接接触商品并随商品进入零售网点与消费者直接见面的包装。这类包装的特点是外形美观，有必要的装潢，包装单位适于顾客的购买量及商店陈设的要求。

销售包装通常情况下由商品的生产者提供，但是，如果物流合同规定由物流企业为商品提供销售包装，则物流企业需要承担商品的销售包装义务，因此，物流企业在进行销售包装时需要按照销售包装的基本要求进行操作。在销售包装上，一般会附有装潢图和文字说明，选择合适的装潢和说明将会促进商品的销售。销售包装的基本要求主要涉及以下几个方面。

1. 图案设计

图案是包装设计的三大要素之一，它包括商标图案、产品形象、使用场面、产地景色、象征性标志等内容。在图像的设计中，使用各国人们喜爱的形象固然重要，但更重要的是避免使用商品销售地所禁忌的图案。

2. 文字说明

在销售包装上应该附一定的文字说明，表明商品的品牌、名称、产地、数量、成分、用途、使用说明等。在制作文字说明时一定要注意各国的管理规定。

3. 条形码

商品包装上的条形码是指按一定编码规则排列的条空符号，它由表示一定意义的字母、数字及符号组成，通过光电扫描阅读设备，作为计算机输入数据的特殊代码语言。条形码自 1949 年问世以来得到了广泛运用。20 世纪 70 年代，美国将其运用到食品零售业。目前，世界上许多国家的商品都使用条形码，各国的超级市场都使用条形码进行结算。如果没有条形码，即使名优商品也不能进入超级市场。有些国家还规定，如果商品包装上没有条形码，不予进口。

5.2.5 运输包装的基本要求

运输包装是指以强化运输、保护产品为主要目的的包装。

货物的运输包装必须符合国家强制性标准《一般货物运输包装通用技术条件》，它对适用于铁路、公路、水运、航空承运的一般货物运输包装的总要求做了规定。运输包装如不符合该标准规定的各项技术要求，运输过程中一旦造成货损或对其他关系方的人身、财产造成损害，均由包装责任人承担赔偿之责。对包装不符合要求的货物，运输部门可以拒收。

运输包装的基本要求为：由于货物运输包装是以运输储存为主要目的的包装，因此必须具有保障货物安全、便于装卸储运、加速交接点验等功能，同时应确保在正常的流通过程中，能够抗御环境条件的影响而不发生破损、损坏等现象，保证安全、完整、迅速地将货物运至目的地。此外，货物运输包装还应符合科学、牢固、经济、美观的要求。

5.2.6 包装条款

1. 包装条款的内容

在物流服务合同中，可能会订有包装条款。包装条款一般包括以下三个方面的内容。

（1）包装的提供方

在物流服务合同中，包装条款应该载明包装由哪一方来提供。这样的规定不仅有助于明确物流企业在包装中所处的法律地位，而且有助于在由于包装的问题引起货物损坏或灭失时划分责任。

（2）包装材料和方式

包装材料和方式是包装的两个重要方面，它们分别反映了静态的包装物和动态的包装过程。包装材料条款主要载明采用什么包装材料，如木箱装、纸箱装、铁桶装、麻袋装等；包装方式条款则主要载明怎样进行包装。在这两点之外，可以根据需要加注尺寸、每件重量或数量、加固条件等。随着科学技术的发展，包装材料和包装方式也越来越精细，同样都是塑料包装，不同的塑料则有不同的特性，所以在订立这一条款时应准确详细，以免产生不必要的纠纷。

（3）运输标志

运输标志是包装条款中的主要内容。运输标志通常表现在商品的运输包装（以强化运输、保护产品为主要目的的包装）上。在贸易合同中，按照国际惯例，一般由卖方设计确定，也可由买方决定。运输标志会影响货物的搬运装卸，所以要求在合同条款中明确载明。

2. 订立包装条款时应注意的问题

1）合同中有些包装术语如“适合海运包装”、“习惯包装”等，因可以有不同的理解，从而容易引起争议，除非合同双方事先达成共识，否则应避免使用。尤其是设备包装条件，应在合同中做出具体明确的规定，如对特别精密的设备，除规定包装必须符合运输要求外，还应规定防震措施等条款。

2）包装费用一般都包括在货价内，合同条款不必列入。但是，如果一方要求特殊包装，则可增加包装费用，如何计费及何时收费也应在条款中列明。如果包装材料由合同的一方当事人供应，则条款中应明确包装材料到达时间，以及逾期到达时该方当事人应负的责任。运输标志如由一方当事人决定，也应规定标志到达时间（标志内容须经卖方同意）及逾期不到时该方当事人应负的责任等。

3）包装条款不能太笼统。在一些合同中，包装条款仅写明“标准出口包装”，这是一个较为笼统的概念。在国际上还没有统一的标准来界定包装是否符合“标准出口包装”的要求。因此，国外一些客户在这方面大做文章，偷工减料，以减少包装成本。

5.3　危险货物的包装规则

5.3.1　危险货物的含义

危险货物是指具有爆炸、易燃、毒害、腐蚀、放射性等性质，在运输、装卸和保管储存过程中容易造成人身伤亡和财产损毁而需要特别防护的货物。

5.3.2　对危险货物包装的基本要求

由于危险货物自身的危险性质，我国对危险货物的包装采用了不同于普通货物的特殊要求，并且这些规定和包装标准均是强制性的，因此，物流企业在进行危险货物的包装时，应当严格按照我国的法律规定和标准，以避免危险货物在储存、运输、搬运装卸中出现重大事故。

我国对危险货物包装的基本要求：

- 应该能够保护货物的质量不受损坏；
- 保证货物数量的完整；
- 防止物流过程中发生燃烧、爆炸、腐蚀、毒害、放射性辐射等事故造成的损害，保证物流过程的安全；
- 危险货物包装的基本要求、等级分类、性能试验、检验方法等都应该符合国家的强制性标准。

5.3.3　危险货物运输包装的要求

1. 危险货物运输包装的含义

根据《危险货物运输包装通用技术条件》的规定，除爆炸品、压缩气体、液化气体、感染性物品和放射性物品的包装外，危险货物包装按其防护性能可分为以下几类：

- Ⅰ类包装，即适用于盛装高度危险性的货物的包装；
- Ⅱ类包装，即适用于盛装中度危险性的货物的包装；
- Ⅲ类包装，即适用于盛装低度危险性的货物的包装。

2. 危险货物运输包装所适用的标准及其基本内容

危险货物运输所适用的国家标准是《危险货物运输包装通用技术条件》。该标准是由国家颁布的，它规定了危险货物运输包装的分级，运输包装的基本要求、性能测试和测试的方法，同时也规定了运输包装容器的类型和标记代号强制适用的技术标准。

该标准强制适用于盛装危险货物的运输包装，是运输生产和检验部门对危险货物运输包装质量进行性能试验和检验的依据。

该标准不适用于以下几种情况的包装：

- 盛装放射性物质的运输包装；
- 盛装压缩气体和液体气体的压力容器的包装；
- 净重超过 400 千克的包装；
- 容积超过 450 升的包装。

3. 对危险货物运输包装的强度、材质等的要求

根据《危险货物运输包装通用技术条件》的规定，危险货物运输包装的强度及采用的材质应满足以下基本要求：

1）危险货物运输包装应结构合理，具有一定强度，防护性能好。

2）包装的材质、形式、规格、方法和单件质量（重量），应与所装危险货物的性质和用途相适应，并便于装卸、运输和储存。

3）包装应该质量良好，其构造和封闭形式应能够承受正常运输条件下的各种作业风险。不因温度、湿度、压力的变化而发生任何泄漏，包装表面应该清洁，不允许黏附有害的危险物质。

4）包装与内包装直接接触部分必要时应该有内涂层或进行防护处理。

5）包装材质不得与内包装物发生化学反应而形成危险产物或导致削弱包装强度；内容器应该固定。如果属于易碎物，应采用与内装物性质相适应的衬垫材料或吸附材料衬垫；盛装液体的容器，应能经受在正常运输条件下产生的内部压力，灌装时必须留有足够的膨胀余地，除另有规定外，应该保证温度在 55℃ 时，内装物不会完全充满容器。

6）包装封口应该根据内包装物性质采用严密封口、液密封口或气密封口。

7）盛装需浸湿或夹有稳定剂的物质时，其容器应能有效地保证内装液体、水溶剂或稳定剂的百分比在储运期间保持在规定范围内。

8）有降压装置的包装，排气孔设计和安装应能防止内装物泄漏和外界杂质的混入。排出的气体量不得造成危险和污染环境。复合包装内容器和外包装应紧密贴合，外包装不得有擦伤内容器的凸出物。

9）无论新型包装、重复使用的包装，还是修理过的包装，均应符合危险货物运输包装性能测试的要求。

5.4　国际物流中的包装法律规范

5.4.1　国际物流中包装的特点

国际物流是相对于国内物流而言的，它是国内物流的延伸和发展，同样包括运输、包装、流通加工等若干子系统。相对于国内物流的包装来说，国际物流中的包装具有以下特点。

（1）国际物流对包装强度的要求较高

国际物流的过程与国内物流相比时间长、工序多，因此在国际物流中，一种运输方式往往难以完成物流的全过程，经常采取多种运输方式联运，这样就增加了搬运装卸的次数及存储的时间。在这种情况下，只有增加包装的强度，这样才能达到保护商品的作用。

（2）国际物流对包装的标准化要求较高

这也是由国际物流过程的复杂性所引起的。为了提高国际物流的效率，减少不必要的活动，国际物流过程中对包装的标准化程度越来越高，以便于商品顺利地流通。

（3）国际物流包装的法律适用较复杂

国际物流涉及两个或两个以上不同的国家，法律制度存在着差异，同时又存在着若干调整包装的国际公约，所以国际物流中与包装有关的法律适用更加复杂。

5.4.2　国际物流中包装所适用的法律

1．国际物流参与国的国内法

国际物流是商品在不同国家的流动，所以其包装应该遵守相关国家的法律规定。这里的相关国家指的是物流过程的各个环节所涉及的国家，如运输起始地所在国、仓储地所在国、流通加工地所在国。

国际物流中的包装必须遵守参与国际物流国家的关于包装的强制法，对于非强制性的规定及当事人可以选择适用的法律，可以由当事人自行决定。

2．相关的国际公约

目前世界上并没有专门规定商品包装的国际公约，但是在国际贸易以及国际运输领域的公约中包含着对商品包装的规定，如《汉堡规则》、《联合国国际货物买卖公约》等。

5.4.3　《国际海运危险货物规则》中对于危险货物包装的基本要求

1．包装的材质、种类应与所装危险货物的性质相适应

危险货物的种类不同，性质也有所差异，所以对包装的要求也不相同，这一点在一些化学制品上表现得十分明显。包装应该具备一定的强度，以保证在正常的海运条件下，包装内的物质不会散漏和受到污染。越危险的货物对包装的要求也越高，同样危险的货物单件包装重量越大，对包装的强度要求也越高。同时，包装的强度也应该与运输的长度成正比。包装的设计应考虑到在运输过程中温度、湿度的变化。应该保证在环境发生变化的情

况下，包装不发生损坏。

2．包装的封口应该符合所装危险货物的性质

通常情况下，危险物质的包装封口应该严密，特别是易挥发、腐蚀性强的气体。但是，有些物质由于温度上升或其他原因会散发气体，使容器内的压力逐渐加大，导致危险发生，对于这种货物，封口不能密封。所以采用什么样的封口应该由所装的危险货物的性质来决定。封口可以分为气密封口、液密封口。

3．内外包装之间应该有合适的衬垫

内包装应处于外包装内，以防止内包装发生破裂、渗漏和戳破，使货物进入外包装。所以在内外包装之间应该采取适当的减震衬垫材料。衬垫不能削弱外包装的强度，而且衬垫的材料还必须与所装的危险货物的性能相适应，以避免危险的发生。

4．包装应该能经受一定范围内温度和湿度的变化

在物流过程中，包装除应具有一定的防潮衬垫外，本身还要具有一定的防水、抗水性能。

5．包装的重量、规格和形式应便于装卸、运输和储存

每件包装的最大容积和最大净重均有规定。根据《国际海上危险货物运输规则》的规定，包装最大容量为 450 升，最大净重为 400 千克。同样包装的外形尺寸与船舶的容积、载重量、装卸机具应该相适应，以方便装卸、积载、搬运和储存。

小结

包装法律规范指的是一切与包装有关的法律规范的总称。目前我国的包装法律规范散见在各类有关的法律规范中。本单元介绍了包装及包装法规的基本概念和特点，阐述了普通货物包装所应遵循的安全、绿色、经济的基本原则和基本要求；重点讲述了《危险货物运输包装通用技术条件》、《水路危险货物运输规则》及其他相关法规对危险货物包装的规定和《国际海运危险货物规则》中对于危险货物包装的基本要求及物流中与包装有关的各类法规。

复习思考题

1．包装的特点有哪些？

2．简述普通货物包装应遵循的基本原则。

3．对危险货物包装的基本要求是什么？

4．简述《国际海运危险货物规则》中对于危险货物包装的基本要求。

案例分析

◆ 案例一

2015 年某月，甲公司委托当地一家货运公司（以下简称乙公司）托运货物到外地。乙公司提供上门服务，在甲公司处，甲公司员工填写了乙公司提供的格式发货工作单，货物品名为仪器，声明价值 2 万元，保价费 50 元，并注明原包装为纸箱，要求打木箱。填写好工作单后，双方员工共同将货物搬上四轮车，乙方员工将车推往电梯。刚走出不远，货物从四轮车上倒了下来，打开纸箱发现面板损坏，以上事故发生经过由现场的双方员工书面记录下来，并注明机器包装的木托不完整，缺少一个支撑架。随后机器被送往上海，上海维修点修好后将维修费列表传真给甲公司，维修费用为 10 万元。

甲公司提出，该设备价值 40 万元，因乙公司的原因导致损坏要求赔偿 10 万元；乙公司以甲公司办理保价手续时申明的设备价值为 2 万元为由拒绝赔偿 10 万元；甲公司认为乙公司的合同为格式条款，应该不予采用。双方无法达成协议，随后甲公司向当地法院提起诉讼，要求乙公司赔偿修理费 10 万元。

问题

甲公司的损失应该由谁来承担？为什么？

◆ 案例二

A 物流服务公司为武汉 B 制衣厂的服装出口提供长期国际综合物流服务，即由 A 物流公司进行服装包装，安排国际联运以及到货配送。2015 年 6 月，A 物流公司对包括武汉 B 制衣厂等在内的 6 家货方提供服务，将它们的货物同船承运，其中，提单号为 WH2000601 ~ WH2000609 的货物为武汉 B 制衣厂服装。当载货船驶离上海港后不久与他船相撞，载货船受创严重，船舶进水，致使提单号为 WH2000601 ~ WH2000609 号的货物遭水浸。经查，货物受损原因为船舶进水，船上集装箱封闭不严，致使货遭水浸。

问题

武汉 B 制衣厂的货物损失应该由谁来承担？为什么？

第 6 章

货物搬运与装卸法律规范

学 习 目 标

- 货物搬运装卸概述
- 港站经营人的法律地位与责任
- 港口搬运装卸作业的法律规范
- 集装箱码头搬运装卸作业的特殊规定
- 铁路、公路搬运装卸作业中的法律规范

在整个物流过程中，装卸搬运是不断出现和反复进行的活动，它出现的频率高于其他各种物流活动。同时，每次装卸搬运都要占用很多时间，消耗很多劳动。因此，提高装卸搬运效率，不仅成为决定物流速度的关键，而且是影响物流费用高低的重要因素。从法律规范方面开展装卸搬运的研究，可以保障装卸搬运合理化的实现，发挥物流系统整体的功能。用法律规范来调整行为人在物流装卸搬运所发生的关系，有助于减少人为因素的干扰，理顺装卸搬运关系，降低物流费用，提高物流速度。

6.1 货物搬运装卸概述

6.1.1 搬运装卸的概念

定义 装卸是指物品在指定地点以人力或机械装入运输设备或从运输设备卸下的活动。搬运是指在同一场所内将物品进行以水平移动为主的物流作业。

搬运装卸指的是为了改变“物”的存放、支撑状态所进行的一系列活动。其中，在同一地域范围内如港口和车站范围、工厂范围、仓库内部等所进行的活动称为装卸；改变“物”的空间位置的活动称为搬运。有时候或在特定场合，单称“装卸”或单称“搬运”也包含了“搬运装卸”的完整含义。

在实际操作中，装卸与搬运通常密不可分，两者总是相互伴随发生的。在使用习惯中，物流领域中也通常将搬运装卸这一整体活动称作“货物装卸”；在生产领域中，常将这一整体活动称作“物料搬运”。因此，在物流活动中不强调两者的差别，而是将搬运和装卸放在一起进行研究。

6.1.2　搬运装卸在物流活动中的地位

搬运装卸是物流活动的节点。

1. 搬运装卸是物流中附属性、伴随性的活动

在产品从生产商到消费者的过程中，搬运装卸是必不可少的一项活动。搬运和装卸业不是独立存在的，通常伴随着仓储和运输而发生。所以，虽然搬运装卸是进行物流其他操作时不可缺少的组成部分，却时常被人忽视，它通常被视为物流其他环节的一部分。

2. 搬运装卸是物流中支持性、保障性的活动

搬运装卸虽具有附属性，但是这种附属并不是被动的，搬运装卸可以为物流的其他环节提供支持保障，对其他物流活动有一定的决定作用。如果不将货物装上船舶就无法进行运输，不将货物搬运进仓库，就不可能进行仓储。搬运装卸还会影响其他物流活动的质量和速度。如不适当地装船，会引起货物在运输过程中的破损，严重时还会引起事故，这种由于搬运不当引起的交通事故在水路运输中很常见；如卸货不当，将会导致产品物流下一个环节的不方便，尤其在仓储业中，产品装卸不当将严重影响工作效率。

3. 搬运装卸是物流中衔接性的活动

任何其他物流活动互相过渡时，都是以搬运装卸来衔接。因此，搬运装卸是连接物流各环节的桥梁，是物流各功能之间能否形成有机联系和紧密衔接的关键，是建立一个有效的物流系统的关键环节。

6.1.3　物流企业在搬运装卸作业中的法律地位

搬运装卸经常与运输、仓储等环节联系在一起，物流企业不可避免地会在物流过程中从事搬运装卸的活动。同时，搬运装卸是一项技术水平要求较高的活动，所以物流企业通常将搬运装卸业务交给一些专业的搬运装卸企业去完成。因此，在不同的操作方式中，物流企业具有不同的法律地位。

1. 物流企业根据合同亲自完成搬运装卸活动

物流企业根据物流服务合同的要求需要亲自完成搬运装卸活动时，其在搬运装卸过程中即处于搬运装卸经营人的地位。根据搬运类型的不同，可能为港口经营人、铁路搬运装卸经营人、搬运装卸经营人等。物流企业根据物流服务合同及相关法律法规享有权利和承担义务。

2. 物流企业需要完成但不亲自完成搬运装卸活动

物流企业根据物流服务合同的要求需要完成搬运装卸活动，但不亲自完成时，物流企

业通过在搬运装卸作业过程中委托专业的装卸公司实际完成装卸作业，从而处于搬运装卸作业委托人的地位。物流企业根据物流服务合同、装卸作业合同及相关法律法规享有权利和承担义务。

6.2 港站经营人的法律地位与责任

6.2.1 港站经营人的含义

定义 根据1991年《联合国国际贸易运输港站经营人赔偿责任公约》的规定，运输港站经营人是指在其业务过程中，在其控制下的某一区域内或在其有权出入或使用的某一区域内，负责接管国际运输货物，以便对这些货物从事或安排从事与运输有关服务的人。

港站经营人主要包括港口码头、内陆车站、机场货运中心的经营者，以及经营仓储、装卸、转运工作的其他人。传统上，港站经营人所涉及的业务活动就有重叠交错的特点，但基本上以提供装卸服务为主。进入物流时代后，这种情况发生了变化，服务项目更具有广泛性，活动的内容、服务的对象、服务的性质、与有关当事人建立的法律关系等都更为复杂。有些港站经营人向承运人、货物的托运人、收货人提供比较全面的港站服务，包括在他们拥有或有权使用的场所进行货物装卸作业，储存、包装或组装货物，集装箱货物的装拆箱及修理，以及短距离的货物搬运和货物的简单加工等。

6.2.2 港站经营人的法律地位

由于立法上的差异，对于港站经营人的法律地位及其应承担的责任，各国有不同的规定。在我国，因没有针对性的法律，各种观点很不统一。比较主流的看法是，尽管港站经营人的活动与承运人、货主关系密切，但是他们并不是承运人真正意义上的受雇人或代理人，其行为并不受承运人的约束，所以港站经营人是独立的合同当事人，作为独立的法律主体而存在。

港站经营人的法律地位的确定，与国际贸易和运输的发展紧密相关。20世纪50年代之前，由于国际贸易和运输建立在件杂货基础上，港站经营人的业务活动仅局限于件杂货的装卸，而且大多使用船上的装卸设备，因而也将运输港站经营人按船方雇用人员来理解，《海牙规则》就是如此。50年代以后，集装箱运输的出现给运输港站经营人带来了新的变化，业务活动由传统的件杂货作业向围绕集装箱运输为集装箱运输各关系方提供服务转变。由此，港站经营人的法律地位发生了变化，即不再作为船方雇用人员看待。进入90年代后，物流业的兴起使港站经营人所经营的传统业务由单一的装卸向多元化发展，人们对港站经营人的经营活动和法律地位又有了新的认识与规范。

综上所述，港站经营人的法律地位可以归纳如下：

1）既非贸易合同当事人，也非运输合同当事人。由于港站经营人不直接从事货物运输，从而不与托运人、收货人或第三人订立运输合同。同样，由于不从事国际贸易活动，也不可能成为买卖合同当事人。

2）有权与船舶经营人、货主及其他要求提供服务的人订立服务合同。港站经营人可以接受多方委托从事业务活动，并订立协议或合同。例如，与船公司订立装卸协议；与货主订立货物仓储协议；与作业委托方订立装拆箱及集装箱堆存协议等。向港站提出服务要求的可以是船公司、内陆拖运人、托运人、收货人、货运代理人、船务代理人，也可以是租用堆场、货运站的装卸设施、场所进行货物堆存、仓储、加工等服务的人。

3）可以根据委托人授权，充当代理，为委托方进行与港站自身经营活动无关的交易。按照代理活动的一般原则，在这种情况下，不可以代委托方与港站自己或港站所代理的另一方委托人进行交易。

4）对责任期间内所发生的货物灭失或损害承担赔偿责任，根据有关法律法规可以免责的情况除外。

5）可能同时受多个服务合同制约。由于其经营活动场所主要处于运输枢纽，并为多个承运人、货主或其他作业委托人服务，必然要订立多种合同。即使这些合同的标的都是服务，其服务内容也可能完全不同。

6）港站经营人的行为受各国国内相关法规、行业规范及惯例的制约。对于没有合同关系的情况，港站经营人可能因行为过失而侵犯他人权利。

可见，港站经营人的法律地位非常复杂，其中既有与船公司、货主之间的合同关系，又可能存在与船公司、货主之间的雇佣或代理关系，以及对第三方的侵权关系。当多种法律关系互相交织的时候，必须明确港站经营人的法律地位，才能决定其对各方造成损害时的赔偿责任。

6.2.3　1991 年《联合国国际贸易运输港站经营人赔偿责任公约》简介

为了在国际范围内保证货方利益，使货物在装船前和卸船后在港口保管的阶段，以及在货物转船或由于某种原因中断运输滞留在港口时，能受强制性法规的制约，同时方便承运人按照运输合同规定对受损货物做出赔偿后，能根据与港站经营人之间的合同获得相应追偿，1983 年 4 月，联合国贸易法委员会决定将运输港站经营人赔偿责任问题列入工作计划，并委托其下属的国际惯例工作组具体实施这项工作。在此后几年中，工作组经过多次讨论，于 1989 年形成并由国际贸易法委员会通过了《国际贸易运输港站经营人赔偿责任公约（草案）》。1991 年 4 月 19 日，联合国贸易法委员会专门召开会议，讨论并通过了《国际贸易运输港站经营人赔偿责任公约》。尽管该公约至今尚未生效，但各国对港口经营人方面的法律规范与赔偿责任大多按照公约的精神做了较大修改。因此可以认为，该公约代表着国际上有关港站经营人责任方面立法的统一趋势。

1. 相关定义及其解释

1）运输港站经营人是指业务活动中，在其所控制的或有权使用的场地上，负责接管国际运输货物，并对这些货物从事或安排与国际货物运输有关的服务的经营者。但是，按照有关法律规定以承运人或多式联运经营人的身份接管货物的人不应视为港站经营人。

2）货物，包括非由港站经营人提供的集装箱、托盘或其他类似的运输或包装器具。

3）国际运输，是指经营人接管货物时该货物发运地和目的地位于两个不同国家的任何运输。

4）运输有关业务，包括堆存、仓储、装载、卸载、积载、平舱、隔垫、绑扎等服务项目。

2. 适用范围

该公约的适用范围被确定为：当提供与国际货物运输有关服务的港站经营人的营业地处于缔约国内，或者依照国际私法规则缔约国法律应适用于运输有关的服务时，则应适用于本公约。如果港站经营人有一个以上的营业地，则以与运输有关服务联系最密切的营业地为港站经营人的营业地；若无营业地时，则以港站经营人的惯常住所为依据。

3. 港站经营人的责任期间

港站经营人对货物灭失或损坏的责任期间，是指从其接管货物之时起至其向有权提货的人交付或交由该人处理时止的整个期间。

4. 赔偿原则与责任基础

港站经营人对于货损货差的赔偿适用过错责任原则，即没有过错就不承担民事责任，这是不同于无过错责任的。由于在事故发生当时货主就在现场的可能性很小，因此，港站经营人必须负责举证，证明损害并不是由于其本人或雇用人员或代理人的过错造成的，或者已按合同履行了应尽义务仍无法避免损害的发生，否则将负赔偿之责，也就是说他应承担推定过失责任。

推定过失责任原则与《汉堡规则》和《联合国国际货物多式联运公约》的赔偿责任原则是一致的。港站经营人对其责任期间内发生的货物灭失、损坏或延误交货负责，除非他能证明，其本人、受雇人或代理人已采取一切所能合理要求的措施来防止有关情况的发生及其后果。如港站经营人未能在明确约定的时间内，或者无约定时，当有权提取货物的人提出收货要求后，未能在合理时间内交付货物，即构成交货延误。在约定交货时间届满后连续30日内或提出收货要求后连续30日内，港站经营人仍不交付货物，有权提取货物的人可以视为该货物已经灭失，并按货物灭失的情况向港站经营人提请赔偿。

5. 赔偿责任限制及其权利丧失

当事故的发生已成事实，无法避免赔偿时，经营人就应以责任限制来抗辩索赔人。责任限制是指当经营人对于货物的灭失损害不能免责时，对其赔偿金额进行限制，也就是说对超过限额部分的货物灭失或损害，经营人可以免于赔偿。

关于赔偿责任限制，该公约规定，港站经营人对其应负责的原因货物灭失或损坏所负的赔偿责任，以灭失或损坏货物的毛重每公斤不超过8.33特别提款权的数额为限；但是，若货物经海上或内陆水运后立即交给港站经营人，或者货物由经营人交付或待交付后进行此类运输，包括港内的提货和交货，则其赔偿责任以灭失或损坏货物的毛重每公斤不超过 2.75 特别提款权为限。港站经营人对延迟交货的赔偿责任限额，为其向被延误货物提供服务而可收取的费用的 2.5 倍，但这一数额不超过对包含该货物在内的整批货物所收费用的总和。此外，对货物灭失、损坏和延迟交付的赔偿责任总额，不得超过货物全部灭失时的赔偿限额。

该公约的上述规定是为了与《联合国国际货物多式联运公约》及其他海运、陆运、空运公约的责任限额相衔接，从而保障承运人或多式联运经营人根据有关公约赔付货主后，能从港站经营人那里获得全部赔偿。

当诉讼针对港站经营人的受雇人或代理人时，如该受雇人或代理人能证明他是在受经营人雇用和聘用的范围内行事，则其有权引用经营人根据本公约可以援引的抗辩和赔偿责任限额。

当然，并非在任何情况下经营人都可以享受责任限制的权利，否则，这将使其责任限制的权利无限扩大。为此，该公约规定，如能证明货物灭失、损坏或延迟交付，是由港站经营人、受雇人或代理人故意造成，或者明知可能造成这种灭失、损坏或延迟交付情况下轻率的行为或不行为所造成，则港站经营人、受雇人或代理人便丧失赔偿责任限制的权利。

提示：“故意”和“明知可能”都指行为人在作为或不作为时，对损害的发生所具有的心理状态。“故意”是指希望损害发生，如码头工人监守自盗；“明知可能”是指已经预见到自己的行为可能造成损害的结果，这种出于轻率的作为或不作为属于重大过失。在实践中，判断行为人是否有过失，必须以行为人是否应当注意、能够注意却未注意作为依据。过失可分为一般过失和重大过失。如果法律在某种情况下对某一行为人应当注意或能够注意的程度有较高要求时，行为人没有遵守这种较高的要求，但未违背一般人应当注意并能注意的一般规则，就是一般过失。如果行为人不但没有遵守法律对他的较高要求，甚至连人们应当注意的一般标准也未达到，这就是重大过失，经营人对此须承担全部赔偿责任。

此外，为避免港站经营人以责任限制作为抗辩，货主常会以侵权为由提起诉讼。侵权是指行为人由于过错侵害了他人的财产、人身而依法承担民事责任的行为，此类诉讼一旦成功。港站经营人就要对损害进行等价赔偿。

运输中有一种货物，在装运前托运人已经申报其性质和价值，并在运输单证中载明，这种货物称为保价货物。对于保价货物或承运人和托运人已经另行约定赔偿限额的，由于承运人必须如实赔付，他是否能够相应地从港站经营人那里追讨到赔款，将取决于与港站经营人之间的独立合同是如何规定的。为此，对保价货物的运输和操作需加以特别注意。

6．关于货物的留置权

港站经营人对货物提供或安排与运输有关的服务后，为获得相应报酬，有权留置货物。

但是，如果对索赔金额已提供足够担保，或已向双方同意的第三方或经营人营业地所在国某一官方机构存入一笔相等数额的款项，则经营人无权扣留货物。为了取得满足其索赔所需的金额，港站经营人有权在货物所在国法律允许范围内出售他已行使扣押权的全部或部分货物。但在行使出售权之前，经营人应做出合理努力将出售的意向通知货主或将货物交付经营人的人和有权向经营人提货的人，并适当地报告出售货物所获收益减去经营人应得金额和合理出售费用后的结余情况。

7．货物灭失、损坏、延迟交货与诉讼

对于货物存在的灭失或明显损坏，收货人在收取货物后3个工作日内向港站经营人递交说明货物灭失或损坏程度的书面通知，具体说明这种灭失或损坏的一般性质，否则，交货本身应视为港站经营人已按出具单证所载明情况交货的初步证据。

对于不明显的货损，应在该批货物运达最终接收人之日后连续15日内向港站经营人递交书面通知，但不得迟于向有权提货的人交付货物后连续60日内递交书面通知。否则，便是港站经营人已交付完好货物的初步证据。港站经营人在交货时，已同有权提货的人在交货时参与了对货物的检验或检查，则收货人无须就已经证实的灭失或损坏提交此种书面通知。

延迟交货所造成的损失，如果收货人未在提货后连续21日内向港站经营人发出通知，港站经营人便不负赔偿责任。

关于货物灭失、损坏或延误交付的诉讼时效，该公约规定为2年，自港站经营人将全部或部分货物交付给提货人或将货物交由他支配之日起算；或者，在货物发生全部灭失的情况下自有权提出索赔要求的人收到经营人发出的关于货物灭失的通知之日起算，或自有权提出索赔的人据有关规定视货物已经灭失之日起算，两者以较早者为准。

该公约还规定，承运人或其他人可以在上述期限届满后，对港站经营人提起追偿诉讼。但是，此诉讼必须在对承运人或其他人提起的诉讼中承运人或其他人被判负有赔偿责任，或者他已解决对其提出的索赔后90日内提起；而且，必须在对某一承运人或其他人提出的任何索赔可能导致对港站经营人提起追偿诉讼时，在提出索赔后的一段合理时间内，已就提出索赔之事，向港站经营人发出了通知。

上述时效也适用于仲裁。对于上述时效期限，港站经营人可以按书面形式通知索赔方延长，并可另行通知或多次通知予以继续延长。

6.3　港口搬运装卸作业的法律规范

由于我国规范港口经营人活动的法律尚未出台，对于港口实际业务活动中出现的法律问题，目前是按照国家交通主管部门（交通部）制定的《港口货物作业规则》执行的。尽管《港口货物作业规则》只是一个部门规章，但它填补了我国在有关港口法律关系方面的空白，而且可以满足港口业务活动对法律规范的实际需要。它除了调整国内运输货物的港口作业外，还调整国际贸易运输货物的港口作业的法律关系，标志着我国独立的港口经营人法律制度的建立。

6.3.1 《港口货物作业规则》的主要内容

1. 规则的适用

规则适用于在我国港口为水路运输货物提供的有关作业。

提示　《港口货物作业规则》有以下三点需要注意：

1）港口作业一般包括三方面内容：一是为船舶提供相应的服务，如锚泊、靠泊及进行其他作业；二是为货物的通过提供相应的服务，如装卸、储存、驳运及相关的服务；三是为旅客提供上下船和候船的服务。其中，只有港口货物作业才是规则所调整的内容。

2）规则所用的“水路运输”应做广义的理解，即不仅包括国内水路货物运输，也包括国际海上货物运输。

3）港口作业的内容包括装卸、驳运、储存、装拆集装箱，水上过驳和换装货物的分拣、混合、制作标志、更换包装、拆包、捆绑、加固，以及水路货物运输所需的其他各项服务。其中装卸、驳运、储存和装拆集装箱是最主要的作业项目，这些作业项目中又以装卸最为重要。四项之外的其他作业虽未一一列出，但同样也包括其中。

2. 港口货物作业合同的概念

港口货物作业合同是指港口经营人在港口对水路运输的货物进行装卸、驳运、储存、装拆集装箱等作业，作业委托人支付作业费用的合同。港口经营人是指接受货主、承运人或其他当事方的委托，在港口对水路运输货物提供或安排堆存、仓储、搬运、装卸、积载、平舱、隔垫、绑扎等有关服务的人。

当物流企业不亲自实施货物的搬运装卸作业时，即需要与专业的搬运装卸公司就某一港口的货物搬运装卸签订作业合同，该合同即属于港口货物作业合同。

3. 港口货物作业合同的主要内容和形式

（1）港口货物作业合同的主要内容

根据《港口货物作业规则》的规定，港口货物作业合同的主要内容有以下几点：作业委托人、港口经营人和货物接收人名称，作业项目；货物名称、件数、重量、体积（长、宽、高），作业费用及其结算方式，货物交接的地点和时间，包装方式及识别标志，船名、航次，起运港（站、点）和到达港（站、点），违约责任，解决争议的方法。

以上合同条款并不是每个作业合同都必须订立的条款。根据合同的规定，除合同成立所必需的条款外，缺少其他条款并不会影响合同的效力。

（2）港口货物作业合同的形式

港口货物作业合同可以采用口头形式、书面形式或其他方式。虽然《港口货物作业规则》规定可以采用口头的方式订立合同，但是，由于口头合同在操作上的不便，在实践中应该尽量避免，以防止遭受不必要的损失或者产生不必要的纠纷。

6.3.2 物流企业在港口搬运装卸作业中的义务

1. 物流企业自行进行港口搬运装卸作业时所应承担的义务

物流企业在自行进行港口搬运装卸作业时，根据物流服务合同的约定应承担以下义务：

1）按作业合同约定，根据作业货物的性质、状态，配备合适的机械、设备、工具、库场，并使之处于良好状态。

2）在单元滚装装卸作业中，物流企业应当提供适合滚装运输单元候船待运的停泊场所、上下船舶和进出港的专用通道；保证作业场所的有关标志齐全、清晰、照明良好；配备符合规范的运输单元司乘人员及旅客的候船场所。旅客与运输单元上下船和进出港的通道应当分开。

3）按照合同的要求进行搬运装卸作业。

2. 物流企业委托他人进行港口搬运装卸作业时所应承担的义务

不具有港口搬运装卸能力的物流企业，在进行搬运装卸时，可能作为委托人与港口经营人签订港口货物作业合同，则根据作业合同规定，具有下列义务：

1）及时办理港口搬运装卸作业所需的各种手续，因办理各项手续和有关单证不及时、不完备或者不正确，造成港口经营人工作时间延误或其他损失的，物流企业应当承担赔偿责任。

2）对有特殊搬运装卸要求的货物，应当与港口经营人约定货物搬运装卸的特殊方式和条件。

3）以件为单位进行搬运装卸的货物，港口经营人验收货物时，发现货物的实际重量或者体积与物流企业申报的重量或者体积不符时，物流企业应当按照实际重量或者体积支付费用并向港口经营人支付衡量费用。

4）对危险货物的搬运装卸作业，物流企业应当按照有关危险货物运输的规定妥善包装，制作危险品标志和标签，并将其正式名称和危害性质及必要时应当采取的预防措施书面通知港口经营人。

5）物流企业未按照上述第 4 款的规定通知港口经营人或者通知有误的，港口经营人可以在任何时间、任何地点根据情况需要停止搬运装卸作业、销毁货物或者使之不能为害，而不承担赔偿责任。物流企业对港口经营人作业此类货物所受到的损失，应当承担赔偿责任。港口经营人知道危险货物的性质并且已同意作业的，仍然可以在该项货物对港口设施、人员或者其他货物构成实际危险时，停止作业、销毁货物或者使之不能为害，而不承担赔偿责任。

6）作业合同约定港口经营人从第三方接收货物进行搬运装卸作业的，物流企业应当保证第三方按照作业合同的约定交付货物。

6.4　集装箱码头搬运装卸作业的特殊规定

6.4.1　集装箱码头搬运装卸作业的概念

集装箱码头搬运装卸作业是指集装箱船舶装卸时及集装箱船舶装卸作业前所进行的一系列作业，主要包括集装箱装卸船作业、堆场作业、货运站作业。集装箱装卸船作业是指将集装箱装上卸下船舶的作业；堆场作业是指对集装箱在堆场内进行搬运装卸等的作业；货运站作业是指集中、分散集装箱的业务。

6.4.2　物流企业在集装箱码头搬运装卸中的义务

1. 物流企业在集装箱搬运装卸中的义务

与普通港口搬运装卸作业相比较，物流企业在集装箱码头搬运装卸作业中有一些特殊的义务。

（1）自行进行集装箱码头搬运装卸作业的物流企业所承担的义务

1）应使装卸机械及工具、集装箱场站设施处于良好的技术状况，确保集装箱装卸、运输和堆放安全。

2）物流企业在装卸过程中应做到：稳起稳落、定位放箱，不得拖拉、甩关、碰撞；起吊集装箱要使用吊具，使用吊钩起吊时，必须四角同时起吊，起吊后，每条吊索与箱顶的水平夹角应大于 45 度；随时关好箱门。

3）物流企业如发现集装箱货物有碍装卸运输作业安全时，应采取必要的处置措施。

（2）委托他人进行集装箱码头搬运装卸作业的物流企业所承担的义务

1）物流企业委托他人进行港口集装箱搬运装卸作业应填制港口集装箱作业委托单。

2）物流企业委托他人进行港口集装箱搬运装卸作业过程中应保证货物的品名、性质、数量、重量、体积、包装、规格与委托作业单记载相符。委托作业的集装箱货物必须符合集装箱装卸运输的要求，其标志应当明显清楚。由于申报不实给港口经营人造成损失的，物流企业应当负责赔偿。

2. 物流企业在货物的装卸作业中的义务

集装箱货物的装卸作业是指按照一定的工艺要求，将货物装上、卸下集装箱的作业。在集装箱码头的搬运作业过程中，有很大一部分业务都会涉及对货物的拼箱和装箱，所以集装箱货物的装卸作业是集装箱码头搬运装卸作业的重要组成部分。集装箱中的货物由装箱到拆箱，要经过运输过程。在这个过程中会产生振荡、颠簸摇晃。因此，虽然集装箱是坚固的，但内部的货物却可能由于以上原因而损坏。因此，集装箱中货物的正确积载就十分重要，对此，物流企业应继续承担相应的义务，以保证货物安全。

（1）装载货物的集装箱应具备的条件

1）集装箱应符合国际标准化组织的标准。

2）集装箱四柱、六面、八角完好无损。

3）集装箱各焊接部位牢固。

4）集装箱内部清洁、干燥、无味、无尘。

5）集装箱不漏水、不漏光。

（2）在货物进行装箱之前应该做的检查

1）外部检查。对集装箱进行六面查看，外部是否有损伤、变形、破口等异常现象，如果发现这些现象，应该及时进行维修。

2）内部检查。对集装箱的内侧进行查看，查看是否漏水、漏光，是否有污点、水迹等。

3）箱门检查，箱门是否完好，是否能够270度开启。

4）查看集装箱是否清洁。

5）查看集装箱的附属件，检查附属件是否齐备，是否处于正常工作状态中。

（3）对集装箱货物进行积载时，一般应该满足的要求

1）集装箱内所载的货物不能超过集装箱所能承受的最大重量。

2）根据货物的性质、体积、质量、包装强度的不同安排积载。

3）集装箱内应当均匀分布重量，并根据货物包装的强度决定堆码的层数。

4）注意不同货物的物理及化学性能，避免发生污染和串味。

6.5 铁路、公路搬运装卸作业中的法律规范

6.5.1 铁路搬运装卸作业法律规范

1．概述

同其他物流环节涉及的法律规范相同，铁路搬运装卸法律规范也是散布在各个法律规范中的。在法律层次上，《民法通则》、《铁路法》、《合同法》中的许多规定都适用于铁路搬运装卸。在部门规章中，铁道部颁布了《铁路货物运输管理规则》和《铁路装卸作业安全技术管理规则》。《铁路货物运输管理规则》的第4章专门规定了装车和卸车；《铁路装卸作业安全技术管理规则》则规定了铁路搬运装卸作业中应该遵守的技术标准。除此之外，还存在着各种国家标准，如《铁路装卸作业标准》等。与铁路搬运装卸作业有关的法律适用同港口搬运装卸的法律适用的原则是相同的。

2．物流企业在铁路搬运装卸作业中的义务

1）装车前，应该认真检查车体（包括透光检查）、车门、车窗、盖阀是否完好；认真核对待装货物品名、件数，检查标志、标签和货物状态；对集装箱还应检查箱内装载情况，检查箱体、箱号和封印。

2）装车后，认真检查车门、车窗、盖、阀的关闭及拧固，以及装载加固情况；需要填制货车装载清单及标画示意图的，应按规定填制；需要施封的货车，按规定施封；对装载货物的敞车，要检查车门插销、底开门搭扣和篷布苫盖、捆绑情况；装载超限、超长、集

重货物，应按照装载加固定型方案或批准的装载加固方案检查装载加固情况。

3）货物装车或卸车，应在保证货物安全的条件下，积极组织快装、快卸，昼夜不间断地作业，以缩短货车停留时间，加速货物运输。

4）等待装车或从机车上卸下的货物存放在装卸场所时，应距离货物线钢轨外侧 1.5 米以上，并应堆放整齐、稳固。

6.5.2　公路搬运装卸作业法律规范

1．概述

公路搬运装卸作业所涉及的法律规范，在法律层面上包括《民法通则》、《公路法》；在部门规章层面中包括交通部颁布的《公路货物运输合同实施细则》、《汽车货物运输规则》等一系列法规，其中，《公路货物运输规则》的第 4 章规定了公路搬运装卸作业所应该遵守的规则，从规定上看公路搬运装卸与铁路搬运装卸有很多相似之处。与搬运装卸作业有关的法律适用同港口搬运装卸的法律适用的原则相同。

2．物流企业在公路搬运装卸作业中的义务

1）应对车厢进行清扫，保证车辆、容器、设备适合装卸货的要求。

2）搬运装卸作业应当轻装轻卸，堆码整齐；清点数量；防止混杂、撒漏、破损；严禁有毒、易污染物品与食品混装，严禁危险货物与普通货物混装。

3）对性质不相抵触的货物，可以拼装、分卸。

4）搬运装卸危险货物，按交通部《汽车危险货物运输、装卸作业规程》进行作业。

5）搬运装卸作业完成后，货物须绑扎苫盖篷布的，搬运装卸人员必须将篷布苫盖严密并绑扎牢固，编制有关清单，做好交接记录，并按有关规定施加封志和外贴有关标志。

6）应当认真核对装车的货物名称、重量、件数是否与运单上记载相符，包装是否完好。

小结

运输港站经营人是指在其业务过程中，在其控制下的某一区域内或在其有权出入或使用的某一区域内，负责接管国际运输货物，以便对这些货物从事或安排从事与运输有关的服务的人。《1991 年联合国国际贸易运输港站经营人赔偿责任公约》的主要内容包括：① 相关定义及其解释；② 适用范围；③ 港站经营人的责任期间；④ 赔偿原则与责任基础；⑤ 赔偿责任限制及其权利丧失；⑥ 关于货物的留置权；⑦ 货物灭失、损坏、延迟交货与诉讼。本章按照搬运装卸的地点不同分别阐述了港口、铁路和公路搬运装卸中所涉及的法律规范，其中重点讲述了港口装卸搬运。

复习思考题

1．试述港站经营人的法律地位。

2．1991 年《联合国国际贸易运输港站经营人赔偿责任公约》的主要内容有哪些？

3.《港口货物作业规则》的主要内容是什么？

4．物流企业在港口搬运装卸作业中有哪些权利和义务？

5．简述物流企业在集装箱码头搬运装卸中的权利和义务。

第 7 章

流通加工法律规范

学 习 目 标

- 流通加工的含义、种类和作用
- 加工承揽合同的概念和特征
- 加工承揽合同的类型
- 加工承揽合同的主要内容
- 加工承揽合同当事人的权利和义务
- 流通加工中涉及的法律责任

7.1 流通加工法概述

7.1.1 流通加工的含义

定义 流通加工是指产品在从生产地到使用地的过程中，根据需要进行包装或分割、计量、分拣、刷标志、挂标签、组装等简单作业。它与生产加工最大的不同是注重物品在生产后、流通或使用前的整理，因此又称加工整理。

如前所述，流通加工是对货物或其包装进行必要加工或整理的工作，也是物流中的一项内容。尽管物流中的加工整理只是在生产原料使用前的简单加工和为了配合运输或使用需要而进行的必要整理，但就性质而言，它同样是一种加工承揽性的工作。委托此项工作的通常是货主，委托既可以是单项的，也可以包括在整个物流项目管理协议中。我国《合同法》分则中对于加工承揽合同所做的有关规定，应适用于流通中的加工整理工作。

物流中的加工承揽性工作主要涉及简单加工、修理、检验、其他过程前的准备等，它们由物流经营者按照客户的要求完成，收取相应报酬。加工整理与物流中的配送和包装有着较为密切的关系，因此，客户应根据最终目的来对加工整理工作提出要求，选择适当的加工形式。例如，包装前对商品的加工，主要是稳固、改装、品质保护（如保鲜）；而配送前的加工，主要是根据用户的要求进行初步加工，以便集中下料，或者对货物进行分拣、配料或在出售前加标签。

提示 为了明确双方的权利、义务和责任，当事人双方应对加工承揽的标的、数量、质量要求、报酬、加工承揽方式、材料的提供、履行期限、验收标准以及方法做出约定。

7.1.2 流通加工在物流中的地位和作用

1. 流通加工能有效地完善流通

流通加工在实现时间、场所两个重要效用方面，确实不能与运输和储存相比。流通加工不是所有物流中必然出现的，但并不是说流通加工不重要，实际上它在物流系统中也是不可轻视的，起着补充、完善、提高、增强物流水平，促进流通现代化的作用。

2. 流通加工是物流中的重要利润来源

流通加工是一种投入低、产出大的加工方式，往往以简单的加工就可以解决大问题。

3. 流通中的加工可以提高原材料的利用率

流通加工可以将原材料进行初级加工，为物流其他环节创造条件，可以提高加工效率及设备利用率，充分发挥各种输送手段的最高效率。

7.1.3 流通加工的类型

1. 为弥补生产领域加工不足所进行的加工

有许多产品在生产领域的加工只能到一定的程度，这是由于存在许多因素限制了生产领域不能完成最终的加工。例如，木材如果在产地加工成木制品，就会造成极大的运输困难，所以原生产领域只能加工到原木、板方材这个程度，进一步的下料、切裁、处理等加工则由流通加工进行。

2. 为满足需求多样化进行的服务性加工

从经济学角度看，需求存在着多样化和善于变化两个特点。满足这种需求的最佳方法就是设置加工环节，通过这种服务性的加工满足各种需求。例如，生产消费型用户的再生产往往从原材料的加工开始。

3. 为保护产品所进行的加工

在物流过程中，直到用户投入使用前，都存在对产品的保护问题，以防止产品在运输、仓储、装卸、搬运、包装过程中遭到损坏，保障其使用价值能顺利实现。例如，新鲜的食品在运输过程中容易变质，通过将其冷冻或经过真空处理就可以解决这个问题。

4. 为提高物流效率，方便物流而进行的加工

物流的主要目的之一就是提高物资流通的效率。在物流过程中，有一些产品由于自身的特点，其流通的效率较低，如气体的运输。为了解决这个问题，就需要对产品进行流通

加工，例如，将其液化，这既减小了体积，又可以提高安全性。

7.1.4 流通加工法规

流通加工适用的法律法规是与流通加工相关的法律规范。关于流通加工的立法主要表现在加工承揽合同上。就我国现有的法律而言，与其他物流法律一样，目前，我国没有单独的流通加工的法律，《民法通则》、《合同法》及关于加工承揽合同的具体规定，可适用于流通加工。

7.1.5 物流企业在流通加工中的法律地位

定义 流通加工是物流过程中的一个特殊的环节，与其他环节不同的是，流通加工具有生产的性质。物流加工可能改变商品的形态，对物流的影响巨大，但不是每个物流过程都必须进行流通加工，所以不是每个物流合同中都含有关于流通加工的规定。

当双方当事人在物流合同中约定物流企业承担流通加工义务时，根据物流企业履行流通加工义务所采用方式的不同，物流企业会具有不同的法律地位。

1．物流企业亲自进行物流加工的情形

物流企业如果有加工的能力，并以自身的技术和设备亲自从事加工的，则物流企业就是物流服务合同中的物流提供者，其权利和义务根据物流服务合同和相关法规的规定予以确定。

2．物流企业不亲自进行流通加工的情形

虽然物流过程中的流通加工与生产加工相比较为简单，但在一些情况下仍然需要一些特殊的技能或者工具。从效率和技术的角度着想，物流企业可能将流通加工转交给有能力的专业加工人进行。此时，物流企业通过与加工人签订加工承揽合同的方式履行其在物流服务合同中的义务。在这种情况下，物流企业一方面针对物流服务合同的需求方而言，为物流服务提供方；另一方面，针对承揽人而言，为定做人。它在流通加工中受物流服务合同和加工承揽合同约束，并根据相关的法律规范享有权利，承担义务。

7.2 加工承揽合同

在流通加工环节中，物流企业可能通过加工承揽合同履行其物流服务合同的加工义务，即物流企业通过与承揽人签订分合同的形式将其加工义务分包出去。对此，物流企业通常处在加工承揽合同中的定做人的地位。因此，作为定做人，物流企业应当了解与其有关的加工承揽合同的法律适用，合同的订立、内容及相应的权利和义务。

7.2.1 加工承揽合同的概念和特征

1. 加工承揽合同的概念

加工承揽合同，是指承揽人按照定做人的要求完成一定工作，并交付工作成果，定做人接受承揽人的工作成果并给付报酬的合同。完成工作的一方称为承揽人，接受工作成果并支付报酬的一方称为定做人。

2. 加工承揽合同的特征

1）加工承揽合同是双务、诺成、有偿合同。加工承揽合同的双方当事人都负有一定的义务，也都享有一定的权利，并且其权利义务相互对应，一方的义务即是对方的权利，故为双务合同。加工承揽合同自双方当事人意思表示一致即告成立，故为诺成合同。加工承揽合同以完成一定工作为目的。合同的标的是承揽人的工作成果，而不是承揽人完成工作的过程本身。在加工承揽合同中，一方应完成一定工作并交付工作成果，另一方接受该成果并为此支付报酬，故为有偿合同。

2）加工承揽合同中承揽人的工作具有独立性。即承揽人以自己的设备、技术、劳力等完成工作任务，不受定做人的指挥管理。但是，承揽人在完成工作过程中应接受定做人必要的监督和检查。在承揽人未按约定的条件和期限进行工作，显然不能按时按质完成工作成果时，定做人有权解除合同，并要求赔偿损失。

3）加工承揽合同的标的具有特定性。加工承揽合同是为了满足定做人的特殊要求而订立的，因而作为加工承揽合同标的的工作成果是由定做人确定的，或者是按定做人的要求来完成的。

4）加工承揽合同是具有一定人身性质的合同。承揽人一般必须以自己的设备、技术、劳力等完成工作，并对工作成果承担风险责任。承揽人不得擅自将加工承揽的工作交给第三人完成，还要对完成工作中遭受意外的风险负责。

7.2.2 加工承揽合同的类型

加工承揽合同是完成工作交付成果合同的总称，在社会生活中使用范围极广。加工承揽合同主要包括以下几种。

1. 加工合同

加工合同是指承揽人按照定做人的具体要求，使用自己的设备、技术和劳动对定做人提供的原材料或者半成品进行加工，并将成果交给定做人，定做人支付价款的合同。该合同的特点是由定做方提供大部分或全部的原材料，承揽方只提供辅助材料，并且仅收取加工费用。例如，用衣料为定做人加工成服装。这种合同是物流中常见的合同。

2. 定做合同

定做合同是由承揽人根据定做人特别要求，利用自己的设备、技术、材料和劳动力，为定做方制作成品，由定做人支付报酬的合同。例如，运输企业为运输某些特殊商品而向承揽人定做专门的包装物。在定做合同中，原材料全部由承揽方提供，定做方则支付相应的价款。定做合同的价款包括加工费和原材料费用。

3. 修理合同

修理合同是指承揽人为定做人修理功能不良或缺失或外观被损坏的物品，使其恢复原状，由定做人支付报酬的加工承揽合同。在修理合同中，定做方可以提供原材料，也可以不提供原材料。在不提供原材料的情况下，定做人所支付的价款主要是原材料的价值。修理合同在物流过程中也很常见。由于物流过程中产品和包装的破损不可避免，所以修理合同履行的好坏将影响物流的效率。

4. 其他加工承揽合同

主要包括承揽人为定做人的房屋进行修缮，为定做人誊写、打印、复印手稿材料，翻译外文资料，进行物品性能测试、检验或工作成果的鉴定等，由定做人支付报酬的合同。

7.2.3　加工承揽合同的法律适用

链接　我国有关加工承揽合同的法律法规主要是《合同法》和 1984 年 12 月 20 日国务院发布的《加工承揽合同条例》(已失效)。因此，有关加工承揽合同的争议，应适用《合同法》关于加工承揽合同的规定。

7.2.4　加工承揽合同的主要内容

根据我国《合同法》第 252 条规定，加工承揽合同包括以下主要内容。

1. 加工承揽合同的标的

加工承揽合同的标的是定做人和承揽人权利和义务指向的对象，是加工承揽合同必须具备的条款。加工承揽标的是将加工承揽合同特定化的重要因素，在合同中应该将加工定做的物品名称和项目写清楚。加工承揽合同的标的应该具有合法性，标的不合法将导致合同无效。

2. 加工承揽标的的数量

数量包括数字和计量单位。加工承揽标的的数量，是以数字和计量单位来衡量定做物的尺度。根据标的物的不同，有不同的计算数量的方法。在合同中，数量条款的数字应当清楚明确，数量的多少直接关系到双方当事人的权利义务，也与价款或酬金有密切的关系。在计量单位的使用上，应该采用国家法定的计量单位，如米、立方米、千克等。

3. 加工承揽标的的质量

质量是标的的内在素质和外观形态的综合，包括标的的名称、品种、规格、等级、标准、技术要求等。加工承揽标的的质量是定做物适合一定用途、满足一定需要的特征，它不仅包括特定物本身的物理、化学和工艺性能等特性，还包括形状、外观、手感及色彩等。这主要是对加工承揽标的品质的要求。加工承揽合同中对于标的的质量通常由定做人提出要求。

4．加工承揽合同的酬金

价款或酬金是取得标的物或接受劳务的一方当事人所支付的代价。加工承揽合同中的酬金是定做人接受承揽人的工作成果并向承揽人支付的报酬。酬金条款应当在合同中明确约定，包括报酬的金额、货币种类、支付期限、支付方式等。

5．履行期限、地点和方式

履行期限是合同当事人履行合同义务的时间范围。加工承揽合同的履行期限包括提供原材料、技术资料、图纸及支付定金、预付款等义务的期限；履行地点是指履行合同义务和接受对方履行的成果的地点。履行地点直接关系到履行合同的时间和费用；履行方式是指当事人采用什么样的方法履行合同规定的义务。在加工承揽合同中，履行方式指的是定做物的交付方式，例如，是一次交清还是分期分批履行，定做物是定做人自己提取还是由承揽人送货等。

6．验收标准和验收方法

验收标准和验收方法是指对承揽人所完成的工作成果进行验收的标准和方法。验收标准用于确定工作成果是否达到定做人所规定的质量要求和技术标准。加工承揽合同中，这一条款应该规定得具体明确。

7．材料提供条款

加工承揽合同中的原材料既可以由承揽人提供，也可以由定做人提供。不仅原材料的提供会影响价金的确定，而且原材料的质量将会直接影响定做物的质量，从而影响合同是否得到完全履行。流通加工是在流通的过程中对货物进行加工，加工的对象是货物，所以在由物流企业进行流通加工的情况下，原材料通常由物流需求方提供。但在一定情况下，如将货物进行分包装，包装物有可能由物流企业提供。

8．样品条款

凭样品确定定做物的质量是加工承揽合同中的一种常见的现象。在这种情况下，定做人完成的工作成果的质量应该达到样品的水平。样品可以由定做方提供，也可以由承揽方提供。提供的样品应封存，由双方当场确认并签字，以作为成果完成后的检验依据。

9．保密条款

由于加工承揽合同的特殊性，定做人有时会向承揽人提供一定的技术资料和图纸，这可能涉及定做人不愿被他人所知的商业秘密或技术秘密。所以，在合同中规定保密条款是十分必要的。保密条款应该对保密的范围、程度、期限、违反的责任进行详细约定。

10．违约责任和解决争议的方法

违约责任是指违反合同义务应承担的法律责任。解决争议的方法是指纠纷发生后以何种方式解决当事人之间的纠纷。合同当事人可以在合同中约定纠纷的解决方式。

7.2.5 加工承揽合同当事人的权利与义务

1．承揽人的主要义务

（1）承揽人应当按照合同约定的要求完成工作并交付成果

承揽人应当按照合同约定的标的、数量、规格、形状、质量等完成工作，并对完成的工作成果负瑕疵担保责任。同时，承揽人应当按照合同约定的时间开始工作，并在合同规定的期限内完成工作。

提示 承揽人要求提前或延期交付定做物的，应事先与定做人达成协议。承揽人因可归责于自己的事由不能按期完成工作任务的，定做人可于履行期限届满后请求解除合同。

（2）承揽人应当按照约定亲自完成主要任务

承揽人应当以自己的设备、技术和劳力，完成工作的主要部分，但当事人另有约定的除外。所谓主要部分是对定做物的质量有决定性作用的工作物部分，一般来说是指工作技术要求高的部分；如果质量在工作物中不起决定性作用，定做物为一般人均可完成的工作时，那么主要部分则指数量上的大部分。

提示 承揽人将其加工承揽的工作转由第三人完成的，应当就该第三人完成的工作成果向定做人负责。根据合同约定或者合同性质、交易习惯，加工承揽的工作是不得转让的，承揽人转让时，定做人可以解除合同。

（3）承揽人应当按照约定提供原材料或接受、检验、保管、使用定做方提供的原材料

具体要求如下。

1）合同约定由承揽人提供材料的，承揽人应当按照合同约定的质量标准选用材料；没有约定质量标准的，承揽人应当选用符合定做物使用目的的材料，并接受定做方的检验。

提示 定做方未及时检验的，视为同意。

2）由定做人提供的原材料完成工作的，承揽人应接受定做人提供的原材料并及时检验，发现不符合要求的，应当及时通知定做人调换或补交。

提示 因承揽人不及时检验而使用不合格材料的，或因承揽人怠于通知的，承揽人仍应对定做物的质量负责。

3）承揽人在完成工作的过程中，如发现定做人提供的设计图纸有错误或者技术要求不合理，定做人提供的材料不符合约定，以及可能影响工作质量或者履行期限的其他情形，应当及时通知定做人。定做人接到通知后，应当及时答复并采取相应措施。

提示 定做人因怠于答复等原因造成承揽人损失的，应当赔偿损失。承揽人怠于通知造成损失的，应当由承揽人承担损失。

4）承揽人应当妥善保管定做人提供的材料。承揽人不得擅自更换定做人提供的材料，定做人提供的材料在承揽人占有期间毁损、灭失的，由承揽人承担责任。

（4）承揽人应当接受定做人必要的监督和检查

为了保证承揽人完成的工作符合定做人的要求，承揽人在承揽期间应接受定做人的必要监督和检查。

提示 定做人监督和检查时不得妨碍承揽人的正常工作。定做人中途变更设计图纸、工作要求，或者指示错误，给承揽人造成损失的，应当赔偿损失。

（5）承揽人应当对所完成的工作保守秘密

定做人对加工承揽工作要求保密的，承揽人应当保守秘密。承揽人未经定做人许可，不得留存复制品或者技术资料。

2. 定做人的主要义务

（1）定做人应按照合同的约定为承揽人完成工作提供条件

按照合同约定由定做人提供原材料和资料的，定做人应按约定的时间、数量和质量提供原材料和资料。如因定做人提供的原材料或技术资料等不符合要求或不合理而导致承揽人无法按时、按质或按量完成工作时，承揽人不承担责任。

提示 定做人不得随意变更数量、质量或设计等；定做人中途变更工作的要求，给承揽人造成损失的，应当赔偿损失。

（2）定做人有协助承揽人完成工作的义务

根据合同性质需要定做人协助的，定做人有协助义务。定做人不履行协助义务致使加工承揽工作不能完成的，承揽人可以催告定做人在合理期限内履行义务；定做人逾期不履行的，承揽人可以解除合同。

（3）定做人应按合同的约定接受承揽人交付的工作成果

定做人应按照合同约定的时间、地点受领定做物。合同规定定做人自提的，应按时提取。定做人无故拒收定做物的，应负赔偿责任。

提示 定做人超过规定期限领取定做物的，应负违约责任，并承担承揽人支付的保管、保养费。

（4）定做人在领取定做物时，应当依照合同规定进行验收

定做人应当在约定的期限内提出质量异议，超过约定的期限提出质量异议的，承揽人不承担责任。定做人和承揽人对质量异议的期限没有约定，工作成果明显不符合约定质量的，应当在工作成果交付之日起 15 日内提出；须经检验或者安装运转才能检验的，应当在工作成果交付之日起 6 个月内提出。

（5）定做人应按合同约定及时支付报酬、材料费和其他费用

定做人应当按照约定期限、数额向承揽人支付报酬。支付报酬的期限没有约定或约定不明确、当事人之间又未达成补充协议的，定做人应在交付工作成果时支付报酬；工作成果部分交付的，定做人也应当相应支付。

提示 定做人逾期支付报酬或费用的，承揽人有权请求定做人支付利息。定做人未按约定期限支付报酬的，承揽人对完成的工作成果享有留置权。

7.3 流通加工中涉及的法律责任

7.3.1 违约责任

物流企业根据物流服务合同的要求进行流通加工，物流服务合同中规定了物流企业应履行的义务，当其违反了合同中的约定时，就应当承担违约责任。其承担的违约责任应该根据物流服务合同的具体内容确定。当事人违约的情况主要有以下几种。

（1）承揽人交付的工作成果不符合质量标准

也就是说，承揽人未按合同规定的质量完成定做方委托的工作。若定做方同意接收，应按质论价，酌减价款或酬金；定做方不同意接收，承揽方应负责修整和调换，其所需费用由承揽方自负，同时承揽方还要承担逾期交付的责任，依然按加工承揽合同规定的违约金条款支付违约金。

逾期交付定做物，遇到价格上涨时，按原价格执行，遇到价格下降时，按新价格执行，即按有利于定做人的价格执行；定做方不同意按质论价，或修理、调换后仍不符合质量要求的，可以解除合同，承揽方应赔偿定做方因此而造成的损失。

（2）定做方未在约定期限内交付报酬或材料费等价款

定做人向承揽人支付报酬是定做人的义务，有约定期限的按照约定期限支付报酬；对于没有约定或约定不明确的，可以通过协议补充支付报酬的时间；不能达成协议的，定做人应在交付工作成果的同时支付报酬；交付部分工作成果的，定做人应相应地支付部分报酬；如果承揽工作的成果无须交付，定做人就于工作完成之时支付报酬。定做人延期支付

报酬的，应承担逾期支付的利息。

（3）定做人未向承揽人支付报酬或材料费等价款的，承揽人对完成的工作成果享有留置权

承揽人的留置权是保证承揽人实现报酬索求权的一种法定担保物权，但是留置权只有在合同中的义务人到期后仍不履行合同时行使，其目的是促使有义务的一方履行合同。

（4）定做方中途变更承揽工作要求

加工承揽合同签订以后，在没有履行或没有完全履行合同义务之前，定做方未经承揽方同意而单方对合同的内容进行修改、增减，例如，变更标的内容，改变定做物数量、规格、设计等，实质上也是一种违约行为，应向承揽方承担违约责任，支付违约金。如果对承揽方造成的损失超过违约金，还应支付赔偿金，以补充不足部分。

提示 加工承揽合同签订后尚未履行或未完全履行时，由于签订加工承揽合同时所依据的主客观情况发生变化，定做人对原承揽合同条款进行修改或补充，可以是合同主体的变更，也可以是合同标的物的种类、数量、质量、价格、交货期限、交货地点等合同内容的变更。总之，承揽合同的变更只能对未履行的部分发生效力。

7.3.2 产品责任

如果加工物本身的缺陷给物流需求方或第三人的人身、财产造成损失的，物流企业应当承担责任，这种责任属于产品责任。产品责任是依据《民法通则》和《产品质量法》的有关规定产生的一种侵权责任。

7.3.3 流通加工中的风险负担

流通加工中的风险负担，是指定做物和原材料因不可抗力等不可归责于当事人的事由而发生的毁损、灭失的风险由谁负担的问题。一般按下列规则确定。

1）在承揽人交付工作成果以前，定做物或原材料意外毁损、灭失的风险，因承揽人保管不善，由承揽人承担，承揽人丧失报酬请求权。

2）如果原材料是定做人提供的，除合同另有约定外，定做人应承担原材料意外灭失的风险。但是，如果定做人仅为承揽人的原材料付款时，除法律另有规定或合同另有约定的外，也应由承揽人承担风险。

3）承揽人在规定期限内交付已完成的工作成果，因定做人拒收或受领迟延而未交付时，定做物意外灭失的风险则由定做人负担，即定做人仍应向承揽人支付报酬和费用。

小结

本章介绍了流通加工的含义、种类和在物流中的地位和作用，阐述了加工承揽合同是指承揽人按照定做人的要求完成一定工作，并交付工作成果，定做人接受承揽人的工作成

果并给付报酬的合同。明确了加工承揽合同的特征和主要内容，并根据流通加工的特点重点论述了加工承揽合同当事人之间的权利义务和流通加工中涉及的法律责任。

复习思考题

1．简述流通加工的含义和在物流中的地位和作用。
2．简述加工承揽合同的概念和特征。
3．简述加工承揽合同的主要内容。
4．试述加工承揽合同当事人的权利和义务。
5．试述加工物流企业在流通加工中涉及的法律责任。

案例分析

2015 年 4 月 25 日，申请人张某和被申请人上海某家具厂签订了一份合作协议书。协议约定，申请人委托被申请人加工生产柚木家具共×套，每套单价为 a 元，合同总价为 A 元。双方约定，被申请人先生产一套样品，样品按照被申请人提供的家具尺寸、结构、工艺等双方协定修改来生产，家具样品应该在 2015 年 5 月 10 日前向申请人交付，并由申请人验收后下达样品确认书，被申请人根据样品确认书的标准进行生产。双方还约定，签订合作协议书时，申请人支付给被申请人预付款 B 元，用于样品生产；家具样品完成主体框架后，申请人支付样品剩余货款 C 元；家具样品确认书下达后 3 个工作日内，申请人支付货款 D 元，余款在被申请人完成家具生产后送货的前一天支付。另外，双方约定如有一方违约，另一方可以提出解约，终止合同，违约方应当赔偿对方的损失；在没有造成损失的情况下，违约方应支付合同金额 20%的违约金。

合作协议签订后，申请人支付了样品生产的预付款 B 元，被申请人按照双方的约定进行家具样品的生产。2015 年 4 月 30 日、5 月 9 日，申请人先后两次到被申请人的家具样品生产场地对家具样品进行查验，并对床、床头柜、电视柜、大衣柜的质量提出了整改意见；被申请人也承诺同意按照要求进行更改。2015 年 5 月 22 日，申请人向被申请人发出解约函，要求解除双方签订的合作协议书，并要求被申请人返还预付款 B 元，同时还要支付违约金 E 元。

问题

1. 上海某家具厂是否违约？为什么？
2. 应当由谁承担违约责任？

第 8 章

物流配送法律规范

学 习 目 标

- 配送的含义、特点和种类
- 物流企业在配送活动中的法律地位
- 配送合同概念、种类和主要内容
- 配送合同中物流企业的权利和义务

8.1 物流配送法概述

8.1.1 配送的含义和特点

1. 配送的含义

定义 配送是物流中一种特殊的、综合的活动形式，是物流的一个缩影或某一范围内物流全部活动的体现。根据《国家标准物流术语》对配送的解释，配送是指在经济合理的区域范围内，根据用户的要求，对物品进行拣选、加工、包装、分割、组配等作业，并按时送达指定地点的物流活动。拣选，是指按订单或出库单的要求，从储存场所选出物品，并放置在指定地点的作业。组配，是指配送前，根据物品的流量、流向及运输工具的载重量和容积，组织安排物品装载的作业。

配送是在第二次世界大战之后才发展起来的一种物流活动。由于大吨位、高效率运输力量的出现，使干线运输无论在铁路、海运或公路方面都达到了较高水平，长距离、大批量的运输实现了低成本化。但是，在所有的干线运输之后，往往都要辅以支线运输和末端装卸搬运，这种支线运输及末端装卸搬运成了物流过程的一个薄弱环节，出现了运力利用不合理、成本过高等问题。而配送可以将支线运输及末端装卸搬运统一起来，使支线运输过程得以优化和完善。

2. 配送的特点

（1）配送是面向终端客户的服务

配送作为最终配置是指对客户完成最终交付的一种活动，是从最后一个物流节点到用户之间的物品的空间移动过程。从事送货活动的是专业的流通企业，而不是生产企业。配送是“中转型”送货，是用户需要什么送什么，而工厂送货一般是“直达型”送货，是生产什么送什么。送货只是企业的一种推销手段，而配送是实现企业物流战略的重要组成部分，已上升到提升企业竞争力的经济管理活动。

（2）配送是短距离的末端运输

配送是相对于长距离的干线运输而言的概念，从狭义上讲，货物运输分为干线部分的运输和支线部分的配送。与长距离运输相比，配送承担的是支线的、末端的运输，是面对客户的一种短距离的送达服务。从工厂仓库到配送中心之间的批量货物的空间位移称为运输；从配送中心到最终用户之间的多品种小批量货物的空间位移称为配送。

要点 配送不是单纯的运输或输送，而是运输与其他活动共同构成的组合体。配送所包含的那部分运输，在整个运送过程中处于二次运输、支线运输、终端运输的位置。

（3）配送强调时效性

配送不是简单的“配货”加“送货”，它有着特定含义，更加强调在特定的时间、地点完成交付活动，充分体现时效性。

（4）配送强调满足用户需求

配送从用户的利益出发、按用户的要求为用户服务。因此，在观念上必须明确“用户至上”，“质量为本”。配送企业与用户的关系属于服务地位，而不是主导地位。在满足用户利益基础上取得本企业的利益。

（5）配送强调合理化

对于配送而言，应当在时间、速度、服务水平、成本、数量等方面寻求最优。因为过分强调“按用户要求”是不妥的，受用户本身的局限，要求有时存在不合理性，在这种情况下会损失单方或双方的利益。

（6）配送使企业实现“零库存”成为可能

企业为保证生产持续进行，依靠库存（经常库存和安全库存）向企业内部的各生产工位供应物品。如果社会供应系统既能承担生产企业的外部供应业务，又能实现上述的内部物资供应，那么企业的“零库存”就成为可能。理想的配送恰恰具有这种功能，由配送企业进行集中库存，取代原来分散在各个企业的库存，就是配送的最高境界。这一点在物流发达国家和我国一些地区的实践中得到证明。

8.1.2 配送的种类

1. 供应配送

供应配送即用户为了自己的供应需要所采取的配送形式。这种配送形式一般由用户组建配送据点，集中组织大批量进货，然后在本企业内部组织配送。在大型企业或企业集团及联合公司中，被广泛采用。例如，商业中大量的连锁商店，常常采用这种配送形式组织对本企业的供应。在这种配送中，用户拥有自己的配送中心，该配送中心是为企业内部提供配送服务的，不存在外部配送法律关系。

2. 销售配送

在销售配送方式中，配送人是销售企业，它们为了扩大销售量、扩大市场占有率，获得更多销售收益，将配送作为销售战略的一个环节而进行的促销型配送。这种配送的对象一般是不固定的，配送对象和用户取决于市场的占有情况，因此，配送的随机性较强，大部分商店配送就属于这一类。

提示： 在销售配送中，用户就是商品购买者，销售企业为用户提供的配送服务是其履行销售合同的一部分，不存在独立的配送合同。双方的权利义务主要根据销售合同约定，或由双方作为销售合同的附属合同进行约定。这种配送，实际上就是销售合同加送货上门。

3. 销售-供应一体化配送

对于基本固定的用户和基本确定的配送产品，销售企业可以在自己销售的同时，承担用户有计划配送者的职能。这种配送方式对用户来说，能获得稳定的供应，可以大大节约组织供应所耗用的人力、物力、财力，甚至可以减除自己的供应机构。销售企业则能获得稳定的用户和销售渠道。在这种配送中，销售企业与用户有着长期的配送服务关系，同时居于卖方和配送人的地位，而用户则居于买方的地位。销售企业与用户双方可能分别签订销售合同和配送服务合同，也可能只签订一个统一的合同，我们称为销售配送合同。

4. 第三方配送

第三方配送是配送人从工厂、转运站接受用户（卖方或买方）的货物后，为用户储存、保管货物，按用户要求分拣、配货，并运送至用户指定地点的一种配送方式。与上述几种方式不同的是，这种配送的配送人既不是第一方——销售方（卖方），也不是第二方——买方，而是一个独立的物流企业。

由于这种配送方式的配送人是独立于买方与卖方之外的第三人，因此称为第三方配送。第三方配送通过由第一方卖方或第二方买方与第三方物流企业签订配送合同来实现。用户与第三方物流企业之间的权利义务受配送合同调整。

8.1.3　配送中心的含义

根据《国家标准物流术语》的解释，配送中心就是指从事配送业务的物流场所或组织。具体地说，配送中心有如下两层含义：

1）配送中心，是指物流企业按用户要求进行货物集货、拣选、加工、包装、分割、组配的现代流通场所，是物流节点的重要形式。

2）配送中心，是指从事货物集货、拣选、加工、包装、分割、组配并组织对用户送货的现代物流企业。

配送中心应基本符合下列要求：主要为特定的用户服务；配送功能健全；完善的信息网络；辐射范围小；多品种、小批量；以配送为主，储存为辅。

要点　配送中心和仓库都是物流节点的重要形式，两者具有很多共同点。但在总体上，配送中心是以配送为主，储存为辅；而仓库则以储存为主，配送等其他物流服务为辅。配送中心在现代装备和工艺方面远强于传统的仓库，是集商流、物流、信息流于一身的全功能流通设施。随着综合性的第三方物流的广泛发展，许多传统的仓库都在逐渐向配送中心转变。

8.1.4　物流企业在配送活动中的法律地位

配送活动作为现代物流的一个重要组成部分，同样也是众多物流企业的业务范围之一。然而，不同的物流企业，其参与配送活动的方式也不尽相同，这决定了其法律地位也会不同。以不同的法律关系为根据，实践中各物流企业参与配送活动的方式大致可分为以下几种。

1．与用户签订单纯的配送服务合同

这类物流企业与用户签订单纯的配送服务合同，仅仅为用户提供短距离的货物配送服务，包括拣选、配货、包装、加工、组配等全部或部分配送环节，而不提供其他物流服务，如长距离干线的运输服务等。

提示　此时，物流企业与用户是配送服务合同法律关系，物流企业为配送人，双方的权利义务按配送服务合同的约定，适用《合同法》总则的要求，并参照法律最相类似的规定确定。例如，流通加工环节参照关于加工承揽合同的约定，储存环节参照关于仓储合同和保管合同的规定等。

2．与用户签订单纯的销售配送合同

这类物流企业与用户签订单纯的销售配送合同，除要按用户要求负责集货、配货、送货外，还要负责订货、购货。

提示 此时，物流企业与用户之间是销售配送合同关系，物流企业为配送人，双方的权利义务按销售配送合同的约定，适用《合同法》总则的要求，并参照法律最相类似的规定确定，其中，关于转移货物所有权部分的权利义务可参照关于买卖合同的规定。

3．为用户提供含配送的综合物流服务

这类物流企业一般为综合性物流企业，或者具有两项（包括配送）以上物流服务功能的物流企业。它们除为用户提供短距离货物配送服务外，还会根据用户要求为其提供长距离干线运输或者专门的仓储服务。

提示 此时，物流企业与用户签订的是物流服务合同，而不是单纯的配送服务合同，物流企业是物流服务提供者，用户是物流服务需求者，双方的权利义务按物流服务合同当事人的关系予以确定。

4．以用户的身份出现

这类物流企业一般是指没有配送中心和配送设备的综合物流企业，或虽有配送中心和配送设备，但数量或能力不足的物流企业。这类物流企业（下称物流企业 A）与客户签订含有仓储服务的物流服务合同后，由于自身没有或者没有足够的配送中心和配送设备，只能将全部或者部分配送服务交由拥有配送中心及配送设备的物流企业（下称物流企业 B）实际履行。物流企业 B 通常是专门提供配送服务的专业配送中心。

提示 此时，物流企业 A 与物流企业 B 之间通常会签订配送服务合同，A 为用户，B 为配送人，双方之间的权利义务依据配送服务合同法律关系确定。

8.2 配送合同

8.2.1 配送合同的概念与性质

1．配送合同的概念

配送合同是配送人根据用户需要为用户配送商品，用户支付配送费的合同。用户是配送活动的需求者，配送人是配送活动的提供者。

作为配送活动需求者的用户，既可能是销售合同中的卖方，也可能是买方，甚至可能是与卖方或买方签订了综合物流服务合同的物流企业。这类综合物流企业与卖方或买方签订综合物流服务合同后，由于自身不拥有配送中心，需要将配送业务外包给其他具有配送中心的物流企业，因而成为配送的需求者，即用户。

作为配送活动提供者的配送人，则既可能是销售合同中的卖方，也可能是独立于买卖双方的第三方物流企业。自身不拥有配送中心的综合物流企业，虽然相对与之签订配送合同为其提供配送服务的其他拥有配送中心的物流企业而言，是配送服务的需求者；但相对与之签订综合物流服务合同的买方或卖方而言，则为配送服务的提供者。

配送费是配送人向用户配送商品而取得的对价。根据配送的具体方式不同，配送费可能包括商品价款和配送服务费两个部分。如果配送人为用户提供的是综合性物流服务，配送服务费也可能包含在用户支付的物流服务费中。

2. 配送合同的性质

（1）配送合同不是单纯的仓储合同或运输合同

从事配送业务的企业都有一定规模的可使用仓库。配送人接受用户的指示将货物从工厂或中转站运到自己的仓库，为用户提供仓储保管服务，并将货物送至用户指定的地点。虽然在配送中含有仓储和运输，但配送是一揽子活动，运输和仓储保管仅是这一系列活动中的一个环节，它们不足以涵盖配送的全过程，况且，在销售配送合同中还存在着商物合一，商品的所有权发生了变动的情形。因此，不能据此就将配送合同定性为仓储或运输合同。

（2）配送合同不是买卖合同

买卖合同是出卖人转移标的物的所有权于买受人，买受人支付价款的合同。而销售配送合同中，配送人除将标的物所有权转移给用户外，还为用户提供专业的配送服务，所收取的配送费中，也不仅仅是商品的价款，还包括了因提供配送服务而收取的配送服务费。如果说销售企业为促销商品而提供的配送服务，因为只是一种商品买卖加送货上门，而可以归为买卖合同的话，那么销售-供应一体配送形式中销售企业除在自己销售商品外与长期用户签订的配送合同，以及物流企业所提供的商物合一的销售配送合同，则因为其中显著的服务特征而不能归于买卖合同。

（3）配送合同不是加工承揽合同

加工承揽合同是承揽人按照定做人的要求完成工作，交付工作成果，定做人给付报酬的合同。承揽包括加工、定做、修理、复制、测试、检验等工作。配送人虽然也会向用户提供某些加工服务，但这些加工服务是非典型的；同时基于与（1）同样的理由，配送合同也不是单纯的加工承揽合同。

（4）配送合同不是委托合同

配送合同是以为用户处理物品配送事务为目的的合同，用户可以只委托配送人运送物品，也可以委托配送人处理货物的分拣、加工、包装、运送等多项事务，因此配送合同具有委托合同的某些特征。原国内贸易部在 1998 年 3 月 2 日起颁布实施的《商品代理配送制行业管理若干规定》第 3 条第 2 款将集约化的物流配送与商品流通代理（包括采购代理、销售代理）一起进行规定，但这并不表示配送合同应属于委托合同。

（5）配送合同是无名合同

根据法律是否规定一定名称和相应的规范，可将合同分为有名合同和无名合同。有名合同，又称典型合同，是法律规定了一定名称和调整规范的合同，如上述运输合同、仓储合同、买卖合同、委托合同等，在我国《合同法》中均有明确规定。无名合同则是指法律未确定特定名称和特定规范的合同。从上面的分析不难看出，在我国目前的法律规定中，配送合同不属于一种有名合同。也就是说，配送合同是一种无名合同。

要点 综上所述，配送合同是具有仓储、运输、买卖、加工承揽和委托合同的某些特征的一种无名合同。

8.2.2 配送合同的种类

1. 配送服务合同

配送服务合同是指配送人接收用户的货物，予以保管，并按用户的要求对货物进行拣选、加工、包装、分割、组配作业后，最后在指定时间送至用户指定地点，由用户支付配送服务费的合同。

提示 这是一种单纯的提供配送服务的合同，双方当事人仅就货物的交接、配货、运送等事项规定各自的权利义务，不涉及货物所有权。在配送服务实施过程中，货物所有权不发生转移，自始至终均属于用户所有，只发生货物物理位置的转移和物理形态的变化。配送人不能获得商品销售的收入，仅因提供了存储、加工、运送等服务而获得服务费收益。

2. 销售配送合同

销售配送合同是指配送人在将物品所有权转移给用户的同时为用户提供配送服务，由用户支付配送费（包括标的物价款和配送服务费）的合同。

（1）销售企业与买受人签订的销售配送合同

在销售配送及销售–供应一体化配送中，销售企业与买受人签订的合同就是销售配送合同。销售企业出于促销目的，在向用户出售商品的同时又向买受人承诺提供配送服务。

提示 在这种配送中，用户就是商品购买者，销售企业为用户提供配送服务的承诺已构成销售合同的一部分，不存在独立的配送合同。双方的权利义务主要根据销售合同约定，销售配送经营形式中通常采用这种方式；或由双方将之作为销售合同的附属合同进行约定，销售–供应一体化配送经营形式中通常采用这种方式。这种配送，实际上就是销售商品加送货上门。

在这种配送合同中，销售企业向用户收取配送费时，可能只收取商品的价款金额，而不另收配送服务费，如为促销而进行的一次性配送服务；也可能在商品价款之外，再收取一定数额的配送服务费，如销售–供应一体化配送形式。

（2）物流企业与用户签订的销售配送合同

这是一种商流合一的配送服务形式。在物流企业与用户签订的配送合同中，除约定物流企业的配货、送货等流通服务义务外，还约定物流企业应负责订货、购货。具体地说，就是由用户将自己需要的产品型号、种类、各部件的要求、规格、颜色、数量等信息提供给物流企业，由物流企业负责按此订货、购货（包括原材料、零部件等）、配货及送货。

提示 在这种方式中，物流企业与用户签订的配送合同，除约定配送人向用户提供配送服务外，还会就特定货物的交易条件达成一致，实质是买卖合同与配送服务合同紧密结合的有机体。在这一合同中，商流与物流紧密结合。在订货、购货阶段，货物的所有权一直属于物流企业。货物的所有权何时转移至用户，由物流企业与用户在配送合同中约定。

物流企业向用户收取的配送费中，既包括因提供配送服务而应获得的配送服务费，也包括因出售商品而应收取的商品价款。

8.2.3　配送合同的法律适用

配送合同的性质直接影响了该类合同的法律适用。

配送合同只能适用《合同法》总则的规定，并可就相关问题参照《合同法》分则或其他法律最相类似的规定。具体地说，在不违反法律规定的情况下，配送合同双方当事人的权利义务主要依据双方的约定。其中，配送人向用户提供配送服务部分，根据服务的具体内容可分别适用运输合同、加工承揽合同、仓储合同、保管合同以及委托合同的规定。就销售配送合同来说，关于商品所有权转移的部分则可以参照买卖合同的规定。

8.2.4　配送合同的主要内容

配送合同中的约定是明确配送人和用户双方权利义务关系的最主要根据。双方当事人除就合同的一般条款进行约定外，还应特别根据配送合同的特征就配送合同中的特别事务进行明确约定，以避免不必要的纠纷。

1. 配送服务合同的主要内容

配送服务合同是商流分离的合同，是单纯提供配送服务的合同。一般来说，配送服务合同主要有以下条款：

1）配送人与用户的名称或者姓名和住所。这是配送合同应具备的一般条款，以确定双方当事人的身份与联系方式。

2）服务目标条款。配送服务应实现用户特定的经营、管理和财务目标。

3）服务区域条款。即约定配送人向用户提供运送服务的地理范围的条款，配送人据此安排其运力。

4）配送服务项目条款。该条款主要是就配送人的服务项目进行明确具体的约定，包括用户需要配送人提供配送的商品品种、规格、数量等，还包括用户需要配送人提供哪些具体的配送作业，如是否需要加工、包装等。

5）服务资格管理条款。即约定配送人为实现配送服务目标应具备的设施、设备，以及相关设施、设备的管理、操作标准等条款。

6）交货条款。既包括用户将货物交付给配送人的环节，也包括配送人将货物配送交付给用户或其指定的其他人这一环节。双方应就交货的方式、时间、地点等进行约定。

7）检验条款。货物检验发生在两个环节：一是用户将货物交付给配送人时的验收；二是配送人向用户或用户指定人交付货物时的验收。检验条款应规定验收时间、检验标准，以及验收时发现货物残损的处理方法。

8）配送费及支付条款。主要规定配送人服务报酬的计算依据、计算标准，及配送费支付的时间和支付方式。

9）合同期限条款。

10）合同变更与终止条款。约定当事人在合同存续期间变更、终止合同的条件，以及变更或终止后的处理。

11）违约责任条款。

12）争议解决条款。

2. 销售配送合同的主要内容

销售配送合同是商流合一的合同，其中关于配送服务部分的条款与配送服务合同基本相同；而关于转移标的物所有权部分的条款与买卖合同相似。一般地，销售配送合同主要包括下列条款：

1）当事人名称、地址。

2）商品名称、品质条款。

3）加工条款。双方关于配送人对商品进行拣选、组配、包装等的约定。

4）送货条款。约定配送人送货的数量和批次、送货时间和地点等内容。

5）检验条款。

6）价格与报酬条款。约定配送人向用户出售商品的价格和配送服务报酬的计算。双方当事人可以将配送费计入商品价格统一计算，也可以分别约定。

7）结算条款。

8）合同变更与终止条款。

9）违约责任条款。

10）争议解决条款。

8.3　物流企业在配送活动中的权利和义务

8.3.1　物流企业在配送服务合同中的权利和义务

1．物流企业在配送服务合同中的权利

（1）要求用户支付配送费的权利

配送费就是配送服务费。配送服务合同是有偿合同，物流企业通过提供配送服务获得收入，有权要求用户支付配送费。这一权利是物流企业的最主要权利，是物流企业订立配送合同的目的所在。

（2）要求用户按约定提供配送货物的权利

由于配送服务合同是商物分离的合同，要求物流企业配送的原始货物（如零部件等）都是由用户提供的，因此，物流企业有权要求用户按约定提供原始货物，否则物流企业不能完成配送任务的，无须承担责任。

（3）要求用户及时接收货物的权利

物流企业将货物送到用户指定地点时，有权要求用户指定相应人员及时接收货物，并与物流企业办理货物交接。用户迟延接收货物造成物流企业损失的，应赔偿其损失。

（4）协助义务

物流企业如果要按约定履行其义务，在很大程度上依赖于用户的协助。用户应向物流企业提供有关配送业务的单据文件，这主要包括以下几点。

1）品名、型号、数量等有关货物的资料。如果涉及危险品，用户还应将有关危险品的正式名称和性质，以及应当采取的预防措施书面通知物流企业。用户违反此项义务造成物流企业损失的，应承担赔偿责任。

2）送货时间、送货地址、联系电话、联系人等与货物交接有关的资料。用户还应指派专人负责与物流企业联系，并协调配送过程中有关事宜，以便双方更好地合作。

2．物流企业在配送服务合同中的义务

（1）安全并及时供应的义务

配送的一个重要意义就是提高用户的供应保证能力，用最小的成本降低供应不及时的风险，减少由此造成的生产损失或对下家承担的违约责任。因此安全性和准时性是物流企业的首要义务。对此，物流企业应做到两点。

1）有良好的货物分拣、管理系统，以便在用户指令下达后，在最短时间内备齐相关物品。

2）有合理的运送系统，包括车辆、运输人员、装车作业、运送路线等各个方面。

提示　需要注意的是，在多用户配送中，物流企业应对每个用户负责，即物流企业不得以其向其他用户配送为由，来免除其对某一用户的违约责任。

（2）按约定理货的义务

配货是配送业务的一个特殊环节，物流企业必须严格按照用户的要求对货物进行加工，使货物最终以用户希望的形态被送至指定地点。在消费品领域，个性化的商品具有更高的商业价值，能更好地实现销售者的销售目标。

提示 物流企业的理货活动对商品的增值功能在此得到体现。因此，经过物流企业组配的物品，应具有用户所要求的色彩、大小、形状、包装组合等外部要求，否则，因此给用户造成的损失，物流企业应承担责任。

（3）妥善保管的义务

虽然在配送业务中，储存并不是配送服务的目标，但具有相应的存储、保管能力是物流企业必不可少的条件。物流企业从接收货物时起，至交付货物时止的全过程，应当以一个合理谨慎的所有人的注意力，妥善地保护、管理货物，以保证货物的数量和质量。除合同另有约定外，物流企业应对其占有货物期间所发生的货损、货差承担责任。

（4）告知义务

物流企业在履行配送合同的过程中，应将履行的情况、可能影响用户利益的事件等，及时、如实地告知用户，以便采取合理的措施防止或减少损失的发生，否则物流企业应承担相应的责任。例如，物流企业在接收货物时，应仔细核对货物与清单记载是否一致，检查货物是否完好，如果发现货物包装出现破损、短量、变质等情况，应及时告知用户。物流企业在合理时间内未通知用户的，视为物流企业接收的货物完好，与合同约定一致。

提示 物流企业在理货、运送时，无论任何原因，无法按用户要求及时完成义务时，应立即通知用户，并按用户合理指示妥善处理。否则，物流企业不仅要承担其违反配送义务的违约责任，还要对由于未及时通知而造成用户的其他损失承担赔偿责任。

8.3.2 物流业在销售配送合同中的权利和义务

1. 物流企业在销售配送合同中的权利

1）要求用户支付配送费的权利。这是物流企业在销售配送合同中最基本的权利。物流企业在销售配送合同法律关系中有权向用户收取的配送费，包括货物的价款和配送服务费两部分。

2）要求用户及时受领货物的权利。

3）要求用户协助的权利。

2. 物流企业在销售配送合同中的义务

1）及时提供符合合同约定货物的义务。物流企业不仅要按用户要求组配货物，使其物理形态满足用户需要，更应当保证商品内在质量符合约定。与一般销售合同不同的是，销售配送合同对交付货物的时间性要求较高，因此，物流企业除了在配送环节应安排好相关事务外，在组织货源环节上也应充分考虑其时间性。物流企业违反此项义务，应向用户承担替换货物、退货、减价、赔偿损失等买卖合同中的责任。

2）转移货物所有权的义务。这是销售配送合同区别于配送服务合同之处。物流企业除了向用户提供配送服务，还要将货物的所有权由已方转移给用户，实现货物所有权的转移。为实现所有权的转移，物流企业应向用户提交有关单证，如发票、检验证书等。

3）告知义务。物流企业在履行销售配送合同过程中，应将履行情况、可能影响用户利益的事件等，及时、如实地告知用户，以便采取合理的措施防止或减少损失的发生，否则，物流企业应承担相应的责任。

小结

本章介绍了配送的概念、类型、配送中心的含义和物流企业在配送活动中的地位，并结合我国配送的实际情况，分析了我国配送合同性质、类型，阐述了配送合同是配送人根据用户需要为用户配送商品，用户支付配送费的合同。配送合同分为配送服务合同、销售配送合同两种类型，重点论述了它们的主要内容和物流企业在两种配送合同中享有的权利、承担的义务。

复习思考题

1．简述配送的含义、特点和种类。
2．简述物流企业在配送活动中的法律地位。
3．简述配送合同概念、种类和主要内容。
4．简述物流企业在配送服务合同中的权利和义务。
5．简述物流企业在销售配送合同中的权利和义务。

案例分析

◆ 案例一

某公司把从国外进口的原材料运到甲配送企业的仓库。甲配送企业负责确定分货、配货计划和每日的配送数量，然后将配好的货物直接送到生产厂地的流水线。某日，仓库接货时发现原材料有部分锈蚀。

问题

1. 损失由谁负责？
2. 如果是在配送企业将原材料送到生产厂地时发现的，又由谁负责？

◆ **案例二**

甲公司为电子公司，乙公司为某物流配送服务公司。乙公司为甲公司向其用户配送计算机 150 台价值 455 000 元。双方签订配送合同后，甲公司办理了托运单，交纳了运费 15 000 元。在配送过程中，乙公司用自有车队进行运输，汽车刚刚驶离甲处 5 公里时突然起火，将大部分计算机烧毁。甲公司遂向某区人民法院起诉，要求乙公司赔偿损失，并退回运费。

问题

乙公司是否应该赔偿甲公司的经济损失？为什么？

第 9 章

物流中有关保险的法律规范

学 习 目 标

- 保险的含义与基本原则
- 保险的常见分类
- 保险合同的特征、主体
- 保险合同的订立与生效
- 物流责任保险的主要内容
- 保险索赔与理赔程序
- 国际货物运输保险

9.1 保险法概述

现代物流供应链不同于传统货运、货代业务，它不仅提供仓储和运输服务，同时还将提供集运、存货管理、分拨服务、属地交货、分类和包装等其他服务。现代物流商作为整个物流业务链的组织与指挥者，必然对全过程负责。物流过程中每个环节都可能存在特有的风险，特别是仓储、运输、装卸及包装等注重实际操作的环节，其运营风险十分大，存在着代理货物的丢失、损坏、雇员欺诈、经营监管疏忽及其他不确定的风险。

为了化解风险、稳健经营，现代物流行业的经营发展迫切需要保险业提供大力支持。对于承担风险方而言，需要与保险公司或其他商业保险机构订立保险合同，以使风险化解到保费中，运用保险降低物流成本，提高商品生产流通的经济效益。

9.1.1 保险的含义

保险源于风险的存在。保险最早发源于海上贸易。一般意义上，保险即通过商业行为建立起来的一种风险分散机制。它既是一种经济制度，也是一种法律制度。首先，保险是以集中起来的保险费建立保险基金，对保险人因自然灾害或意外事故造成的经济损失给予补偿，或对人身伤亡、丧失工作能力给予物质保障的一种经济制度。另外，从法律角度看，保险是一种合同行为，投保人向保险人交纳保费，保险人在被保险人发生约定损失时给予补偿。

定义 保险法是以保险关系为调整对象的法律规范的总称。我国《保险法》第 2 条对保险的定义："本法所称保险，是指投保人根据合同约定，向保险人支付保险费，保险人对于合同约定的可能发生的事故因其发生所造成的财产损失承担赔偿保险金责任，或者当被保险人死亡、伤残、疾病或者达到合同约定的年龄、期限时承担给付保险金责任的商业保险行为。"

我国《保险法》将保险关系区分为财产保险和人身保险。通常，财产保险具有典型的损失补偿性质，而人身保险具有储蓄或投资性质。

9.1.2 保险的分类

按照不同的划分标准，常见的保险包括以下几类。

1．按照保险经营目的划分

按照保险经营目的可分为商业保险和社会保险。

1）商业保险，是指保险公司所经营的各类保险业务。商业保险以营利为目标，独立进行经济核算。我国《保险法》中所定义的保险即为商业保险。商业保险具有营利性、自愿性、灵活性等特点。

2）社会保险，是指国家为实现某种社会政策或保障公民利益，不以营利为目的开办的保险。通常由国家通过立法对公民强制征缴保险费，形成保险基金，对因年老、疾病、生育、伤残死亡和失业导致丧失劳动能力或失业的社会成员提供基本生活保障，如企业职工养老保险、工伤保险等。社会保险运行中若出现赤字，国家财政将给予支持。社会保险具有公益性、强制性、统一性等特点。

2．按照保险标的划分

按照保险标的可分为财产保险、人身保险、责任保险、信用保险与保证保险。

1）财产保险，是指以财产及其有关财产利益为保险标的，主要包括财产损失保险、责任保险、信用保险等。财产损失保险可分为企业财产保险、家庭财产保险、运输工具保险、运输货物保险等。

2）人身保险，是指以人的寿命和身体为保险标的，主要包括人寿保险、健康保险、意外伤害保险等。

3）责任保险，是以被保险人依法应负的民事损害赔偿责任或经过特别约定的合同责任为保险标的。通常分为雇主责任保险、公众责任保险、产品责任保险、职业责任保险。

4）信用保险，是由保险人承保权利人因债务人破产、解散、政府行为等引起的非正常商业信用风险的保险。信用保险主要包括出口信用保险、国外投资信用保险、国内商业信用保险。

5）保证保险，是为保证合同债务的履行而订立的合同，具有担保合同的性质。投保人违反约定给权利人造成的损失，由保险人按照保证保险合同予以赔偿。

我国《保险法》对保证保险没有明确规定，各地法院在审理案件过程中，对保证保险的法律性质存在很大分歧。其中引起业界关注的焦点是：保证保险合同属于保险合同还是属于保证合同；是主合同还是从合同，以及保证保险合同应适用何种法律规范等。

3．按照保险人承担责任次序划分

按照保险人承担责任次序可分为原保险和再保险。

1）原保险，即第一次保险，是投保人与保险人之间签约形成的保险关系。

2）再保险，也称分保险或第二次保险，是保险人为减轻风险将自己承保业务中的一部分危险责任分摊给其他保险人承担。再保险是保险的保险，可以分散保险公司的经营风险。也可以说，原保险是发生在保险人和投保人之间的保险行为，再保险是发生在保险人与保险人之间的保险行为。

4．按照保险实施的形式划分

按照保险实施的形式可分为自愿保险与强制保险。

1）商业保险即自愿保险。自愿保险不受任何第三者干预。

2）强制保险又称法定保险，是国家颁布法令强制某些特定群体或行业参加的保险，如机动车交通事故责任强制保险、社会保险等。当前世界各国绝大部分保险业务都采用自愿保险方式办理，我国也不例外。

5．按照保险的开展目的划分

按照保险的开展目的可分为政策性保险与商业保险。

1）政策性保险是指为了实现国家政策，如国际贸易政策等，以国家财政为支撑，开展不以营利为目的的保险。这类保险发生损失的程度较高，往往收取较低保费，若经营者发生亏损，国家财政将给予补偿。常见的政策性保险有出口信用保险、投资保险等。

2）商业保险以营利为目的，由商业保险人开展，自主经营、独立核算、自负盈亏。

9.1.3　保险的基本原则

保险的基本原则又称保险法基本原则，是指贯穿于保险基本法律规范中，人们在保险活动中必须遵循的根本性准则。理论上普遍认为保险具有四个基本原则，即最大诚信原则、近因原则、损失补偿原则、保险利益原则。

1．最大诚信原则

最大诚信原则最早产生于海上保险，英国《1906 年海上保险法》中规定了该原则。该原则是指在保险活动中当事人必须保持最大限度的诚意，互不欺骗，恪守信用。

2003 年 1 月 1 日修改后施行的我国《保险法》，重要特点之一就是突出了诚信原则的核心地位。

诚信原则是所有合同的基本原则。对保险合同而言有更重要的意义，甚至被称为保险合同的“帝王法则”。由于保险经营的行业特殊性，保险合同的附合性均要求保险人具有最大诚信，这也是保险法规定最大诚信原则的出发点。

2．近因原则

近因原则是指损失与保险事故的发生有直接关系时保险人才负赔偿责任，是引起保险标的损失最有效的、起决定作用的因素，它直接导致保险标的发生损失。

近因不一定是在时间上和空间上最接近损失结果的原因。近因原则是判断保险事故与保险标的损失之间的因果关系，从而确定保险赔偿责任的一项基本原则。依据该原则，索赔的损失应该由承保风险引起，否则，保险人不负赔偿责任。这是因为现实中保险标的损失是由多种风险造成的，而这些风险往往同时由承保风险、非保风险和除外风险构成。

3．损失补偿原则

损失补偿原则即保险标的发生了保险责任范围内的损失时，通过保险补偿使被保险人恢复到保险事故发生前的状况，被保险人不因保险事故而获得额外的利益。

损失补偿原则是补偿性合同理赔的重要原则，但对于给付性的保险合同并不适用。除人寿保险外，其他各种保险都具有补偿性特点。补偿性合同主要是财产保险合同，在人身保险中仅对涉及医疗费用的险种适用。而人寿保险和意外保险及疾病给付保险都是给付性险种。

提示 损失补偿原则的补偿限制包括：以被保险人的实际损失为限；以投保人投保的保险金额为限；以投保人或被保险人所具有的保险利益为限。在具体的实务操作中，三个限额中金额最少的限额为保险赔偿的最高额。

损失补偿原则具有重大意义。首先，可以维护保险当事人的正当权益，发挥保险的经济补偿职能；其次，防止被保险人通过保险赔偿得到额外利益；最后，防止道德危险的发生。

4．保险利益原则

保险利益原则，又称可保利益，是指投保人对于保险标的具有法律上承认的经济利益。这种经济利益，体现在投保人或被保险人因保险标的发生有关的风险事故而受损，因风险事故不发生而受益或继续享有。

确立保险利益需要同时具备三个条件：合法的利益，客观存在的利益，经济上可确定的利益。

链接 我国《保险法》第 12 条规定：“投保人对保险标的应当具有保险利益。投保人对保险标的不具有保险利益的，保险合同无效。保险利益是指投保人对保险标的具有的法律上承认的利益。”

坚持保险利益原则的重要意义在于：可以防止赌博行为的发生；可以防止道德危险的发生；可以限制赔付的最高额度。

不同保险的保险利益适用时限也不同。在财产保险中，要求从保险合同订立到终止，始终都存在保险利益，投保时存在的保险利益如果因标的转让而消失，则保险合同无效。但在货运险中只要求在索赔时存在保险利益即可。人身保险中，强调保险合同订立时必须具有保险利益，而当保险事故发生时是否具有保险利益则不做要求。

9.2　保险合同

9.2.1　保险合同概述

1．保险合同的含义和特征

保险实现分散风险的功能是通过保险合同实现的。

定义　保险合同是合同当事人设立、变更、终止保险法律关系达成的协议，也是投保人与保险人约定保险权利义务关系的协议。它适用于合同法的一般规定。

作为一种特殊的民事合同，保险合同兼具一般民事合同的法律性质和自身特点，一方面，它遵循平等自愿、公平诚信、公共利益等一般合同的原则；另一方面，保险合同还含有一般民商事合同不具备的法律特征。总的来说，保险合同的法律特征包括：双务有偿合同、诺成合同、射幸合同、最大诚信合同、格式合同。

2．保险合同的主体

保险合同的主体可以分为保险合同当事人、保险合同关系人和保险合同辅助人。

（1）保险合同当事人

保险合同当事人是指缔结保险合同，直接享有合同权利，承担合同义务的人，一般指保险人和投保人。

1）保险人，又称承保人，在我国是指与投保人订立保险合同，并承担赔偿或者给付保险金责任的保险公司。保险公司应依法成立，如果超越经营范围，其保险活动无效。

链接　我国《保险法》规定，保险公司应当采取股份有限公司或国有独资公司的组织形式。中国保监会《保险公司管理规定》对此做出了具体规定。

2）投保人，又称要保人，是保险人的相对人，是指与保险人订约，并承担约定保险费义务的人。投保人可以是自然人或法人。投保人应当具备两个条件：具有民事权利能力和行为能力；对保险标的具有保险利益。

（2）保险合同关系人

保险合同关系人包括被保险人和受益人。

1）被保险人是指其财产或人身受保险合同保障，享有保险金请求权的人。投保人可以是被保险人。在投保人和被保险人不是同一人时，保险合同首先应保障被保险人利益。

2）受益人是指人身保险合同中由被保险人或者投保人指定的享有保险金请求权的人。在财产保险中，国内存在两种观点：一种观点认为，被保险人即是受益人；另一种观点认为，在财产保险中确立一个不同于被保险人的受益人属于为第三人设定权利，在法律上应该允许。在人身保险中，如果投保人、被保险人与受益人非同一人，投保人指定、变更受益人必须经被保险人同意，在指定受益人情况下，实际是被保险人将保险金请求权转让给受益人。

（3）保险合同辅助人

保险合同辅助人包括保险代理人、保险经纪人和保险公估人，统称为保险中介。

1）保险代理人是根据保险代理合同或授权书，向保险人收取保险代理手续费，并以保险人的名义代为办理保险业务的人。保险代理人既可以是法人，也可以是自然人。但是必须具有代理人资格，取得营业保险代理业务的许可证，并经过注册登记。另外，要有保险人的委托授权，以保险人的名义办理业务，向保险人收取代理手续费，代理行为所产生的权利义务后果直接由保险人承担。

2）保险经纪人是基于投保人利益，为投保人与保险人订立保险合同提供中介服务，并依法收取佣金的人。保险经纪人是投保人的代理人。保险经纪人经过登记注册取得经营许可证，方可经营。保险经纪人一般根据投保人的委托授权，并与投保人订立合同后开展业务。保险经纪人因其过失或疏忽造成投保人或被保险人损失的，要承担赔偿责任。

3）保险公估人，又称保险公证人，是依法为保险合同当事人办理保险标的查勘、鉴定、估损及理赔款项清算业务，并给予证明的人。

3. 保险合同的分类

1）投保单，又称要保单，是投保人向保险人申请订立保险合同时的书面文件。它是投保人投保的书面要约。在投保单中列明订立保险合同必需的条款，以供保险人决策是否承保。由投保人如实填写。

2）保险单，是保险人和投保人之间订立正式保险合同的一种书面文件。一般由保险人签发给投保人。保险单将保险合同的全部内容详尽列明，包括双方当事人的权利义务及保险人应承担的风险责任。

3）保险凭证，又称小保单，是保险人签发给投保人的证明保险合同已经成立的书面文件。其所列条款与保险单完全相同，并声明以某种保险单所载明的条款为准，实质是一种简化了的保险单，它与保险单具有同等的法律效力。

4）暂保单，是保险单或保险凭证未出具之前保险人或保险代理人向投保人签发的临时凭证，也称临时保险单。其作用是证明保险人已同意接受投保。

5）批单，又称背书，是保险人应投保人或被保险人要求，修改保险单内容的证明文件。

批单通常在两种情况下使用：一是对已印制好的标准保险单的部分修正，并不改变保险单的基本保险条件；二是在保险合同有效期内对某些保险项目进行调整。批单一经签发，就自动成为保险单的一个重要组成部分。可在原保险单或保险凭证上批注，也可另外出具一张附贴便条。凡经批改的内容，以批单为准；多次批改的，以最后批改为准。

4．保险合同的主要条款

1）基本条款，是印刷于标准保险单背面的保险合同基本文本内容，即保险合同的法定记载事项。它主要明示保险人和被保险人的基本权利义务，以及保险行为成立的条件。保险合同基本条款的主要内容一般包括：当事人和关系人的名称、住所，保险标的，保险金额，保险费及其支付方式，保险价值，保险责任和责任免除，保险期间和保险责任开始时间，保险金赔偿或给付方法，违约责任和争议处理，订约时间。

2）附加条款，是对基本条款的补充条款，是对基本责任范围内不予承保而经过约定在承保基本责任范围基础上予以扩展的条款。

3）法定条款，是法律规定合同必须列出的条款。

4）保证条款，是保险人要求被保险人必须履行某项规定所制定的条款。

5）协会条款，专指由伦敦保险人协会根据实际需要而拟定发布的有关船舶和货运保险条款的总称。

9.2.2 保险合同的订立

保险合同的订立是通过投保人与保险人双方当事人的意思表示一致而产生的。保险合同属于格式合同，订立过程比较简单，一般包括两个环节。

首先，投保。投保即合同订立过程的要约阶段，具体表现为投保人填写保险人事先印制的投保单，并将填写完毕的投保单送交保险人。

其次，承保。保险人承保即合同订立的承诺阶段。保险人对投保单审核后签字盖章，并交还投保人，保险合同即宣告成立。保险合同的成立，以投保人和保险人之间的要约与承诺的完成为标志。

9.2.3 保险合同的生效

保险合同的“成立”与“生效”是两个不同的概念。

保险合同的双方当事人经过要约与承诺，意见达成一致，保险合同即告成立。但是，保险合同成立并不意味着保险合同当然生效，除非法律另有规定或合同另有约定，保险合同的生效为保险权利义务的开始。保险合同生效除应具备合同法规定的一般有效要件外，还应具备保险法规定的特殊有效要件。

链接 我国《保险法》规定的特殊无效情形：

- 订立合同时危险已不存在；

- 投保人对保险标的无保险利益；
- 恶意的复保险；
- 投保人为无民事行为能力人的，投保以死亡为给付保险金条件的人身保险，但父母为其未成年子女投保的人身保险，且死亡给付保险金额总和不超过保险监督管理机构规定限额的除外；
- 以死亡为给付保险金条件的合同，未经被保险人书面同意并认可保险金额的；
- 人身保险中被保险人真实年龄已超过保险人所规定的保险年龄的限度的。

保险合同被确认无效的，保险人不承担保险责任。

保险合同生效的时间，一般由当事人在合同中约定。若当事人没有约定，保险合同成立的时间，即为合同生效的时间。

9.2.4 保险合同的终止

保险合同的终止是指保险合同成立后因法定的或约定的事由发生，法律效力完全消灭的法律事实。导致保险合同终止的主要原因有以下几个。

1. 自然终止

自然终止有四种情形：保险合同期限届满；合同生效后承保的风险消失；保险标的因非保险事故的发生而完全灭失；合同生效后，投保人未按规定将合同转让，投保人或被保险人失去保险利益，自转让之日起合同的法律效力丧失。

2. 履约

履约有两种情形。

1）普通保险合同中，无论一次还是多次给付保险金，只要保险人给付保险金总额达到保险合同约定的保险金额时，并且保险期限未届满，保险合同均终止。

2）机动车辆保险和船舶保险合同中，保险人在保险有效期间赔付的保险金不累加，只有当某次保险事故赔偿达到保险金额时保险合同才终止。

3. 解除

解除是指在保险合同期限尚未届满前，合同一方当事人依照法律规定或约定行使解除权，提前终止合同的效力。

保险合同的解除应当符合法律规定，表现在：必须在可以解除的范围内行使解除权；必须存在解除事由；必须以法律规定方式解除；必须在时效期间内行使解除权。

提示 保险合同订立后，当事人在履行合同过程中，围绕理赔、责任归属等问题容易引发争议。对保险业务发生的争议，可以采取和解、调解、仲裁或诉讼四种方式处理。当双方当事人对合同条款的理解发生歧义时，由法院或者仲裁机构做出判断。

9.3　货物运输保险

9.3.1　货物运输保险概述

货物运输保险属于财产保险。根据涉及国家或地区、运输方式、承保的风险范围不同，货物运输保险分为多种形式。

1．海洋运输保险

海洋运输保险是以海上运输工具运载的货物为保险标的，保险人承担运输中因遭受自然灾害和意外事故对保险标的造成的损失。在目前的外贸实践中，买卖双方投保海洋运输保险来规避风险已成国际惯例。按承保责任不同，海洋运输保险分为平安险、水渍险、一切险三个基本险种及多个附加险种以供投保人选择。

海洋运输保险具有不同于一般财产险的特点：保险标的通常与海上航行有关；承保风险除了一般陆上风险（如雷电、恶劣气候、火灾、爆炸等）之外，还有大量海上特有风险（如触礁、搁浅、海水进舱等）；大多牵涉国际关系，一般属于国际商务活动，或者海上保险的当事人属于不同国家，或者保险事故发生在异国他乡等。

2．陆上货物运输保险

陆上货物运输保险（铁路运输、公路运输）分为陆运险和陆运一切险两个基本险种，承保货物在陆上运输过程中由于保险责任范围内的事故造成的损失。

3．航空货物运输保险

航空货物运输保险分为航空险和航空运输一切险两个基本险种，承保货物在航空运输过程中由于保险责任内的事故造成的损失。

4．国内航空货物运输保险

国内航空货物运输保险是指在中国大陆（不含港、澳、台地区）以航空运输方式的货物为保险标的的保险。主要承保货物在运输过程中因自然灾害、意外事故及其他外来原因所致货物的损失。

5．国内水路、陆路运输保险

国内水路、陆路货物运输保险是指在中国大陆（不含港、澳、台地区）以水路（包括沿江、沿海和内河运输）、陆路运输方式运输的货物为保险标的，主要承保货物在运输过程中因自然灾害、意外事故及其他外来原因所致货物的损失。

6．邮政包裹保险

邮政包裹保险分为邮包险和邮包一切险两种。被保险货物遭受损失时，本保险按保险单上订明承保险别的条款规定，负赔偿责任。

（1）邮包险

被保险邮包在运输途中由于恶劣气候、雷电、海啸、地震、洪水等自然灾害或由于运输工具遭受搁浅、触礁、沉没、碰撞、倾覆、出轨、坠落、失踪，或由于失火、爆炸等意外事故所造成的全部或部分损失。被保险人对遭受保责任内危险的货物采取抢救，防止或减少货损的措施而支付的合理费用，但以不超过该批获救货物的保险金额为限。

（2）邮包一切险

除包括上述邮包险的各项责任外，本保险还负责被保险邮包在运输途中由于外来原因所致的全部或部分损失。

9.4 物流保险的具体规定

9.4.1 物流保险概述

1. 物流保险的含义

对于中国保险市场来说，物流保险是一种新兴险种。

定义 物流保险是指针对物流活动过程中各主要环节运作风险的控制与保障。当前物流保险存在广义与狭义之说。广义物流保险，是指对物流各主要环节涉及的各类风险的保险；狭义物流保险仅指物流责任保险。物流责任保险是指将第三方物流经营人承担的运输中承运人的责任及仓储、流通加工过程中保管人的责任等融合在一起，由保险人承保物流业务经营过程中的综合责任的保险。

物流责任保险为客户提供经营第三方物流业务过程中的全面保障，是一种契合现代物流业发展潮流的新型保险产品。实际上，在贸易合同、运输合同、仓储合同和承揽合同等物流活动中，通常都有涉及风险分担的内容。在《联合国国际货物销售合同公约》和《国际贸易术语通则2010》这类适用广泛的国际商事合同立法中，也都有关于买卖双方风险划分的条款。

2. 物流风险的分类

现代物流的性质决定了运营过程中的涉险环节特别多。可以说，在现代物流过程中，所有涉及货物作业、监管的操作环节都可能涉及风险。这种风险已大大超过传统货运业面对的风险。其中，只有少数风险是可以被预知、被控制的，更多的风险是无法预知、无法避免的。

根据不同标准，物流风险有不同的分类。

1）根据物流基本功能，物流风险包括：运输与搬运活动的风险，储备与库存活动的风险，配送活动的风险，其他服务活动的风险。

2）根据物流活动的范围，物流风险可以分为国内物流风险和国际物流风险。国内物流风险是指在一个国家或地区内部循环的物流关系风险；国际物流风险，是指在不同国家（地区）间循环的物流关系风险。

3）根据物流风险的保险标的，物流风险分为物流货物风险和物流责任风险。

4）根据风险的责任性质，物流风险可以分为违约风险、侵权风险和不可抗力风险。

提示 为了竞揽业务，在物流商与客户的磋商中，物流商迫于商业压力常常接受某些苛刻条款，有的物流商甚至将正常的豁免条款删除以迎合客户，这部分风险无疑将转嫁给物流企业。另外，现代物流对时间的要求很高，物流商需承担信息系统带来的各种风险及赔偿经营过程中给第三方造成的损失，这些因素都使现代物流商的风险增加。因此物流商迫切需要一种专业险种，能够针对长短途、固定区域及短途运输等不同情况提供更为细化的保险模式，分担其在物流运作过程中的责任。

9.4.2 我国物流保险现状

第三方物流的兴起是我国现代物流的特征之一。目前，由传统储存和运输企业转型而来的第三方物流企业是主要类型，宝供物流、华运通物流等专业物流企业发展很快，海尔、长虹、联想、国美等工商企业将物流功能剥离成立独立的物流公司，国际上的大型物流企业如 Maersk、UPS、TNT 等也纷纷以合资或独资的方式进入我国开展业务。物流产业发展壮大，物流风险自然也随之增大，第三方物流企业在为客户提供越来越便利的一体化服务的同时，也在承担着越来越大的风险。

目前我国物流活动中普遍采用的保险险种主要是财产保险和货物运输保险两类，均是针对物流过程中的单一环节承保风险。而现代物流的保险策略是对物流风险提供综合统一的保险管理，至少应涵盖运输与搬运、储备和库存、生产活动（机器损坏、建筑工程一切险、安装工程一切险等）、配送服务等其他环节。物流综合保险正是适应现代物流发展的理想险种，在欧美等物流业发达国家，物流综合保险已广为接受。

鉴于此，通过对国外物流保险的运作模式及国内物流保险市场调查研究，我国一些保险公司早在 1998 年就开始积极探讨个性化的现代物流保险方案。这些方案将保险责任起讫期间延长为“门到门”条款，把货物运输保险和短暂仓储保险打包后低价出售。这些方案的推出，使现行保险体系逐渐与现代物流业接轨，是对现代物流保险的有益尝试。

介绍与了解

中国物流保险业的发展概况

2002 年，中国人民财产保险股份有限公司深圳分公司率先与深圳市新科安达后勤保障有限公司开展综合物流保险合作，在国内进行物流综合保险尝试，一度引起业界广泛关注，标志着物流业进入了一个全新的风险管理阶段。2004 年 7 月，中国人民财产保险股份有限公司专门针对第三方物流开发了物流责任保险，正式推出了《物流货物保险》和《物流责任保险条款》，结束了我国无专门物流保险的局面，也实现了由传统物流运输环节保险、仓储环节保险、承运人责任保险“三足鼎立”的保险格局进入物流货物保险和物流责任保险“双轨并行”阶段的转变。

在此基础上，其他保险公司也相继推出物流综合保险。然而，由于中国物流业起步较晚，物流行业对于保险企业而言是个全新领域，保险企业并未完全掌握和体会物流业务各环节间的逻辑关系。另外，出于商业秘密考虑，投保人难以提供客观确切的经营资料以供保险人理赔估算，其他还有高昂的保费等因素影响，使得物流界对该险种的适用难免存有疑虑。因此，物流综合保险在中国市场的推行尚待完善。

9.4.3 物流责任保险条款

一般来说，各保险公司的物流责任保险条款由总则、保险责任、责任免除、责任限额、保险费、保险期间、投保人被保险人义务、赔偿处理、争议处理、其他事项 10 个部分组成。目前，我国尚无统一格式的保险公司物流责任保险保单，物流责任保单相比其他保单要复杂很多。实践中，一般均由各保险公司针对不同的物流投保人出具非格式框架文本，无论如何，一般保单的基本内容总要涉及。下面以 2004 年 7 月 1 日中国人民财产保险股份有限公司《物流责任保险条款》（以下简称《条款》）为例，着重介绍我国物流责任保险的特色构成。

1. 保险责任

根据《条款》第 4 条：“在本保险期间，被保险人在经营物流业务过程中，由于下列原因造成物流货物的损失，依法应由被保险人承担赔偿责任的，保险人根据本保险合同的约定负责赔偿：

- 火灾、爆炸；
- 运输工具发生碰撞、出轨、倾覆、坠落、搁浅、触礁、沉没，或隧道、桥梁、码头坍塌；
- 碰撞、挤压导致包装破裂或容器损坏；
- 符合安全运输规定而遭受雨淋；
- 装卸人员违反操作规程进行装卸、搬运。”

上述五种原因导致作为被保险人的物流企业承担对物流货物的赔偿责任时，由保险人即保险公司负责赔偿。

另外，《条款》第 5 条还规定：保险人对被保险人所支付的法律费用也承担赔偿责任。法律费用指保险事故发生后，被保险人因保险事故而被提起仲裁或诉讼所支付的仲裁费用、诉讼费用及事先经保险人书面同意支付的其他必要的合理费用。

2. 责任免除

责任免除，即除外责任，是保险人不承担保险责任的范围。当保险责任条款与责任免除条款相冲突时，责任免除条款的效力优先。除外责任分两类：一类是原因除外责任，即在合同中约定因何种原因造成保险标的损失，保险人不承担赔偿责任；另一类是损失除外责任，即在合同中约定保险人对何种损失不承担赔偿责任。《条款》第 6～9 条列举了除外责任，其中第 6 条和第 7 条属于原因除外责任，第 8 条和第 9 条属于损失除外责任。

（1）原因除外责任

第 6 条规定："下列原因造成的损失、费用和责任，保险人不负责赔偿：

- 自然灾害，本保险合同所称自然灾害是指雷击、暴风、暴雨、洪水、暴雪、冰雹、沙尘暴、冰凌、泥石流、崖崩、突发性滑坡、火山爆发、地面突然塌陷、地震、海啸及其他人力不可抗拒的破坏力强大的自然现象；
- 被保险人的故意或重大过失行为；
- 战争、外敌入侵、敌对行动（不论是否宣战）、内战、反叛、革命、起义、罢工、骚乱、暴动、恐怖活动；
- 核辐射、核爆炸、核污染及其他放射性污染；
- 执法行为或司法行为；
- 公共供电、供水、供气及其他的公共能源中断；
- 大气、土地、水污染及其他各种污染。"

提示 理解第 6 条时需要注意，在《条款》中，被保险人的故意和重大过失行为都属于责任免除的范围。通常在责任保险中，被保险人的故意行为导致损失，保险人免责，保险人仅对过失行为承担责任。由于重大过失和一般过失的区别并不十分清晰，因此可能给被保险人的索赔过程造成一定阻碍。

第 7 条规定："下列原因造成的损失和费用，保险人不负责赔偿：

- 被保险人自有的运输或装卸工具不适合运输或装载物流货物，或被保险人自有的仓库不具备存储物流货物的条件；
- 物流货物设计错误、工艺不善，本质缺陷或特性、自然渗漏、自然损耗、自然磨损、自燃或由于自身原因造成腐烂、变质、伤病、死亡等自身变化；
- 物流货物包装不当，或物流货物包装完好而内容损坏或不符，或物流货物标记错制、漏制、不清；
- 发货人或收货人确定的物流货物数量、规格或内容不准确；
- 物流货物遭受盗窃或不明原因地失踪。"

提示 该条规定易引发争议，如第 1 款对于运输工具是否适合运输的认定主体和认定标准问题，并未做出明确规定。

（2）损失除外责任

第 8 条规定："下列物流货物的损失，依法应由被保险人承担赔偿责任的，保险人不负责赔偿。但由被保险人向保险人事先提出申请并经被保险人书面同意的不在此限：

- 金银、珠宝、钻石、玉器、贵重金属；
- 古玩、古币、古书、古画；

- 艺术作品、邮票；
- 枪支弹药、爆炸物品；
- 现钞、有价证券、票据、文件、档案、账册、图纸。”

该条将某些特殊的物流货物的损失排除在保险范围以外，主要涉及禁止流通物、限制流通物，或者难以计量的物品等。

第9条规定：“下列损失、费用和责任，保险人不负责赔偿：

- 被保险人及其雇员的人身伤亡或所有的财产损失；
- 储存在露天的物流货物的损失或费用；
- 盘点时发现的损失，或其他不明原因的短量；
- 在水路运输过程中存放在舱面上的物流货物的损失和费用，但集装箱货物不在此限；
- 精神损害赔偿；
- 被保险人的各种间接损失；
- 罚款、罚金或惩罚性赔偿；
- 发生在中华人民共和国境外的财产或费用的损失；
- 本保险合同中载明的免赔额。”

该条明确了保险责任范围外的损失。

提示：从法条构成看，免责条款多于保险责任条款，很多物流活动中可能发生的损失被排除在责任范围之外，比如，舱面货、路堆货的损失、包装不当的物流货物损失、物流货物被盗的损失等。这些物流企业期待通过保险保障的事项一概予以免责处理，对物流投保企业而言是十分不利的。

3．责任限额

《条款》第11条规定：“本保险合同的责任限额由投保人自行确定，并载于保险单明细表中。”

责任保险承保的是被保险人的赔偿责任，无固定价值标的，赔偿责任由损害责任的大小决定，因此责任保险不似其他财产保险具有相对确定的保险金额，而是经由双方当事人共同协商确定。《条款》中虽然允许投保人自行确定责任限额，但并非指投保人可以任意确定责任限额。

《条款》第21条规定：“发生保险责任事故，保险人对物流货物每次事故赔偿金额不超过保险单中列明的每次事故责任限额，对被保险人在每次事故中实际发生的法律费用在每次事故责任限额之外计算赔偿，但最高不超过每次事故责任限额的30%。

在本保险期间内，保险人对物流货物的累计赔偿金额不超过保险单中列明的累计责任限额。对被保险人实际发生的法律费用在累计责任限额之外计算赔偿，但累计不超过保险单中列明的累计责任限额的30%。”

可见，《条款》采用的是每次事故责任限额与保险期内累积的责任限额同时适用的方式。法律费用在责任限额外的另计。

4．保险费

《条款》第 12 条规定：“保险人以本保险期间内被保险人预计发生的物流业务营业收入为基础计收预付保险费。保险合同期满后，保险人根据被保险人申报的实际发生的物流业务营业收入作为计算实际保险费的依据。实际保险费高于预付保险费的，被保险人应补交其差额部分；实际保险费低于预付保险费的，保险人退还其差额部分，但实际保险费不得低于保险单明细表中列明的最低保险费。”

提示　该条款引起物流界广泛质疑，因为该条款导致昂贵的保险费用，使物流企业进入该险种的门槛太高。

5．物流责任保险的特约条款

《条款》中确立的保险合同基本内容并非强制性的。物流企业可以根据实际需要，与保险公司协商排除基本条款的适用，或者明确基本条款中模糊不清的用语，为自己的物流业务提供更为特色的保障。一般来说，下列几项内容可以变通。

（1）“物流”的定义

根据《条款》第 3 条：“物流是指被保险人接受委托，将运输、储存、装卸、搬运、包装、流通加工、配送和信息处理等基本功能实施有机结合，使物品从供应地向接收地实体流动的过程。”

该定义确定的是物流业务的一般范围，为防止争议，《条款》允许当事人就实践中类似的专用术语予以特别约定。实务中，物流企业从事的接提货、集疏港、订舱、报关、报检、报验、包装、标记打板拆板、单据操作和流转、信息处理等全套服务过程均可以纳入“物流”的定义。

（2）保费问题

《条款》规定，保险费是以被保险人物流业务营业收入为基础计收的。基本上，如果物流业务营业收入高，说明物流业务量比较大，风险也大，保险费自然高。但我国物流行业处于基础时期，物流营业收入高未必等于利润高，高额保费致使很多物流企业望而却步。因此，物流企业可以根据自己的业务收入和利润，结合保险公司所承保的风险，与保险公司协商一个双方都能接受的保费。另外，按照保险业惯例，如果被保险人在保险期间无保险事故，或者累计赔款很低，被保险人有权要求降低下一年度的保费。

（3）露堆货、舱面货问题

露天储存的货物和装载于舱面的货物风险相对比较大，因此《条款》将露堆货、舱面货的损失列为除外责任。根据货物特性或者行业惯例，实践中很多货物露天堆放于舱面，这就意味着物流企业的很多业务被排除在保险合同之外。物流企业可以要求保险公司调整保险责任，将实际工作中允许的露堆货和舱面货扩展入保险责任范围。

（4）分包商、代理人原因发生的损失

物流商是所有供应链的组织者，其中有的环节由其自身负责，有的环节需要委托分包商具体实施。实践中，在与分包商合作以及物流运作的全过程中，当客户发生损失时，无论是物流商的过失还是分包商的过失，都由物流商先承担对外赔偿责任。尽管物流商在赔付后，尚可向负有责任的分包商进行追偿，但由于物流商与客户和分包商所签合同是背对背合同，因此所适用的法律往往不一样，其豁免条款、赔偿责任限额及诉讼时效也有异，致使物流商常常承担额外损失。

因而保险公司对此种损失也应负保险责任，当然，保险公司也因此会取得物流企业根据承包协议、委托代理协议向分包商、代理人求偿的权利。

（5）运输工具、仓储设施、装卸设备故障引发的损失

《条款》未明确运输工具、仓储设施和装卸设备的适用标准，也未明确保险公司在物流企业已恪尽职守情形下产生的损失是否免责。因此，物流企业在签订保险合同时，应尽量明确规定：因被保险人尽到及时检查、维护义务而未发现的机械故障或者潜在缺陷造成的保险事故，保险人不免责。

总之，物流企业可以根据自己的实际情形，与保险公司磋商更多的特约条款，弥补基本条款的弊端，维护自己的利益。

6．物流责任保险附加险

《条款》确定的附加险主要有以下几种。

（1）附加盗窃责任保险条款

经保险合同双方特别约定，且投保人已交纳相应的保险费，被保险人在经营物流业务过程中，由于盗窃造成物流货物的损失，依法应由被保险人承担赔偿责任的，保险人按本保险合同约定负责赔偿。

本条款与物流责任保险条款相抵触之处，以本条款为准；其他未尽事项以物流责任保险条款为准。

提示 该险种针对《条款》第7条除外责任中的“物流货物遭受盗窃造成的损失”而设置。

（2）附加提货不着责任保险条款

本条款所称提货不着是指在物流运输过程中物流货物不明原因地失踪。

经保险合同双方特别约定，且投保人已交纳相应的保险费，被保险人在经营物流业务过程中，由于运输过程中提货不着造成物流货物的损失，依法应由被保险人承担赔偿责任的，保险人按本保险合同约定负责赔偿。

本条款与物流责任保险条款相抵触之处，以本条款为准；其他未尽事项以物流责任保险条款为准。

提示 该险种针对《条款》第 7 条除外责任中的“物流货物不明原因失踪造成的损失”而设置。

（3）附加冷藏货物责任保险条款

经保险合同双方特别约定，且投保人已交纳相应的保险费，被保险人在经营物流业务过程中，由于冷藏机器或隔温设备损坏并连续停止工作达 24 小时以上而致保险标的解冻融化后腐烂造成的损失，依法应由被保险人承担赔偿责任的，保险人按本保险合同约定负责赔偿。

本条款与物流责任保险条款相抵触之处，以本条款为准；其他未尽事项以物流责任保险条款为准。

提示 该险种主要针对冷藏货物环节出现失误责任风险而设立。

（4）附加错发错运费用损失保险条款

经保险合同双方特别约定，且投保人已交纳相应的保险费，被保险人在经营物流业务过程中，由于被保险人雇员的过失或信息系统故障导致信息处理错误造成物流货物发错目的地，对于被保险人因此重新运输该物流货物所增加的合理的、必要的运输费用，保险人依照本保险合同的约定负责赔偿。

发生本附加险保险责任范围内的损失，保险人对每次事故的赔偿金额不超过保险合同中列明的每次事故责任限额的 10%；在本保险期间内，保险人的累计赔偿金额不超过保险合同中列明的累计责任限额的 10%。

本条款与物流责任保险条款相抵触之处，以本条款为准；其他未尽事项以物流责任保险条款为准。

提示 该险种主要针对信息处理环节出现失误责任风险而设立。

（5）附加流通加工、包装责任保险

1）保险责任。在本保险期间或保险单中列明的追溯期内，被保险人在保险单明细表列明的承保区域范围内对物流货物进行流通加工、包装，造成使用、消费或操作该物流货物的第三者人身伤害、疾病或死亡、财产损失，依法应由被保险人承担的赔偿责任，由受害人在保险期间首次向被保险人提出索赔的，保险人根据本保险合同的约定负责赔偿。

2）责任免除。下列损失、费用和责任，保险人不负责赔偿：物流货物本身的损失及被保险人退换、召回或修理物流产品所发生的费用；物流货物造成飞行物或船舶的损害；物流货物造成的大气、土地、水污染及其他各种污染；被保险人的任何合同责任，但即使没有该合同，被保险人仍应承担的责任不在此限。

3）责任限额。发生本附加险保险责任范围内的损失，保险人对每次事故的赔偿金额不超过保险合同中列明的相应的每次事故责任限额；对于每人人身伤亡，保险人的赔偿金额不超过保险单明细表列明的相应的每人人身伤亡责任限额。在本保险期间内，保险人累计赔偿金额不超过保险合同中列明的相应的累计责任限额。

4）保险费。保险人以本保险期间内被保险人预计流通加工、包装物流货物的营业收入为基础计收预付保险费。

保险合同期满后，保险人根据被保险人申报的实际流通加工、包装物流货物的营业收入作为计算实际保险费的依据。实际保险费高于预付保险费的，被保险人应补交其差额部分；实际保险费低于预付保险费的，保险人应退还其差额部分，但实际保险费不得低于保险单明细表中列明的最低保险费。

5）赔偿处理。被保险人流通加工、包装的同一批物流货物，由于相同原因造成多人的人身伤害、疾病或死亡、多人的财产损失，应视为一次事故造成的损失。

赔偿请求人首次向被保险人提出赔偿请求，视为附加流通加工、包装责任保险事故发生。

本条款与物流责任保险条款相抵触之处，以本条款为准；其他未尽事项以物流责任保险条款为准。注意该条款适用环节和损害对象的特殊性要求。

9.4.4 物流责任保险与物流货物保险的关系

根据保险标的的不同，第三方物流保险分为物流货物保险及其附加险与物流责任保险。货物保险与责任保险分属于不同的保险类型，两者独立发挥保险功能。然而，物流责任保险并非货物保险的加强版。投保物流保险后，并不意味着可以不再投保货物保险。随着综合物流服务的产生，第三方物流企业办理自身责任保险的同时，越来越多地为货物所有权人代办货物保险。从投保形式上看，其与物流责任保险极为相似。

1．物流货物保险及其附加险

物流货物保险及其附加险是针对第一方和第二方物流方式的保险产品，采取类似预约保险的业务运作方式，为客户提供全面、无缝式的保险保障，保险标的为全部物流货物。除枪支弹药、爆炸物品、现钞、有价证券、票据、文件、档案、账册、图纸外，凡以物流方式流动的货物均可作为本保险合同的保险标的。金银、珠宝、钻石、玉器、贵重金属、古玩、古币、古书、古画、艺术作品、邮票等在事先申报，经保险人认可并明确保险价值后可作为特约保险标的进行投保。它的保障范围综合传统货运保险和财产保险的责任，承保物流货物在运输、储存、加工包装、配送过程中由于自然灾害或意外事故造成的损失和相关费用。

2．物流责任保险

物流责任保险是针对第三方物流的兴起而开发的。第三方物流企业就委托方交来的物流货物承担着安全仓储、流通加工及运输的责任风险，此险种为专业经营第三方物流业务的物流公司提供了全面有效的保障。其责任保障范围包括在经营物流业务过程中依法应由被保险人承担赔偿责任的物流货物的损失。它将运输中承运人的责任以及仓储、流通加工过程中保管人及加工人的责任融合在一起，因此物流责任保险的风险大于其他单独的责任保险的风险。物流责任保险可以为客户提供经营第三方物流业务过程中的全面保障，国际上普遍认为该险种是一种契合现代物流业发展潮流的新型保险产品。

目前，我国物流业广泛应用的保险险种主要是财产保险和货物运输保险。财产保险是承保机器设备、厂房、仓储材料等其他财产险的自然灾害和意外事故的风险。而货物运输保险是以运输过程中的货物作为保险标的，保险人承担因自然灾害或意外事故造成损失的一种保险。这两种险种都是针对物流过程中的单个环节进行保险的，因其不完善给物流企业带来的损失和困扰是显而易见的。对物流企业投保人来说，若要降低运营风险，应该选择更合理的险种，其中，物流货物保险、物流责任保险最为直接和重要。

9.5　保险索赔与理赔

9.5.1　索赔与理赔的含义

定义　索赔是指投保人或被保险人在发生保险事故、遭受财产损失后，要求保险人履行赔偿义务的行为。理赔是指保险事故发生后，保险人对被保险人提出的索赔案件的处理。被保险人遭受保险事故后，应立即或通过理赔代理人对保险人提出索赔申请，根据保险单的规定提交各种单证，查明损失原因是否属于保险责任范围，估算损失程度，确定保险赔偿金额。

索赔权是投保人从事保险活动最基本、最核心的权利，也是保险作为经济补偿制度的最高体现。因此，保险合同所涉及的索赔与理赔法律问题，需要引起物流关系当事人的注意。

物流经营人在履行不同的作业时具备不同身份。从物流法律关系看，物流经营人与委托人之间即物流合同的当事人，对整个物流合同享有权利并承担合同义务。具体地说，货物保险是财产险的一种，物流货物保险的标的是货物的实体财产利益，投保人和受益人都是货主。而物流责任保险属于责任险，物流责任保险的标的则是被保险人对于第三人依法应当承担的损害赔偿责任，投保人和受益人都是物流企业。因此，选择不同的风险投保，一旦发生风险，索赔的主体是不同的。

在物流作业过程中，只要涉及货物作业、监管的运作环节都有可能涉及货物保险问题。一般保险最受重视的环节有仓储作业、空运、海运、陆路运输等作业阶段。

9.5.2　索赔与理赔的一般程序

（1）出险通知

当保险事故发生后，投保人或被保险人、受益人应立即通知保险人，即投案。通知出险可以采用口头、书面、电话等多种形式。

（2）提交索赔申请书和单证

被保险人或受益人索赔时需要提交完整、真实的索赔单证。

索赔文件包括但不限于：① 保险单或保险凭证正本；② 运输契约；③ 发票；④ 装箱单；⑤ 向承运人等第三者责任方请求补偿的函电或其他单证，以及证明被保险人已经履行应办的追偿手续等文件；⑥ 由国外保险代理人或由国外第三者公证机构出具的检验报告；⑦ 海事报告，海事造成的货物损失，一般均由保险公司赔付，船方不承担责任；⑧ 货损货差证明；⑨ 索赔清单；等等。

（3）立案检验

保险人收到被保险人的出险通知后，先立案并编号，派专门人员到现场进行调查，记录损失的实际情况等确凿信息。

（4）审查单证，审核责任

保险人通过调查和对单证的审查，确定赔偿责任。其中主要包括保险单是否有效，被保险人所提供的单证是否齐全，被保险人是否具有可保利益，是否违背了最大诚信原则（包括告知、保证），该事故是否发生在保险期限内，该事故是否是保单中承保的保险事故，是否存在第三者赔偿责任。

（5）核算损失

核算损失，即通过调查，确定损失的大小及赔偿额度。

（6）损余处理

损余处理是针对财产险而言的，主要是对残余物资的利用。

（7）支付赔款

支付赔款分为正常赔付、拒赔、预付赔款三种情形。

（8）行使代位求偿权

保险代位是指财产保险和部分人身保险的重要制度。在物流保险法律关系中，物流合同一方与保险人订立保险合同，在非保险合同当事人的原因造成货损或货物灭失的情况下，保险人先向货物利益方进行赔偿，而后取得货物利益方的地位，有权向责任人追偿。如涉及第三者责任方，被保险人应立即向事故责任方提出索赔并保障向责任方的索赔时效完整有效，同时应协助保险人指定的检验人进行查勘。

为确保理赔后权利得到充分补偿，保险人应注意以下几个问题：

1）事前确定货物利益方未擅自放弃任何有关损坏货物的任何权利。

2）保险人理赔后，应取得与代位求偿相关的一切证据，并取得货物利益方的合理配合。

3）若物流保险合同标的较大，必要时行使财产保全。

归根结底，第三方物流企业不是物流货物保险法律关系的当事人，物流货物所有权掌握在委托方手中，委托方对货物具有直接的保险利益，故其须对货物损失的风险负责。当由于第三方物流企业的责任造成货物损失时，按照保险法代位求偿理论，货物所有权人可以直接向保险人索赔，保险人赔偿货物所有权人的同时便取得了代位求偿权。基于代位求偿权，保险人可以向第三方物流企业追偿。因此，第三方物流企业为降低自身的责任风险，一般会选择投保物流责任险。只有投保物流责任保险时，第三方物流企业才是保险关系中的被保险人，由第三方物流企业承担保险合同的法律后果。除此之外，投保物流货物保险时的其他情形，包括货物所有权人直接投保、第三方物流企业兼业代理保险及其作为货物所有权人的受托人等，第三方物流企业均不是被保险人，保险合同的法律后果也与第三方物流企业无关。

要点 总之，事故发生后应该尽可能在最短的时间内通知保险人，对此保险条款一般都有明确的时间规定。出险时，被保险人或受益人既可向承保的保险人报案，也可向事故发生地保险人的其他分支机构报案。另外，为避免损失，索赔中被保险人或受益人应注意保全诉讼时效。

小结

风险是一种形成严重损失的可能性，保险是风险管理的基本方法之一，就投保人而言即转移风险的方法。保险具有四个基本原则。保险合同是保险人按照约定，对被保险人遭受保险事故造成保险标的损失和产生的责任负责赔偿，由被保险人支付保险费的协议。索赔权是投保人从事保险活动最基本、最核心的权利，也是保险作为经济补偿制度的最高体现。

当前物流保险存在广义与狭义之说。目前我国物流活动中普遍采用的保险险种主要是财产保险和货物运输保险两类。现代物流的保险策略是对物流风险提供综合统一的保险管理，物流综合保险正是适应现代物流发展的理想险种。物流责任保险并非货物保险的升级版。

复习思考题

1．简述保险的基本原则。
2．简述保险合同的法律特征。
3．简述保险合同的主要内容。
4．简述物流保险合同的订立与生效条件。
5．试述中国人民财产保险股份有限公司《物流责任保险条款》的主要内容。
6．试述海上货物运输保险的险别。
7．简述索赔与理赔的一般程序。

案例分析

◆ 案例一

2004 年 11 月 16 日，乐清市江南海运有限公司（以下简称江南海运）为“南侠 9”轮向中国太平洋保险股份有限公司浙江分公司（以下简称太保浙江分公司）投保船舶一切险。太保浙江分公司向江南海运签发了中国太平洋财产保险股份有限公司（以下简称太保公司）抬头的格式保险单。

2005 年 10 月 14 日，“南侠 9”轮停靠辽宁鲅鱼圈港区装运精矿粉。16 日，“南侠 9”轮在办理出港签证后，19:00 时驶往马鞍山，次日凌晨 3 时 15 分沉没于长兴岛海域。事发时该海域西南风 6 级到 7 级，阵风 8 级，浪高 3.0 米到 3.8 米。此后，由于海事局未对沉船原因做出认定结论，江南海运无法提交海上事故责任认定书，太保公司和太保浙江分公司拒绝理赔。

江南海运以“南侠 9”轮遭受 8 级大风后沉没保险人应当承担保险责任为由请求法院判令太保公司和太保浙江分公司支付船舶保险金。

问题

江南海运的主张是否合理？请说明理由。

◆ 案例二

2003 年 1 月 7 日，东兴通信股份有限公司（以下简称托运人或被保险人）通过北京康大货运代理有限公司（以下简称康大）深圳分公司和美国华盛顿国际速递公司（Expeditors International of Wssldngton，Inc.,以下简称华盛顿速递），承运一批通信设备，自深圳经香港运抵澳门，然后由华盛顿速递代表托运人租赁一架 IL—763414 型飞机，将货物从澳门空运至东帝汶的包考（Baucau，East Timor）。康大深圳分公司签发了航空运单，运单抬头为欧亚航空货物运输公司（Eum-Asia Aviation Air Cargo Trasportation，以下简称欧亚航空），另外托运人与美国华盛顿速递签订了一份货物运输租赁协议。

2003 年 1 月 31 日，东帝汶当地时间 16 时，承运飞机在包考市附近撞山坠毁，机上 6 名人员全部遇难，上述承运的货物全部毁损。该批货物在中国人民财产保险股份有限公司深圳市分公司（以下简称保险公司）处投保了货物运输保险，保险公司聘请香港一家评估公司对货物损失进行了评估，并于 2003 年 12 月 16 日向被保险人支付了保险赔款 135.3 万美元，被保险人向保险公司出具了权益转让书。保险公司向康大及其深圳分公司和华盛顿速递要求赔偿货物损失，均遭拒绝。2004 年 10 月 20 日，保险公司在广东省深圳市罗湖区人民法院对康大及其深圳分公司提起诉讼，要求两被告赔偿原告货运损失。

问题

保险公司能否胜诉？请分析理由。

第10章

其他相关的法律规范

学习目标

- 《中华人民共和国对外贸易法》的基本原则、适用范围
- 《联合国国际货物销售合同公约》的适用范围
- 国际货物买卖合同成立的过程
- 《联合国国际货物销售合同公约》关于买卖双方义务的规定
- 《联合国国际货物销售合同公约》关于违约救济方法的规定
- 国际贸易术语的基本含义
- FOB、CFR、CIF 三个常用术语对买卖双方责任、风险和费用的规定

10.1 关于《对外贸易法》

对外贸易法是调整一国或地区对外贸易关系的法律规范的总称。一部法律的重要性，是由该法律调整的对象和范围决定的。对外贸易在一国或地区的重要性决定了对外贸易法的特殊地位。

1994 年 5 月 12 日，第八届全国人大常委会第七次会议通过了《中华人民共和国对外贸易法》(以下简称《对外贸易法》)，颁布施行 10 年后又经修订，2004 年 7 月 1 日正式实施。《对外贸易法》的颁布实施，对于正在蓬勃发展的中国外贸而言，具有划时代的意义。修订后的《对外贸易法》包括总则、对外贸易经营者、货物进出口与技术进出口、国际服务贸易、与对外贸易有关的知识产权保护、对外贸易秩序、对外贸易调查、对外贸易救济、对外贸易促进、法律责任和附则 11 章共 70 条。

10.1.1 《对外贸易法》的基本原则

《对外贸易法》的宗旨是扩大对外开放，发展对外贸易，维护对外贸易秩序，保护对外

贸易经营者的合法权益，促进社会主义市场经济健康发展。其基本原则主要包括以下几个方面。

1．实行全国统一的对外贸易制度的原则

链接 《对外贸易法》第4条规定："国家实行统一的对外贸易制度，鼓励发展对外贸易。"

实行统一的对外贸易制度，是指由中央政府统一制定、在全国范围内统一实施的制度。对外贸易政策措施只能由中央政府制定。统一的对外贸易制度包括：方针、政策的统一；法律、法规的统一；各项外贸管理措施、制度的统一。实行统一的对外贸易制度，可以鼓励发展对外贸易，激发积极性、开拓性，形成一个公平自由竞争的局面。另外，为顺利开展国际贸易，消除国际贸易壁垒，与外国政府或国际组织缔结双边或多边条约、协定，符合世界贸易组织的规则。我国实行统一的对外贸易制度，是保证履行这些义务的前提，也是履行国际法意义上的最惠国待遇、国民待遇的重要条件。

2．维护公平、自由的对外贸易秩序的原则

链接 《对外贸易法》第4条规定："国家维护公平、自由的对外贸易秩序。"

该原则是指维护公平、自由的竞争环境，尊重、维护对外贸易经营者的独立自主经营地位，维护公平的进出口秩序，对外贸易经营者在法律面前一律平等。只有保持公平的贸易秩序，我国对外贸易才能持续、健康、协调发展，提高国家和对外贸易经营者在世界贸易中的声誉。

《对外贸易法》规定自由的对外贸易秩序，充分证明中国将对外贸易制度与国际规范接轨的决心。但自由不是绝对的，自由的对外贸易秩序应建立在遵守国家法律、法规的基础上，任何在中国境内从事对外贸易的经营者都应遵守中国的法律、法规。

3．实行货物与技术的自由进出口的原则

链接 《对外贸易法》第14条规定："国家准许货物与技术的自由进出口，但是法律、行政法规另有规定的除外。"

它要求除法律、行政法规明确禁止或者限制进出口的以外，任何单位和个人均不得对进出口设置、维持禁止或者限制措施。这一规定表明，我国对货物与技术的进出口奉行更加开放、更加自由的贸易原则；奉行既符合中国经济发展需要，也符合世界贸易组织的宗旨和基本原则。它要求政府各级管理部门减少行政干预，减少对外贸易经营者的限制与约束，为外贸经营者依据市场竞争法则开展对外贸易创造宽松的环境。

4．逐步发展国际服务贸易的原则

链接　《对外贸易法》第 24 条规定："中华人民共和国在国际服务贸易方面根据所缔结或者参加的国际条约、协定中所做的承诺，给予其他缔约方、参加方市场准入和国民待遇。"

服务贸易是世界贸易组织管辖的一个重要领域，开展国际服务贸易激励我国服务业的发展。作为一个发展中国家，我国的服务贸易缺乏国际竞争能力，只能逐步开放我国服务市场。这不但符合中国国情，也符合世界贸易组织允许发展中国家逐步开放服务贸易的原则。因此，我国采取稳妥开放的态度，通过谈判逐步开放国内服务贸易市场。

5．实行平等互利、互惠对等的国际贸易关系的原则

链接　《对外贸易法》第 5 条、第 6 条、第 7 条对我国政府如何处理对外贸易关系做出了明确规定。我国"根据平等互利的原则，促进和发展同其他国家和地区的贸易关系，缔结或者参加关税同盟协定、自由贸易区协定等区域经济贸易协定，参加区域经济组织"。

平等互利发展与世界其他国家或地区的贸易是我国一贯奉行的原则，也是国家对外政策的重要组成部分。平等，是指国家之间的平等，即不管是大国还是小国，发达国家还是发展中国家，都应在平等的基础上发展双边贸易。互利，是指对外贸易对双方国家或地区的经济能起到互惠、互补作用。平等是互利的前提条件，只有平等才能达到互利。因此，只有坚持平等互利的原则，才能促进我国同其他国家、地区的贸易往来。最惠国待遇和国民待遇原则是实现平等互利的重要措施。《对外贸易法》要求，在对外贸易方面根据所缔结或参加的国际条约、协定，给予其他缔约方、参加方，或者根据互惠、对等原则给予对方最惠国待遇、国民待遇等待遇。

10.1.2 《对外贸易法》的适用范围

《对外贸易法》所规范的社会关系主要是国家与对外贸易活动参加者之间的管理与被管理的关系。对外贸易法的适用范围，是指对外贸易法的效力范围。

1．主体范围

所谓主体是指直接或间接从事或管理货物、技术进出口和国际服务贸易活动及与贸易有关的知识产权保护，享受权利与承担义务的法人、行政机关、中介机构或其他组织及个人。根据《对外贸易法》规定，对外贸易经营者主体范围是指依法办理工商登记或者其他执业手续，依照本法和其他有关法律、行政法规的规定从事对外贸易经营活动的法人、其他组织或者个人。

提示 凡在中国境内取得合法资格直接或间接从事对外贸易的企业、个人、行政机关、中介机构或其他组织都属于《对外贸易法》所管辖的主体范围。

对于货物或者技术进出口的对外贸易经营资格，实行备案登记制，商务部公布了《对外贸易经营者备案登记办法》。

符合法律规定的所有企业法人、其他组织和个人向国务院对外贸易主管部门或者其委托的机构办理备案登记后，均可从事进出口业务。个人办理对外贸易经营资格备案登记的前提是办理工商登记或其他执业手续。对于服务贸易经营资格，根据服务贸易准入清单，依照我国相关法律、行政法规的规定赋予经营资格。对于对外工程承包或者对外劳务合作的经营资格，经营者应取得相应的资质或者资格。

《对外贸易法》明确了国营贸易的法律地位及国家对国营贸易实行的基本政策和管理的法律框架。根据世界贸易组织规则，实行国营贸易管理货物的进出口业务只能由经授权的企业（包括国有企业和其他所有制性质的企业）经营。

根据《对外贸易法》第12条“对外贸易经营者可以接受他人的委托，在经营范围内代为办理对外贸易业务”的规定，对外贸易经营者要在自己经营范围内从事有关委托事务。代理业务应在《民法通则》和《合同法》的基础上运作，应符合《合同法》关于委托代理的规定。

2. 贸易范围

《对外贸易法》第2条规定：“对外贸易是指货物进出口、技术进出口和国际服务贸易，这三类国际贸易均应受《对外贸易法》管辖。”此外，与对外贸易有关的知识产权保护，也适用本法。

货物进出口是我国对外贸易最主要的组成部分。货物通常指那些有形体、可触摸、可移动的有形商品。技术进出口通常指对专利权、专有技术所有权或使用权、技术服务等进行国际间的有偿转让或许可。《对外贸易法》未明确规定国际服务贸易的含义，参照世界贸易组织的定义。我国“入世”时承诺在不同程度上开放包括商品服务等9个部门的服务贸易。国际服务贸易近年来对国际经济的影响日益突出，国际服务贸易的范围、限制或禁止服务贸易的领域，都要接受《对外贸易法》约束。另外，确定了与对外贸易有关的知识产权保护。进口货物侵犯知识产权，并危害对外贸易秩序的，国务院对外贸易主管部门可以采取在一定期限内禁止侵权人生产、销售的有关货物进口等措施。

3. 地域范围

我国大陆的各省、自治区、直辖市适用《对外贸易法》，边境贸易和单独关税区除外。

国家对边境地区与接壤国家边境地区之间的贸易以及边民互市贸易，采取灵活措施，给予优惠和便利，即边境贸易排除在《对外贸易法》适用范围之外。此外，单独关税区不适用《对外贸易法》。根据关贸总协定和世界贸易组织的相关条款，单独关税区是指在主权国家内存在的、在处理对外贸易关系以及世界贸易组织协议和多边贸易所规定的事务方面拥有完全自主权的地区。

我国把香港、澳门、台湾地区确定为单独关税区。在我国大陆与香港、澳门、台湾“单独关税区”进行贸易活动时，视为进出口。《对外贸易法》之所以将单独关税区排除在适用范围之外，主要是因为这三个地区已先于大陆“入世”。

10.1.3 货物和技术进出口管理制度

《对外贸易法》确立了我国进出口贸易管理的基本制度，采取自由、限制、禁止等分类管理措施。

1）国家准许货物与技术自由出口，但是，法律、行政法规另有规定的除外。国务院对外贸易主管部门基于监测进出口情况的需要，可以对部分自由进出口的货物实行进出口自动许可并公布其目录。

2）货物技术进出口一般例外规定，明确了限制或者禁止进出口货物和技术的范围：

- 为维护国家安全、社会公共利益或者公共道德，需要限制或者禁止进口或者出口的；
- 为保护人的健康或者安全，保护动物、植物的生命或者健康，保护环境，需要限制或者禁止进口或者出口的；
- 为实施与黄金或者白银进出口有关的措施，需要限制或者禁止进口或者出口的；
- 国内供应短缺或者为有效保护可能用竭的自然资源，需要限制或者禁止出口的；
- 输往国家或者地区的市场容量有限，需要限制出口的；
- 出口经营秩序出现严重混乱，需要限制出口的；
- 为建立或者加快建立国内特定产业，需要限制进口的；
- 对任何形式的农业、牧业、渔业产品有必要限制进口的；
- 为保障国家国际金融地位和国际收支平衡，需要限制进口的；
- 依照法律、行政法规的规定，其他需要限制或者禁止进口或者出口的；
- 根据我国缔结或者参加的国际条约、协定的规定，其他需要限制或者禁止进口或者出口的。

3）货物技术进出口安全例外规定。国家对与裂变、聚变物质或者衍生此类物质的有关的货物、技术进出口，以及与武器、弹药或者其他军用物资有关的进出口，可以采取任何必要的措施，维护国家安全。在战时或者为维护国际和平与安全，国家在货物、技术进出口方面可以采取任何必要的措施。

4）对文物、动植物等的其他规定。对文物和野生动物、植物及其产品等，其他法律、行政法规有禁止或者限制进出口规定的，依照有关法律、行政法规的规定执行。

5）配额、关税配额、许可证管理规定。进出口货物配额、关税配额，由国务院对外贸易主管部门或者国务院其他有关部门在各自的职责范围内，按照公开、公平、公正和效益的原则进行分配。具体办法由国务院规定。

6）建立统一合格评定、认证、检验、检疫制度。根据有关法律、行政法规的规定，对进出口商品进行认证、检验、检疫。

7）对进出口货物进行原产地管理。

10.1.4 国际服务贸易管理制度

《对外贸易法》规定了开展国际服务贸易必须遵循的原则和管理制度。我国将根据所缔结或参加的国际条约、协定中所做的承诺，给予其他缔约方或参加方以市场准入和国民待遇。《对外贸易法》规定国务院对外贸易主管部门会同国务院其他有关部门，依照本法和其他有关法律、行政法规的规定，制定、调整并公布国际服务贸易市场准入目录。

链接 《对外贸易法》规定了国际服务贸易的一般例外：

- 为维护国家安全、社会公共利益或者公共道德，需要限制或者禁止的；
- 为保护人的健康或者安全，保护动物、植物的生命或者健康，保护环境，需要限制或者禁止的；
- 为建立或者加快建立国内特定服务产业，需要限制的；
- 为保障国家外汇收支平衡，需要限制的；
- 依照法律、行政法规的规定，其他需要限制或者禁止的；
- 根据我国缔结或者参加的国际条约、协定的规定，其他需要限制或者禁止的。

根据 WTO《服务贸易总协定》的“安全例外”规定：“国家对与军事有关的国际服务贸易，以及与裂变、聚变物质或者衍生此类物质的物质有关的国际服务贸易，可以采取任何必要的措施，维护国家安全。”

10.1.5 其他对外贸易制度

1. 对外贸易调查事项

《对外贸易法》主要规定调查事项、调查程序和调查中的义务。国家根据对外贸易调查结果，可以采取两种适当的对外贸易措施：一是导致救济措施；二是不导致救济措施。

《对外贸易法》规定了货物进出口、技术进出口、国际服务贸易对国内产业及其竞争力的影响；有关国家或者地区的贸易壁垒；为确定是否应当依法采取反倾销、反补贴或者保障措施等对外贸易救济措施，需要调查的事项；规避对外贸易救济措施的行为；对外贸易中有关国家安全利益的事项；为执行《对外贸易法》有关条款规定和其他影响对外贸易秩序，需要调查的事项。

启动对外贸易调查，由国务院对外贸易主管部门发布公告。调查可以采取书面问卷、召开听证会、实地调查、委托调查等方式进行。国务院对外贸易主管部门根据调查结果，提出调查报告或者做出处理裁定，并发布公告。有关单位和个人应当对对外贸易调查给予配合、协助。国务院对外贸易主管部门和国务院其他有关部门及其工作人员进行对外贸易调查，对知悉的国家秘密和商业秘密负有保密义务。

2．对外贸易救济制度

《对外贸易法》确立了我国反倾销、反补贴和保障措施制度。

任何国家对中国的出口产品采取歧视性反倾销、反补贴和保障措施的，中国可以根据实际情况对该国家采取相应的措施。修订后的《对外贸易法》增加了关于第三国倾销、服务贸易保障措施、贸易转移的规定，以及反贸易协定、反规避的救济措施；授权国务院外贸主管部门建立货物、技术进出口和国际服务贸易预警机制，并负责贸易谈判和争端解决。

3．对外贸易促进措施

链接 《对外贸易法》规定了国家的对外贸易促进措施主要包括：国家根据对外贸易发展的需要，建立和完善为对外贸易服务的金融机构，设立对外贸易发展基金、风险基金；国家通过进出口信贷、出口信用保险、出口退税及其他促进对外贸易的方式，发展对外贸易；国家建立对外贸易公共信息服务体系，向对外贸易经营者和其他社会公众提供信息服务；国家采取措施鼓励对外贸易经营者开拓国际市场，采取对外投资、对外工程承包和对外劳务合作等多种形式，发展对外贸易；对外贸易经营者可以依法成立和参加有关协会、商会。

有关协会、商会应当遵守法律、行政法规，按照章程对其成员提供与对外贸易有关的生产、营销、信息、培训等方面的服务，发挥协调和自律作用，依法提出有关对外贸易救济措施的申请，维护成员和行业的利益，向政府有关部门反映成员有关对外贸易的建议，开展对外贸易促进活动；中国国际贸易促进组织按照章程开展对外联系，举办展览，提供信息、咨询服务和其他对外贸易促进活动；国家扶持和促进中小企业开展对外贸易；国家扶持和促进民族自治地方和经济不发达地区发展对外贸易。

4．违反对外贸易经营秩序的处罚

对外贸易秩序是指在对外贸易活动中公平、自由竞争和有效的秩序。

链接 《对外贸易法》在对外贸易秩序方面做了如下规定：针对对外贸易活动中的垄断行为做了原则性规定。列举了对外贸易活动中的几种不正当竞争行为：以不正当的低价销售商品、串通投标、发布虚假广告、进行商业贿赂等不正当竞争行为。在对外贸易经营活动中实施不正当竞争行为的，依照有关反不正当竞争的法律、行政法规的规定处理，并授权外贸主管机关可以采取必要措施，消除垄断行为对外贸秩序的危害。对外贸易主管部门可以采取禁止该经营者有关货物、技术进出口等措施消除危害。

5．违反《对外贸易法》的法律责任

法律责任是指违反法律规定的行为应承担的法律后果。法律禁止作为而作为的、法律规定必须作为而不作为的，都是违法行为的表现。根据行为性质及法律后果不同，《对外贸易法》分别规定了应承担的行政责任和刑事责任。其中，行政责任包括撤销外贸许可证等。

《对外贸易法》第 10 章规定的法律责任包括：未经授权擅自进出口实行国营贸易管理的货物的；进出口属于禁止进出口的货物的，或者未经许可擅自进出口属于限制进出口的货物的；进出口属于禁止进出口的技术的，或者未经许可擅自进出口属于限制进出口的技术的；从事属于禁止的国际服务贸易的，或者未经许可擅自从事属于限制的国际服务贸易的；负责对外贸易管理工作的部门的工作人员玩忽职守、徇私舞弊或者滥用职权；负责对外贸易管理工作的部门的工作人员利用职务上的便利，索取他人财物，或者非法收受他人财物为他人谋取利益。本章还规定了通过刑事处罚以及责令改正、没收违法所得、罚款、不受理配额或者许可证的申请、禁止从事有关进出口经营活动等多种行政处罚手段。对外贸易经营活动当事人对依照本法负责对外贸易管理工作的部门做出的具体行政行为不服的，可以依法申请行政复议或者向人民法院提起行政诉讼。

10.2 关于《联合国国际货物买卖合同公约》

10.2.1 《联合国国际货物买卖合同公约》的概况

国际条约是国际货物买卖法的重要渊源。

介绍与了解

有关国际货物买卖法的国际条约

有关国际货物买卖法的国际条约主要有：《联合国国际货物买卖合同公约》、《国际货物买卖合同时效公约》、《国际货物买卖合同法律适用公约》、《关于统一提单若干法律规则的公约》、《维斯比规则》，等等。其中，1980 年《联合国国际货物买卖合同公约》（*United Nations Convention on Contracts for the International Sale of Goods*，CISG）是迄今为止有关国际货物买卖合同的一项最为重要的国际条约。它是由联合国国际贸易法委员会主持制定，1980 年在维也纳举行的外交会议上获得通过，1988 年 1 月 1 日正式生效。CISG 自生效以来，已成为最重要的调整国际货物销售合同关系的统一法公约。与我国有贸易往来的发达国家，除日本和英国外，均是 CISG 的成员国。可以预计，CISG 在未来将会得到更为广泛的应用，因此研究 CISG 的重要性不言而喻。

CISG 的基本原则：建立新的国际经济秩序；平等互利原则；促进国际贸易发展的原则；照顾不同的社会、经济和法律制度。

1．CISG 的适用范围

CISG 适用于营业地在不同国家的当事人之间所订立的货物销售合同，其前提条件：这些国家是缔约国或国际私法规则导致适用某一缔约国的法律。在确定本公约的适用时，当事人的国籍和当事人或合同的民事或商业性质，应不予考虑。

链接 CISG 排除适用以下几种货物买卖：

- 供私人、家人或家庭使用的货物的销售，除非卖方在订立合同前任何时候或订立合同时不知道而且没有理由知道购买这些货物是供任何这种目的使用的；
- 经由拍卖的销售；
- 根据法律执行令状或其他令状的销售；
- 公债、股票、投资证券、流通票据或货币的销售；
- 船舶、船只、气垫船或飞机的销售；
- 电力的销售。

2. 中国与 CISG

我国是 CISG 的成员国之一。

我国对 CISG 的态度：基本上赞同。但在 CISG 允许的范围内，根据我国的具体情况，提出了以下两项保留。

（1）关于国际货物买卖合同必须采用书面形式的保留

根据 CISG 规定，国际货物买卖合同在形式方面不受限制。也就是说，无论采用书面、口头形式或其他形式都认为是有效的。这一规定同我国涉外经济合同法关于涉外经济合同必须采用书面形式订立的规定是有抵触的。因此，我国在批准 CISG 时对此提出了保留。我国坚持认为，国际货物买卖合同必须采用书面形式，不采用书面形式的国际货物买卖合同是无效的。但随着 1999 年 10 月 1 日《合同法》问世以来，该保留已形同虚设。

（2）关于适用范围的保留

CISG 在确定其适用范围时，以当事人的营业地处于不同国家为标准，对当事人的国籍不予考虑。对于这点，我国完全予以采纳。但是 CISG 又规定，只要当事人的营业地分处不同国家，即使他们的营业地所属国不是 CISG 的缔约国，如果按照国际私法规则导致适用某个缔约国法律，则 CISG 仍将适用于该当事人之间的国际货物买卖合同。这一规定的目的是扩大 CISG 的适用。对于这一点，我国在核准 CISG 时也提出了保留。

提示 根据这项保留，在我国，CISG 的适用范围仅限于营业地点分处于不同缔约国的当事人之间缔结的货物买卖合同。

介绍与了解

CISG 与 PICC

《国际商事合同通则》（*Principles of International Commercial Contracts*，PICC）是由国际统一私法协会（UN-NIDROIT）于 1994 年正式通过的一份法律文件。其目的在于构建一个能够在国际商事交易中获得广泛适用的合同法体系。它是国际统一私法协会组织众多国家、地区优秀的合同法、国际贸易法专家研究制定而成。PICC的诞生是国际统一合同法领域继1980年CISG以来又一显著成果，在很大程度上弥补了CISG的不足。PICC的成功制定意味着国际统一私法协会在“用非立法手段统一法律”的道路上迈出了关键性的一步，对于国际商事合同法律制度的统一协调将产生不可低估的作用，在建立统一的国际民商事法律秩序方面也将具有重要的启发意义。

PICC是一项国际商事合同通则，其中关于货物买卖合同的规定继承发扬了CISG的精华，但PICC的面世并非颠覆CISG的地位。比较来看，CISG与PICC都是国际组织法律统一化的理论成果，二者都立足于国际买卖合同领域，目的都在于减少国际贸易法律适用的摩擦。单就法律文件而言，CISG是一项国际条约，对各缔约国有法律约束力，其成员国众多。而对于PICC的性质，目前学术界存有争议。其中一种观点认为，PICC是一项国际惯例。国际惯例本身并不具有法律约束力，其效力来自国家认可或当事人意思自治。实践中，商人在国际商事合同中一般都事先约定法律适用，由于PICC面世的时间不长，业界对其认知不深，因此当事人很少直接在合同中约定适用。如果当事人出现争端未约定法律适用时，法院或仲裁机构在审理案件时一般会根据意思自治原则、最密切联系原则、法院地法原则等私法冲突规则，为当事人选择应当适用的法律。因此，PICC的出现并非替代CISG，而是为当事人提供一种新的法律适用选择。

10.2.2 CISG的主要实体内容

1. 国际货物买卖合同的订立

合同是当事人双方磋商一致的结果。一项合同的成立，从法律程序上一般要经过要约和承诺两个步骤。CISG对此国际货物买卖合同的成立做出了明确规定，虽没使用“要约”与“承诺”两个术语，而是分别采用“发价”与“接受”，但其含义完全相同。交易磋商的过程也是订立合同的过程，交易磋商通常要经过询盘、发盘、还盘与接受4个环节。

- 询盘，又称询价，是指一方向对方询问交易条件，包括价格或其他交易条件。实际业务中多由买方主动询盘。
- 发盘，又称发价、报价，法律术语称为“要约”，是发盘人向受盘人提出交易条件，并愿意按照这些条件与对方订立合同的一种意思表示。
- 还盘，又称还价，法律术语称为“反要约”。是受盘人对发盘内容不完全同意而提出修改或变更的意思表示。除非得到原发盘人同意，通常一方的发盘经对方还盘以后即失去效力。
- 接受，法律术语称为“承诺”，是一方同意对方发盘中的交易条件，愿意按此条件与对方订立合同的意思表示。一方的发盘经另一方接受，双方的交易合同即告完成。

综上所述，要达成一笔交易，发盘和接受是交易磋商过程中不可缺少的两个环节。

（1）要约

要约是一方愿意按一定条件与另一方订立合同，并且一旦要约被对方承诺即对提出要约的一方产生约束力的一种意思表示。普通商业广告、价目表等不是要约，而是要约邀请。

按照 CISG 规定，构成一项有效要约，必须具备以下条件：

- 向一个或一个以上特定的受要约人提出订立合同的建议；
- 要约人表明愿意承受要约内容的约束；
- 内容必须十分确定；
- 要约应于被送达受要约人时生效，CISG 采用到达生效的标准。

按照 CISG 规定，一项发价如果包含了以下三项内容（符合内容“十分确定”）：载明货物名称；明示或默示地规定货物的数量或确定货物数量的方法；明示或默示地规定货物的价格或确定货物价格的方法。

（2）要约的撤回与撤销

按照 CISG 规定，要约于送达受要约人时生效。一项要约，即使是不可撤销的，也可以撤回，如果撤回通知于要约送达受要约人之前或同时送达受要约人。在未承诺之前，要约可以撤销，前提是撤销通知于受要约人发出接受通知之前送达受要约人。

另外，一项要约即使是不可撤销的，也于拒绝通知送达要约人时终止。

在下列情况下，要约不得撤销：

- 要约写明接受的期限或以其他方式表示是不可撤销的；
- 受要约人有理由信赖该项要约是不可撤销的，而且受要约人已本着对该项要约的信赖行事。

（3）承诺

承诺是受要约人做出声明或以其他行为对某一要约表示同意。

链接　按照 CISG 规定，一项有效的承诺须满足以下条件。

1）必须由受要约人做出。任何第三人，即使其知道要约内容并对之做出同意表示，也不构成承诺。

2）必须在要约有效期限内做出。表示同意的通知送达要约人时生效。CISG 采用到达生效标准。

3）必须是无条件的，同意要约所提出的条件。

4）用声明或其他行动表示出来。保持缄默，不构成承诺。

（4）逾期承诺

若要约明确规定了要约的有效期限，则超过该期限做出的承诺为逾期承诺，没有约束力，除非要约人毫不迟延地立即以口头或书面通知对方表示接受。

如果载有逾期承诺的信件或其他书面文件表明，它是在传递正常便能及时送达要约人的情况下寄发的，则该项逾期承诺仍然具有承诺的效力，除非要约人毫不迟延地用口头或书面通知受要约人拒绝该逾期承诺。

如果表示同意的通知在要约人所规定的时间内，或者未规定时间，在一段合理的时间内，未曾送达要约人，承诺就成为无效。但须适当地考虑交易情况，包括要约人所使用的通信方法。对口头要约必须立即表示接受，但情况特殊者不在此限。但是，如果根据该项要约或依照当事人之间确立的习惯做法或惯例，受要约人可以做出某种行为，例如，通过与发运货物或支付价款有关的行为来表示同意，而无须向要约人发出接受通知，则承诺于该项行为做出时生效。

（5）附条件的答复是否构成承诺

对要约表示接受但载有添加、限制或其他更改的答复，即为拒绝该项要约，并构成还价，即反要约。但是，如所添加的不同条件在实质上并不变更该项要约的贸易条件，除要约人在不过分迟延的期间内以口头或书面通知对方拒绝该变更外，仍构成一项承诺。如果要约人未做出这种反对，合同的条件就以该项要约的条件以及接受通知内的更改内容为准。

链接 按照CISG规定，有关货物价格、付款、货物质量和数量、交货地点和时间、一方当事人对另一方当事人的赔偿责任范围或解决争端等的添加或不同条件，均视为在实质上变更要约的条件。

例如，法国公司甲给中国公司乙发盘：“供应50台设备，200匹马力，每台CIF北京4 000美元，合同订立后三个月装船，不可撤销即期信用证付款。请电复。”乙还盘：“接受你的发盘，在订立合同后即装船。”甲未做答复。本案中双方的合同未成立。因为乙还盘更改了装船时间，对甲的要约内容构成实质性变更，而甲并未毫不迟延地表示接受此变更。因此乙公司的行为不是承诺。而是一项新要约。

（6）承诺的撤回

CISG允许撤回承诺，但撤回通知须于承诺原应生效之前或同时送达要约人。就要约的撤回而言，基础在于采用达到主义原则。如果采用英美法系的投邮主义原则，则受要约人一旦发出承诺通知后，承诺即已经生效，无法撤回。

CISG不允许承诺的撤销，因为撤销承诺意味着对生效合同的随意撤销。

2. 合同的效力

关于合同的效力问题各国立法存在很大分歧，因此CISG仅规定了合同成立的规则，未规定合同的效力标准。国际货物买卖合同效力的差异，很大程度上是由于不同国家，尤其是两大法系的法律规定差异造成的。很难“一刀切”，因此CISG将其纳入各国国内法处理。

总的来说，要形成一个法律上“有意义”的买卖合同，需要具备若干条件：① 当事人应具有缔约能力；② 当事人意思表示一致且真实；③ 合同的标的和内容必须合法或合乎公序良俗；④ 合同符合法定形式。 此外，英美法还要考虑有对价，法国要求有约因。

3. 买卖双方的义务

（1）买方主要义务

1）付款义务。依据CISG的规定，买方的付款义务牵涉履行付款手续、付款的时间和地点等，即依据合同约定和有关的国际结算规则及时办理付款。

2）收货义务。CISG 规定的含义有两方面的内容：一是买方采取一切理应采取的行动，以便卖方能交付货物，否则买方要承担卖方交货不能的责任；二是接收货物，若因为买方不接受货物而导致货物扩大的损失由买方自己承担。

（2）卖方主要义务

1）交货义务。依据 CISG 规定，卖方必须根据合同约定的时间、地点和方式完成交付货物的义务。通常交货的含义包括现实交货和象征交货两种形式。在当前国际物流活动中，主要是象征交货形式，即将代表货物所有权的单证转移至买方即视为卖方已履行交货行为。

2）担保义务。依据 CISG 规定，该义务包含货物品质担保和货物权利担保两种形式。货物品质担保义务是指所交付货物符合合同约定的质量、数量、包装标准。货物权利担保是指卖方应保证其所出售的货物享有合法的权利，不得侵犯第三人的权利并且任何第三人都不会就该项货物向买方主张权利。即卖方享有销售货物的处分权，并且该货物未曾向买方透露的担保权，保证所提供货物不侵犯第三方知识产权。

4．违约责任与救济办法

（1）违约责任

违约责任是指合同当事人不履行合同义务或者履行合同义务不符合约定时，依法产生的法律责任。在现代合同法上，违约责任仅指违约方向守约方承担的财产责任，与行政责任和刑事责任完全分离，属于民事责任的一种。CISG 在违约的构成要件上采用的是无过错原则，即当事人不履行合同所应承担的违约责任，不得以自己无过错作为未履行合同义务的抗辩。除非其不履行合同义务符合 CISG 规定的免责条件。

CISG 将违约责任分为两种类型：根本性违约和非根本性违约。

定义 CISG 第 25 条对根本违约做出如下定义：“一方当事人违反合同的结果，如果使另一方当事人蒙受损害，以至于实际剥夺了他根据合同规定有权期待得到的东西，即为根本违反合同，除非违反合同一方并不预知而且一个同等资格通情达理的人处于相同情况中也没有理由预知会产生这种结果。”

由 CISG 第 25 条的规定可知，根本违约由两个要件构成。

第一，客观要求。违约后果已经十分严重，即必须实际上剥夺了未违约方根据合同如期履行以后，有权期待获得的所有合同利益。

第二，主观要求。这种违约后果是可以预见的。即违约方在违反合同时能够预见到自己违约将导致非违约方根据合同有权期待得到的利益遭到剥夺，并且一个同等资格、通情达理的人处于相同情况中也会预知产生这种结果。

CISG 对于违约责任的界定，直接关系到当事人可以采取的救济方法：如果构成根本违约，受害方有权单方解除合同，并要求损害赔偿；反之，若违约程度尚未达到根本违约，受害方无权解除合同，仅能要求其他合适的救济方式。

比如，美国A公司从某国B公司进口一批冻火鸡，供应圣诞节市场。合同规定卖方应当在9月底前装船，但是卖方违反合同，推迟至10月17日才装船。A公司认为B公司已根本性违约，因而拒收货物。并主张撤销合同。因为圣诞节市场是有时限的，交货的延迟直接贻误该批火鸡的节日商场供应，给买方造成重大损失，违约后果严重。因此买方主张卖方根本违约成立。

（2）违约救济方法

定义 买卖合同订立后，买卖双方都有可能发生违约行为，当一方违反合同使对方的利益受到损害时，受损害的一方有权采取适当措施，以维护自身的合法权益，这种措施在法律上被称为买卖合同的违约救济。

根据CISG规定，当事人可采取的救济措施可分为以下三类。

1）买卖双方都可采用的救济方法。

① 损害赔偿。损害赔偿是买卖双方均可采用的最主要的救济方法。

根据CISG规定，只要一方违反合同，对方就可以要求赔偿损失，而无须证明违约方有过失，赔偿的范围为包括预期利润在内的一切直接损失。

同时，CISG认为损害赔偿的请求权不因为当事人采取其他救济方法而受到影响，也就是说，当事人可以同时选择损害赔偿和其他救济方法。

需要注意的是，一方在请求损害赔偿的同时也应承担防止损失扩大的义务，否则违约方可以要求从损害赔偿中扣除原本可以减轻的损失数额。

② 预期违约。买卖双方均可采用的另一救济方法是预期违约。

定义 根据CISG规定，预期违约是指在合同规定的履行期到来之前，已有根据预示合同的一方当事人将不会履行其合同义务。衡量预期违约有两个标准：一是当事人的履约能力或信用严重下降；二是当事人在准备履行合同或履行合同中的行为已显示出他将不会履行其大部分重要义务。当发生预期违约时，当事人可视其是否构成根本违反合同而采用中止合同或撤销合同的救济方法。当事人在宣告中止合同时，应立即通知对方当事人，若对方提供了充分的履行担保，则中止方应该恢复合同履行。

③ 撤销合同。这一救济手段得以采用的前提是：一方当事人的违约行为已经构成根本违反合同。

撤销合同是指一方当事人违反合同规定的义务时，另一方当事人依照法律或合同的规定终止合同的效力。CISG对根本违约的衡量标准并不明确，而是要求根据案件的具体情况来确定违约后果的严重程度是否已达到实际上剥夺了当事人根据合同所享有的期待权，除非违约方没有也不可能预见到这种严重的后果。

在通常情况下，当事人在宣布撤销合同前，都应给对方一段合理的时间让其履行义务，只有对方在此期间仍不履行义务或明确表明不履行义务时，当事人才可以撤销合同。撤销合同后，合同无须继续履行，双方权利义务解除，但并不终止合同中争议条款的效力，也不终止受害方损害赔偿请求权的行使。

④ 实际履行。实际履行也是双方当事人可采用的救济方式之一。

当出现违约事由时，合同当事人可要求违约方继续履行合同义务，但这一救济方法与某些救济方法是相抵触的，例如，若受害方已主张撤销合同，他就不得再主张实际履行。由于大陆法系和英美法系在实际履行上的规定不一致，CISG 没有就法院是否应判决实际履行做出明确规定，而是将其归入各国国内法的调整范围。

2）卖方违约时买方可采用的救济方法。

当卖方违反合同义务时，买方除了可以采用上述方法以外，还可采用下列救济方法。

① 若卖方所交货物与合同规定严重不符，已构成根本违约，则买方除了可以撤销合同外，还有权要求卖方另外交付一批符合合同要求的替代货物。

② 若卖方所交货物不符合合同的情况并不严重，尚未构成根本违约，买方可以选择要求卖方对货物进行修补以符合合同规定或要求减价。

③ 除此之外，如果买方未撤销合同，卖方还可以在交货日期之后自付费用，对不履行义务做出补救，但这种行为不得给买方造成不合理的不便或延迟，同时买方保留损害赔偿请求权。

④ 除非卖方根本违约，否则买方一般不能宣告撤销整个合同或拒收全部货物。

⑤ 卖方在合同规定日前交货，买方可选择是否接受，但若卖方在被拒绝后等到交货日期到临时再次交货，买方不得拒绝。

⑥ 若卖方所交货物数量大于合同规定的数量，买方可以选择只收取合同规定数量的货物或收取全部货物并按合同规定的价格支付全部货款。

⑦ 分批交货合同也是国际货物买卖合同的一种重要形式，对于该类合同的违约救济手段是撤销合同。若一方当事人不履行任何一批货物的义务，就构成对该批货物的根本违约，受害方可以撤销合同对这批货物的效力。若合同项下的货物是相互依存、不可分割的，则受害方可以直接宣告撤销整个合同。若违约方的违约行为使受害方可以充分断定今后各批货物也会发生根本违约，则可以宣告今后各批合同无效。

3）买方违约时卖方可采用的救济方法。

当买方违反合同义务时，卖方也可另外采取一些救济方法。

① 若双方约定由买方在一定期限内提出货物的规格要求而买方未及时提出的，卖方可自行确定货物规格，并通知买方。在一段合理的时间内买方未提出异议，则卖方确定的规格就具有约束力。

② 若买方未支付货款或任何其他拖欠款项，卖方有权对这些拖欠款项收取利息，并可同时要求损害赔偿。

5．货物所有权与风险转移

在国际贸易中，货物所有权何时由卖方转移于买方，关系到买卖双方的切身利益，自然十分重要。关于货物所有权转移问题，CISG除了在卖方义务中规定了卖方所有权担保义务外，对所有权何时转移以及对所有权可能产生的影响问题均未涉及。如果出现争端，由解决争议的法院或仲裁机构依照CISG的一般原则（国际惯例）或依照国际私法规则适用的国内法律来解决。

在国际贸易中，风险是指货物可能遭受的各种意外损失。CISG关于货物风险转移问题（见表10-1），CISG原则上以交货时间来确定风险转移的时间。CISG第66条至第70条专门具体规定了货物风险的转移。

表10-1　CISG关于货物风险转移概要

前　提	货物特定化	
一般原则	约定优先转移	
一般情况	交货时转移	
涉及运输	无指定地点交货时	货交第一承运人时转移
	有指定地点交货时	指定地点交货时转移
路货买卖	一般原则	订立合同时转移
	情况需要	货交承运人时转移
不涉及运输	卖方营业地交货	买方应收货时转移
	非卖方营业地交货	交货时间已到时转移

10.3　关于《国际贸易术语解释通则》

10.3.1　贸易术语的含义

贸易术语，又称贸易条件、价格术语。在国际货物买卖过程中，交易双方订立合同时通常商定采用贸易术语，用来说明价格的构成及买卖双方有关风险、责任和费用的划分，所以也称为“价格/交货条件”。

10.3.2　有关贸易术语的国际贸易惯例

目前，在国际上影响较大的国际贸易术语惯例有三种，现分述如下。

1．1992年《华沙-牛津规则》

19世纪中叶，CIF贸易术语在国际贸易中被广泛采用，但各国对其解释不一，国际法协会于1928年在波兰华沙制定了CIF买卖合同统一规则，共22条，称为1928年《华沙规则》，后又经1930年纽约会议，1931年巴黎会议和1932年牛津会议修订为21条，称为1932

年《华沙-牛津规则》。《华沙-牛津规则》对 CIF 的性质、特点及买卖双方的权利义务都做了具体的规定，供买卖双方自愿采用。《华沙-牛津规则》自 1932 年公布后，一直沿用至今，并成为国际贸易中颇有影响的国际贸易惯例。

2.《1941 年美国对外贸易定义修订本》

1919 年，美国九大贸易集团在纽约共同商议了《美国出口报价及其缩写条款》。在此基础上，1941 年美国第 27 届全美对外贸易会议通过了《1941 年美国对外贸易定义修订本》，作为美国贸易商对外贸易时可以选择的惯例，在美加地区使用广泛。

该规则规定了六种贸易术语，它们分别是：

1）EX（Point of Origin）——原产地交货。

2）FOB（Free On Board）——分为六种：

- 在指定内陆发货地点的指定内陆运输工具上交货；
- 在指定内陆发货地点的指定内陆运输工具上交货，运费预付到指定的出口地点；
- 在指定内陆发货地点的指定内陆运输工具上交货，减除至指定地点的运费；
- 在指定出口地点的指定内陆运输工具上交货；
- 船上交货（指定装运港）；
- 在指定进口国内陆地点交货。

3）FAS（Free Along Side）——船边交货（指定装运港）。

4）C&F（Cost and Freight）——成本加运费（指定目的港）。

5）CIF（Cost，Insurance and Freight）——成本加保险费、运费（指定目的地）。

6）EX DOCK（Named Port of Importation）——目的港码头交货。

值得注意的是，该定义把 FOB 分为六种类型。其中只有第五种，即指定的装运港船上交货（FOB Vessel）才同国际贸易中一般通用的 FOB 含义大致相同，其余五种 FOB 含义完全不同。该惯例在美洲国家影响较大，由于对贸易术语的解释，特别是 FOB 术语与其他国际惯例不同，在与美洲国家进出口商进行交易时应特别注意。

为具体说明买卖双方在各种贸易术语下承担的权利义务，修订本一般附有注解。这些注释实际上是贸易术语定义不可分割的组成部分，因此，为充分了解各种贸易术语买卖双方承担的权利义务，不仅应考虑定义本身，还应了解附加的注释。

3.《2010 年国际贸易术语解释通则》

国际商会自 20 世纪 20 年代初即开始对重要的贸易术语做统一解释研究。《国际贸易术语解释通则》（以下简称 INCOTERMS）是国际商会为统一各种贸易术语的不同解释于 1936 年制定的，随后，为适应国际贸易实践发展需要，国际商会先后于 1953 年、1967 年、1976 年、1980 年、1990 年和 2000 年对 INCOTERMS 做了六次修订和补充。鉴于国际贸易中国出现的新情况，包括免关税区的不断扩大、商业交易中使用电子通信的增长、货物流动中对安全关注的提高，以及货物运输实务的变化，国际商会自 2007 年起即着手对 INCOTERMS 2000 的修订。经两年多时间终于完成新版本的制定，2010 年 9 月 27 日，国际商会正式推出《2010 国际贸易术语解释通则》（以下简称 INCOTERMS 2010），于 2011 年 1 月 1 日正式生效。新版本删去了 INCOTERMS 2000 中 D 组术语中的 DDU、DAF、DES、DEQ，只保留了 DDP，同时新增加了两种 D 组贸易术语，即 DAT（Delivered At Terminal）与 DAP（Delivered At Place），以取代被删去的术语。

10.3.3 六种常用贸易术语

在我国对外贸易中，INCOTERMS 2010 的 11 种贸易术语经常被使用的主要有 FOB、CFR 和 CIF，近年来随着集装箱、滚装箱运输和国际多式联运业务的发展，采用 FCA、CPT 和 CIP 贸易术语的也日益增多。

现将六种贸易术语主要内容分述如下。

1．装运港船上交货（FOB）

它是指在指定装运港将货物交到买方指定的船上，或取得已如此交付的货物，卖方即完成交货。买方必须自该交货点起负担一切费用和货物灭失或损坏的风险。FOB 术语要求卖方办理货物出口清关。本术语只适用于海运和内河运输。

2．成本加保险费加运费（CIF）

它是指卖方将货物交至船上，或取得已如此交付的货物，完成交货。卖方必须支付将货物运至指定目的港所必需的费用和运费，但交货后货物灭失或损坏的风险，以及由于发生风险而引起的任何额外费用，自卖方转移至买方。然而，在 CIF 术语中卖方还必须为货物在运输中灭失或损坏的买方风险取得海上保险。因此，卖方须订立保险合同，并支付保险费。但买方应注意，在 CIF 术语下卖方只需按最低责任的保险险别取得保险。如买方要得到更大责任保险险别的保障，他须与卖方明示地达成协议，或者自行安排额外保险。CIF 术语要求卖方办理货物出口清关。本术语只适用于海运和内河运输。

3．成本加运费（CFR）

它是指卖方将货物交至船上，或取得已如此交付的货物，完成交货。卖方必须支付将货物运至指定目的港所必需的费用和运费，但交货后货物灭失或损坏的风险，以及由于发生风险而引起的任何额外费用，自卖方转移至买方。本术语只适用于海运和内河运输。CFR 合同的卖方不负责办理保险手续和不支付保险费，不提供保险单据。有关海上运输的货物保险由买方自理。

4．货交承运人（FCA）

它是指买方在指定地点将经出口清关的货物交给买方指定的承运人，即完成了交货。其他内容和 FOB 一样。应该注意，选定的交货地对在该地装货和卸货的义务有影响。如在卖方所在地处所，卖方负责装货；如在任何其他地方交货，卖方不负责卸货。本术语适用任何运输方式，包括多式联运。

5. 运费付至（指定目的地）(CPT)

它是指当货物已被交给卖方指定的承运人时，卖方即完成了交货。交货后，货物灭失或损坏的风险，以及由于发生风险而引起的任何额外费用，即从卖方转移至买方。其他内容和 CFR 一样。例如，卖方必须支付将货物运至指定目的地的费用。CPT 术语要求卖方办理货物出口清关。本术语适用任何运输方式，包括多式联运。

6. 运费&保险费付至（指定目的地）(CIP)

它是指卖方除了须承担在 CPT 术语下同样的义务外，还须对货物在运输途中灭失或损坏的买方风险取得货物保险，订立保险合同，并支付保险费。如买卖双方事先未在合同中规定保险险别和保险金额，卖方只需按最低责任的保险险别取得保险，最低保险金额为合同价款加 10%，即 CIP 合同价款的 110%，并以合同货币投保。保险责任的起讫期限必须与有关货物的运输相符合，并必须自买方须负担货物灭失或损坏的风险时（自货物在发运地交付承运人时）起开始生效，直至货物到达约定的目的地为止。本术语适用任何运输方式，包括多式联运。

除上述术语外，常见的贸易术语还有 EXW、FAS、DAT、DAP 和 DDP 等。INCOTERMS 2010 对 11 种术语按适用的运输方式分为两大类（见表 10-2）。

表 10-2 常见贸易术语

（1）适用于任何或多种运输方式的术语

EXW	EX Works	工厂交货（指定地点）
FCA	Free Carrier	交至承运人（指定地点）
CPT	Carriage Paid To	运费付至（指定目的港）
CIP	Carriage & Insurance Paid to	运费、保险费付至（指定目的地）
DAT	Delivered at Terminal	终点站交货
DAP	Delivered at Place	目的地交货
DDP	Delivered Duty Paid	完税后交货

（2）适用于海运和内陆水路运输方式的术语

FAS	Free Along Side	船边交货（指定装运港）
FOB	Free On Board	船上交货（指定装运港）
CFR	Cost and Freight	成本加运费（指定目的港）
CIF	Cost, Insurance and Freight	成本、保险加运费付至（指定目的港）

值得注意的是，根据 INCOTERMS 2010，不论采用何种贸易术语，若买卖双方约定采用电子通信，则商业发票、交货证明、运输单据和报关单据均可被具有同等效力的电子数据交换信息所替代。

有必要强调，以上这些关于贸易术语的国际惯例，并不具有普遍的约束力。国际货物买卖双方有权自愿选择采用某种惯例，并在合同中明确规定。买卖双方也可在合同中做出与某种解释或规则不同的规定，这种不同规定的效力将超越惯例。但是，如果买卖双方在合同中既不排除，也不明确规定采用何种惯例，一旦事后双方发生争议而提交诉讼或仲裁时，法院或仲裁机构往往会引用某种公认的或影响较大的国际惯例，例如，INCOTERMS 2010，作为判决或裁决案件的依据。由于贸易术语经过多次修订形成不同版本，因此在合同中应注明所引用的版本，以免发生误解。目前被商人们普遍认可和使用的是国际商会的最新版本 INCOTERMS 2010。

10.3.4 贸易术语的选择与运用

由于贸易术语涉及买卖双方的利害得失，故商洽交易时，彼此应就采用何种贸易术语成交取得一致意见，并在买卖合同中具体订明。采用适当的贸易术语，需要考虑的因素很多，其中主要有下列几点。

1. 体现平等互利、自愿的原则

在国际贸易中，买卖双方应本着平等互利的精神，从方便贸易和促进交易出发，在自愿的基础上商定。一般来说，在装运地或装运港交货情况下，是否按带保险的条件成交，根据国际贸易的一般习惯做法，原则上应由买方选择。

2. 运输条件

买卖双方采用何种贸易术语，首先应考虑采用何种运输方式。此外，买卖双方还应考虑本身的运力及安排运输有无困难。比如，在本身有足够运输能力或安排运输无困难的情况下，可争取按照由自身安排运输的贸易条件成交（如按 FCA，FAS 或 FOB 进口，按 CIP，CIF 或 CFR 出口），否则，应酌情争取按照由对方安排运输的条件成交（如按 FCA、FAS 或 FOB 出口，按 CIP、CIF 或 CFR 进口）。

3. 运费因素

运费是货价构成的因素之一，在选用贸易术语时，应考虑货物经由路线的运费收取情况和运价变动趋势。一般来说，当运价看涨时，为避免承担运价上涨风险，可以选取由对方安排运输的贸易术语成交，如按C组中的某种术语进口，按F组中的某种术语出口。在运价看涨的情况下，例如，因某种原因不得不由自身安排运输的条件成交，则应将运价上涨的风险考虑到货价中去，以免承担运价变动的风险损失。

4. 运输途中的风险

在国际贸易中，交易的商品一般需要通过长途运输，货物在运输过程中可能遇到各种自然灾害，意外事故等风险，特别是当遇到战争或正常的国际贸易遭到人为障碍与破坏的时期和地区，运输途中的风险更大。因此，买卖双方商洽交易时，必须根据不同时期、地区、运输路线和运输方式的风险情况，并结合购销意图来选用适当的贸易术语。

5. 办理货物结关手续是否困难

在国际贸易中，关于进出口货物的结关手续，有些国家规定只能由结关所在国的当事人安排或代办，有些国家则无此项限制。因此，买卖双方必须了解有关政府当局关于办理进出口货物的具体规定，以便选用适当的贸易术语。例如，当某出口国政府当局规定，买方不能直接或间接办理出口结关手续，则不宜按 EXW 条件成交，而应选 FCA 术语成交。

小结

物流各环节功能的实现，通常要经过货物销售活动完成。本章重点介绍物流贸易的国内法律法规与公约、惯例，现行《对外贸易法》核心问题集中在对外贸易经营权、贸易救济措施、贸易壁垒调查、自由贸易区和透明度原则几个方面。国际社会制定的保障商品流通立法中最重要的是 1980 年 CISG 和 INCOTERMS 2010。依据 CISG，国际货物买卖合同的成立是双方当事人经过发价、接受达成；买卖双方的义务是核心内容；CISG 对货物所有权转移未做规定，但对于货物风险转移以交货时间确定。违约救济措施分为买卖双方均可采用的救济措施和分别采用的救济措施。国际贸易术语包含交货地点、运输方式和商品价格构成等基本内容。现行版本 INCOTERMS 2010 包含 11 种术语，实践中使用最频繁的是六种：FOB、CIF、CFR、FCA、CIP、CPT。

复习思考题

1. 简述《对外贸易法》的基本原则。
2. 简述《对外贸易法》的调整范围。
3. 试述 CISG 中关于买卖双方各自义务的规定。
4. 试述 CISG 中关于国际货物风险转移的规定。
5. 试述 CISG 中关于国际货物买卖合同违约救济措施的规定。
6. 简述 CIF、CFR、FOB 的主要内容。
7. 简述如何正确选用国际贸易术语。

案例分析

◆ 案例一

我国某外贸企业向国外购买某商品，不久接到外商 6 月 20 日的要约，有效期至 6 月 25 日，我方于 6 月 22 日电复“如能把单价降低 5 美元，可以接受”，对方没有回应。后因该商品在国内的需求较大，国际行情见涨，我方随即于 6 月 25 日又去电表示同意对方 6 月 20 日的要约所提的各项条件。

问题

此项交易是否达成？说明理由。

◆ **案例二**

我国的甲公司与美国的乙公司订立一份国际货物买卖合同。合同约定，甲公司出售一批木材给乙公司，履行方式为：甲公司于7月将该批木材自吉林交铁路发运至大连，后由大连船运至美国纽约，乙公司支付相应对价。但7月，甲公司没有履行合同。8月3日，乙公司通知甲公司，该批木材最迟应在8月20日之前发运。8月10日，甲公司依约将该批木材交铁路运至大连，但该批木材在自大连至纽约的运输途中因海难损失80%。由于双方对货物灭失的风险约定遂发生争执。乙公司认为，甲公司未于7月履行合同违约在先，不应承担损害赔偿责任；同时还认为，合同因甲公司未按时履行义务已终止，故货物损失的风险理应由甲公司承担。

问题

1. 乙公司是否有权要求甲公司承担损害赔偿责任？为什么？
2. 乙公司认为本案合同因甲公司违约已经终止的观点是否正确？为什么？
3. 本案中，货物损失的风险应由谁承担？为什么？

参考文献

[1] 陈言国. 国际物流实务[M]. 北京：清华大学出版社，2016.
[2] 张冬云，谷晓峰. 物流法律法规概论与案例[M]. 北京：北京交通大学出版社，2015.
[3] 王峰，郭晓莉. 物流法律法规（第3版）[M]. 北京：北京理工大学出版社，2015.
[4] 胡美芬. 物流相关法规与国际公约[M]. 成都：四川人民出版社，2008.
[5] 冯湛青. 国际物流与风险管理[M]. 北京：北京大学出版社，2014.
[6] 冷韶华，吴国华. 物流案例与实训[M]. 北京：清华大学出版社，2015.
[7] 曾咏梅，王峰. 经济法（第7版）[M]. 武汉：武汉大学出版社，2015.
[8] 姜萍，邓小乐. 国际货运代理实务[M]. 北京：中国财富出版社，2016.
[9] 杨良宜. 提单及其付运单证[M]. 北京：中国政法大学出版社，2007.
[10] 沈四宝，王军. 国际商法（第3版）[M]. 北京：对外经贸大学出版社，2016.
[11] 赵秀文. 国际商事仲裁法[M]. 北京：中国人民大学出版社，2014.
[12] 李爱华，罗佩华，李耀华. 现代物流法律法规[M]. 北京：清华大学出版社，2016.
[13] 张书源，张文杰. 物流学概论（第2版）[M]. 上海：复旦大学出版社，2015.
[14] 吴群. 物流案例分析[M]. 北京：北京大学出版社，2014.
[15] 戴正翔. 国际物流单证实务[M]. 北京：清华大学出版社，2014.

反侵权盗版声明

举报电话：（010）88254396；（010）88258888

传　　真：（010）88254397

E-mail:　　dbqq@phei.com.cn

通信地址：北京市万寿路 173 信箱

电子工业出版社总编办公室

邮　　编：100036